南华期货研究系列丛书

企业外汇风险管理

曹扬慧 周骥 王映 ◎ 编著

FOREIGN EXCHANGE RISK MANAGEMENT OF ENTERPRISES

中国财经出版传媒集团
中国财政经济出版社
北京

图书在版编目（CIP）数据

企业外汇风险管理／曹扬慧，周骥，王映编著. --北京：中国财政经济出版社，2023.11
（南华期货研究系列丛书）
ISBN 978-7-5223-2501-9

Ⅰ.①企… Ⅱ.①曹… ②周… ③王… Ⅲ.①企业管理-外汇管理-风险管理-中国 Ⅳ.①F279.23

中国国家版本馆 CIP 数据核字（2023）第 171060 号

责任编辑：贾延平　　责任校对：胡永立
封面设计：陈宇琰　　责任印制：党　辉

企业外汇风险管理
QIYE WAIHUI FENGXIAN GUANLI

中国财政经济出版社 出版
URL：http://www.cfeph.cn
E-mail：cfeph@cfeph.cn

社址：北京市海淀区阜成路甲 28 号　邮政编码：100142
营销中心电话：010-88191522　编辑部电话：010-88190957
天猫网店：中国财政经济出版社旗舰店
网址：https://zgczjjcbs.tmall.com
北京时捷印刷有限公司印刷　各地新华书店经销
成品尺寸：170mm×240mm　16 开　20.5 印张　289 000 字
2023 年 11 月第 1 版　2023 年 11 月北京第 1 次印刷
定价：72.00 元
ISBN 978-7-5223-2501-9
（图书出现印装问题，本社负责调换，电话：010-88190548）
本社质量投诉电话：010-88190744
打击盗版举报热线：010-88191661　QQ：2242791300

序　言

一本有品质的书，既言之有物，又言之有理。本书乃如此，既有着坚实的理论基础，又融入了实践应用，也就拥有了紧跟时代步伐的现实意义。

南华期货应该是期货行业内最早成立专业外汇研究团队的公司。南华期货外汇研究团队自成立之初便致力于为企业提供外汇风险管理服务，并独创性地自主研发了“企业外汇风险管理系统”。南华期货既拥有专业的风险管理能力，又熟悉涉外实体企业的供应链、价值链、经营逻辑，因而为本书奠定了牢固的理论与实践基石。本书专注于实体企业在外汇风险管理上的需求。不同于金融机构对于外汇投资收益的追求，企业所追求的是经营效率，其外汇风险管理逻辑是适当缩小或关闭外汇敞口，以追求经营收益的稳定性。本书旨在为实体企业提供精准、实用的外汇风险管理策略，以帮助企业更好地管理外汇风险，提高经营效率。

在国门不断开放、人民币汇率双向波动常态化及波动幅度增加的大背景下，涉外企业面临的外汇风险也不断加大，汇率避险的迫切性和外汇风险管理的重要性得以彰显。在国家倡导的国内国际双循环的战略背景下，南华研究团队以前瞻性的视野，聚焦涉外企业的外汇风险管理需求，撰写了本书。本书在一定程度上为外贸企业进行外汇风险管理决策提供了参考，帮助企业专注本业、稳定经营，从而稳固国内国际双循环的核心（进出口贸易与服务领域）。南华研究团队的努力，为企业在应对外汇风险方面提供了宝贵的帮助，同时也为推动中国对外开放进程的深化作出了自己的贡献。

值得一提的是，本书采用了先理论后实务的双重架构，即在夯实外汇风险管理理论基础的同时，协助企业在实践层面更好地进行管理方面的决策。首先，在理论篇中，本书从外汇风险管理步骤切入，介绍了包括风险敞口、套期会计、压力测试等企业外汇风险管理相关的重要知识点，并介绍了金融衍生工具和非金融衍生工具等具有可实操性的企业外汇风险管理工具。其次，在理论篇的基础之上，实务篇又在应用案例层面进行了丰富，譬如金融衍生工具应用案例、企业外汇风险管理的流程及针对不同类型企业的外汇风险管理案例等。本书在时代前沿、积极响应国家政策的同时，还提供了多元而又丰富的实际应用案例，是真正意义上的“仰望星空，脚踏实地”。由衷地希望本书能够为涉外企业提供新的思路，帮助企业进行外汇风险管理。

在此，再次推荐本书——《企业外汇风险管理》，期望众读者读毕能有所感、所思，亦有所得。

罗旭峰

南华期货股份有限公司董事长

2023 年 7 月

前　言

在全球化经济的大背景下，企业面临越来越多的外汇风险。外汇市场波动的不确定性、汇率风险的不可预测性，给企业带来了巨大的挑战。如何有效地管理外汇风险，成为企业必须面对的重要问题。根据避险网的数据，在2022年，有1,130家A股上市公司发布套保公告，其中提及外汇套保的有939家，可见企业汇率避险需求之强烈。

很多企业都有汇率避险的需求，但苦于没有方法论或专业人才而难以推进，因此我们撰写了《企业外汇风险管理》一书。本书旨在探讨企业面临的外汇风险管理，以帮助企业有效管理汇率风险，提高企业的风险抵御能力，进一步提升企业的经营能力和竞争力。

本书分为先导篇、理论篇和实践篇三个篇章，方便读者从理论到实践逐步进阶地阅读。

先导篇，详细介绍了企业外汇风险管理的重要性、人民币汇率制度演变以及汇率波动给企业带来的影响，在我国企业外汇风险管理的现状下探讨了存在的一些问题。

理论篇，重点介绍了企业外汇风险管理体系以及外汇风险管理工具。第二章主要介绍了企业外汇风险管理的定义和步骤；第三章主要介绍了企业外汇风险管理体系的构成，包括外汇风险敞口的测算、评估与管理，外汇套期会计、情景分析与压力测试，内控分析与业务报表等方面；第四章详细介绍了企业可以使用的各类外汇风险管理工具，包括金融衍生品工具和非金融衍生工具等，以及各类工具的对比。通过本篇的学习，企业可以对外汇风险管理工具及体系有一个初步认识。

实践篇，基于各种不同类型的案例介绍了外汇风险管理工具的使用现状、使用场景以及外汇风险管理体系的搭建等，这些具体案例可帮助读者更好地理解外汇风险管理的理论及应用。最后，本书还为读者分享了汇率分析当中通常应关注的一些因素，帮助读者更好地把握外汇市场。

本书旨在为企业管理人员、投资者和外汇从业人员提供一份权威的外汇风险管理指南，帮助他们更好地应对外汇市场的变化，提高规避外汇风险的能力，实现企业可持续发展。相信本书定能成为广大读者的案头书。

最后，我们要感谢所有支持和帮助过我们的人，特别是我们的家人和同事。我们的前同事马燕、戴朝盛、许捷对本书也作了较大贡献，在此对他们表示深深的感谢。感谢我们所任职的南华期货公司董事长罗旭峰先生、总经理贾晓龙先生、首席经济学家朱斌先生，及其他各位领导，没有他们的大力支持，就没有本书的出版。感谢南华研究院的各位同事，在成书过程中给了我们很多帮助，还要感谢中国财政经济出版社在图书出版过程中给予我们的支持。

由于工作浩繁、时间紧迫，书中难免会有遗漏或错误，我们非常期待听到您对本书的反馈和建议，以便我们能够进一步改进和完善。

曹扬慧

2023 年 7 月

目 录

先导篇

理论篇

实 务 篇

先导篇

2008年中信泰富外汇巨亏事件是期货界乃至金融界耳熟能详的典型案例，这一事件生动形象地将外汇风险血淋淋地呈现在公众面前。众所周知，金融危机发生以后，汇市波动剧烈，中信泰富因此遭受巨额汇兑损失。

随着外汇市场的发展，我国人民币汇率制度先后经历了2005年"721汇改"和2015年"811汇改"，外汇市场不断成熟和完善。目前，美元兑人民币汇率的波动日趋剧烈，外部冲击以及"黑天鹅事件"频发，进一步加剧了汇率市场的双向波动，无论从总量视角还是企业视角，外汇风险管理的重要性均不言而喻。然而，在汇率风险管理方面，我国企业与国际市场仍有一定差距，所以，帮助企业增强外汇风险管理能力，并构建适合自身的外汇风险管理体系，具有非常现实的意义。

第一章　外汇风险管理的重要性

自2015年“811汇改”以来，在岸与离岸人民币汇率双向波动明显加剧，不确定性高企，面对日益复杂的国际环境和金融市场，进出口企业迫切需要提升外汇风险管理能力。从A股上市公司财务报表中出现的较大的汇兑损益来看，2020年全部A股上市公司汇兑损失高达275.32亿元，其中，汇兑损失最大的企业的亏损额高达23亿元，而因为汇率波动受益最多的企业则创收了36亿元，可见，面对汇率波动，加强企业外汇风险管理能力非常有必要。

第一节　人民币汇率制度演变及汇率波动

人民币汇率的波动不断加剧其实跟汇率制度的改革密切相关。从历史来看，人民币汇率的波动经历了三个时期的演变（见图1－1），均从计划经济时期的固定汇率，到转轨时期的双重汇率制度，逐步演变为社会主义市场经济体制时期的市场汇率。在历经了2005年的“721汇改”和2015年的“811汇改”之后，人民币汇率制度逐渐形成了以市场供求为基础，参考一篮子货币进行调节，有管理的浮动汇率制度。过去十余年，人民币汇率经历了从单边升值到双向波动的市场化转变，尤其是2015年“811汇改”之后在岸人民币（CNY）与离岸人民币汇率（CNH）均呈现出明显的双向波动特征，而且波动幅度也显著增大，尤其是在2018年中美贸易摩擦比较频繁的时候，CNY以及CNH的年内波动幅度均高达7000基点（bp）以上（见图1-2、图1-3）。

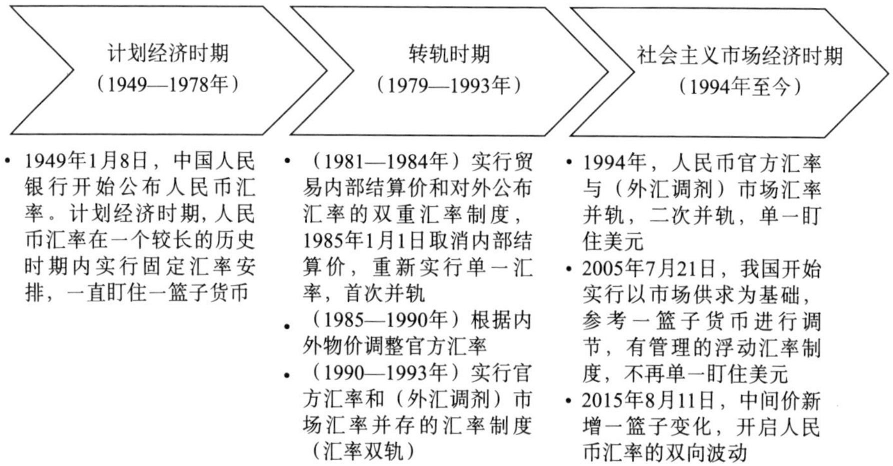

图1-1　人民币汇率制度演变史

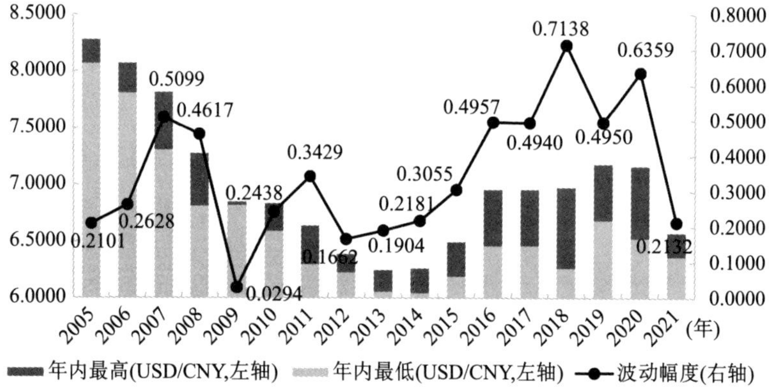

图1-2　“721汇改”以来历年（USD/CNY）波动幅度

（截至2021年11月15日）

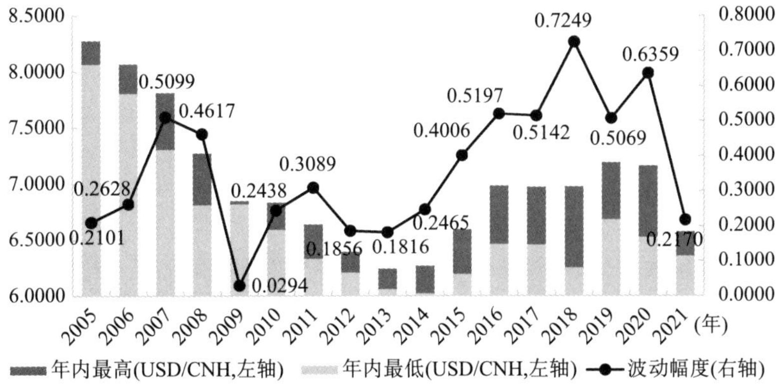

图 1－3　“721 汇改”以来历年 USD/CNH 波动幅度

（截至 2021 年 11 月 15 日）

第二节　外汇汇率波动对进出口企业的影响

外汇波动风险主要存在于外贸企业当中，理论上，实际有效汇率的贬值的确会带来出口部门状况的改善，对出口竞争力形成提振作用，对进口形成抑制，但对于进出口的作用并不是立竿见影的，存在一定的时滞，即汇率波动对进出口企业的实际影响可能要经过一段时滞期才能真正见效。

一、汇率波动对进出口企业的影响——总量视角

汇率的频繁波动会引起汇率风险、折算风险、经济风险以及交易风险等，而汇率波动对进出口企业的影响最大。在中国出口企业中，外贸企业占一半左右，因此外贸企业对汇率风险的感知最灵敏，也最强烈，实际上，外贸加工企业始终站在汇率风险的最前沿。

随着汇率波动的加剧，企业的避险意识和避险需求不断增加。据避险

网信息，截至2022年第四季度末，已经有1130家A股上市公司发布了套保的相关公告，其中涉及外汇套保的有939家。避险需求激增的同时，衡量企业避险操作的避险指数也再创新高，避险网将采用外汇远期作为避险工具的非金融类A股上市公司纳入统计后，发布全新的衍联中国企业套期保值指数（YL－CHCI）（见图1－4），数据显示，外贸企业整体避险指数在2020年第四季度就已突破千点，而且从企业类型来看，大型企业避险意识及能力明显强于中小型企业，不同行业以及不同区域之间的企业避险指数也存在较大差异。相对来说，化工、电子、机械设备、电气设备和有色金属这几大行业的避险指数排名靠前，而区域分布上，广东以及江浙一带企业的避险意识较为超前。

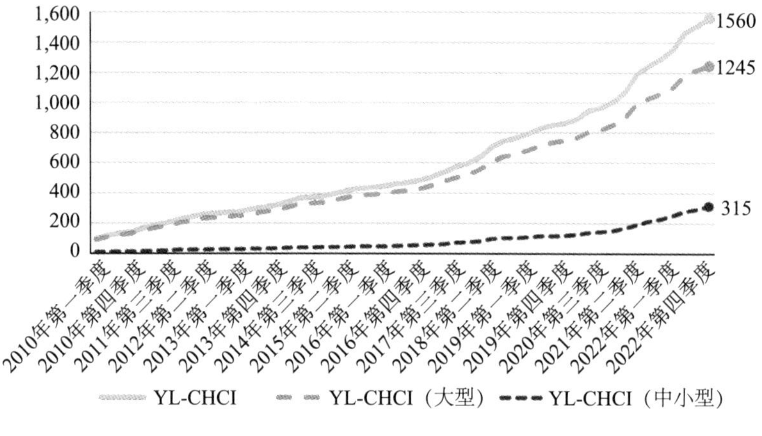

图1－4　衍联中国企业套期保值指数

从定量分析的角度看，我们可以从汇兑损益来大概量化汇率波动对进出口企业的影响。汇兑损益是企业财报中反映企业受汇率影响的一项指标，指企业持有外币货币性资产和负债期间，由于汇率变动引起的外币货币性资产或负债的价值发生变动而产生的损益。企业在涉外经营活动中产生的汇兑损益，主要有两种情况：一是由于现汇兑换产生的汇兑损益，是指企业因境外经营需要兑换外汇后，导致实际购买力增加或者减少而形成的汇兑损益；二是在账务核算期间，企业在编制以本币计价的资产负债表时，会将境外的资产和负债按照当期汇率折算，并用期末本币计价减去期初本币计价，二者的差额就是汇兑损益。

汇兑损益的计算公式为：

期末汇兑损益＝期末外汇敞口×（期末外汇汇率－期初外汇汇率）

（公式1－1）

从（公式1－1）可以看出，影响企业汇率风险的因素主要有三个：一是同币种外汇资产和外汇负债轧差后的外汇敞口金额，轧差后外汇敞口越大，企业面临的汇率风险越大；二是汇率波动幅度，核算期间汇率波动幅度越大，企业面临的汇率风险越大；三是外汇敞口的存续期限，期限越长则不确定性越大，企业面临的汇率风险也越大。动态来看，汇兑损益是企业外汇风险敞口（规模、期限）和汇率变动的共同结果。由于汇兑损益度量了企业外汇的交易和折算风险，可用以表明汇率给企业带来的影响程度。

根据数据平台 iFinD 披露，截至 2021 年 11 月 15 日，4,624 家上市公司中已披露汇兑损益的公司有 3,776 家，占比 81.66%，合计汇兑损失为 277.37 亿元，其中出现汇兑损失的企业就高达 2796 家，占比超 60%，而这六成企业的汇兑损失加总净值高达 634.77 亿元，平均汇兑损失高达 2,270 万元（见表 1－1），可见大部分上市公司都面临汇率风险管理的困扰。

表1－1　2020年A股上市公司汇兑损益基本情况

项目	上市公司数量（家）	占比（%）	加总净值（亿元）	均值（万元）
已披露汇总损益	3,776	81.66	277.37	734.9603
其中：亏损	2,796	60.47	634.77	2,270.2822
0	213	4.61		
盈利	765	16.54	－357.40	－4,671.855
未披露	848	18.34		
总数	4,624			

备注：正值为汇兑损益的亏损，负值为汇兑损益的盈余。

从汇兑损益的视角来看，2005 年“721 汇改”以前，受汇率波动不大以及进出口业务总额较小、外部环境较为稳定等影响，我国上市公司汇兑损益整体波动不大。2005 年“721 汇改”之后，在汇率的单边升值趋势下，汇率波动的不确定性较小，我国上市公司整体出现不同程度的汇兑盈余。直到 2015 年“811 汇改”之后，汇率的市场化程度不断加深，汇率呈现明显的双向波动。自此之后，我国上市公司出现汇兑损失的金额以及概率都明显走高，2014—2020 年，上市公司出现汇兑损失的年份占比高达 71.43%（见图 1－5）。另外，从汇兑损失的中位数表现来看，随着汇率的双向波动，中位数起伏显著加大（见图 1－6），说明除了汇率本身的变动之外，汇率的波动幅度也是影响企业汇率风险管理成效的较为重要的一点。

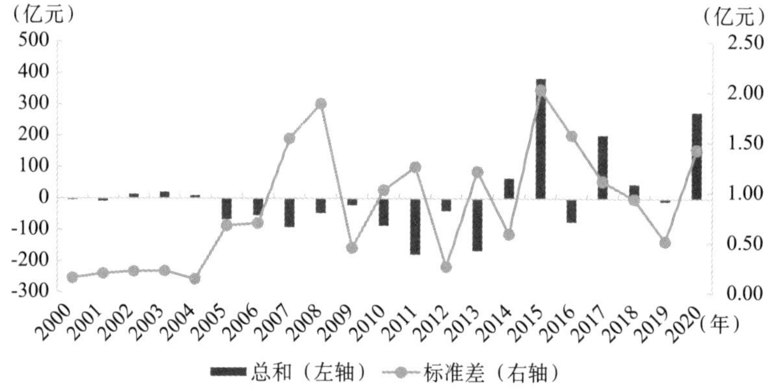

图 1－5　2000—2020 年 A 股上市公司汇兑损益加总净值

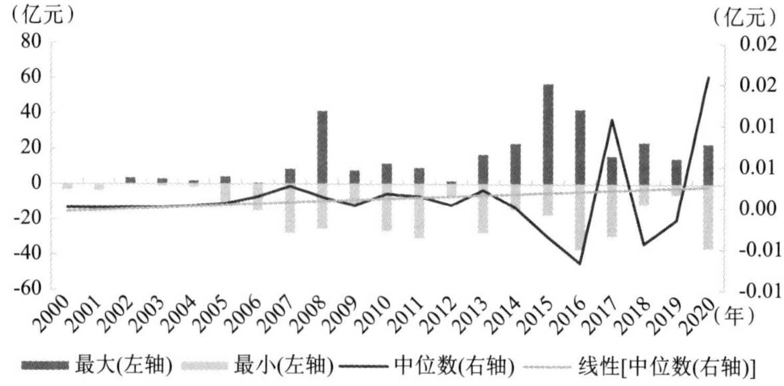

图 1－6　双向波动的加剧使汇兑损益中位数愈发不稳定

二、汇率波动对进出口企业的影响——企业视角

我们再将视角放在更加微观的企业层面，可以发现，汇率波动风险对单个企业的利润影响可能更加触目惊心，在一些汇率整体升贬值幅度很小的年度，企业也会由于汇率的波动而面临巨幅亏损，而亏损的原因除了汇率本身波动之外，在汇率走势预判、风险敞口估计及避险比例、管理策略，甚至是企业套保制度以及风险管理制度或者体系中任何一个环节，企业都有可能出现汇率风险管理上的失误。最为典型的例子就是2008年中信泰富外汇合约巨亏事件，我们以此为例来剖析企业视角下的外汇风险管理。

（一）典型事件

众所周知，中信泰富是中国大型央企中信集团在香港上市的六家子公司之一。其前身泰富发展有限公司成立于1985年。1986年通过新景丰公司而获得上市地位，同年2月，泰富发行2.7亿股新股给中国国际信托投资（香港集团）有限公司，使中信（香港）集团持有泰富64.7%的股权。自此，泰富成为中信子公司。1991年，泰富正式易名为中信泰富。中信泰富的业务集中在香港及广大的境内市场，业务重点以基建为主，包括投资物业、基础设施（如桥、路、隧道）、能源项目、环保项目、航空以及电信业务。

中信泰富签订外汇合约的原因可以追溯到2006年3月底。当时，中信泰富与澳大利亚的采矿企业Mineralogy Pty Ltd达成协议，以4.15亿美元收购西澳大利亚的两个分别拥有10亿吨磁铁矿资源开采权的公司Sino－Iron和Balmoral Iron的全部股权。中信泰富收购西澳铁矿的项目，曾被称为世界级的磁铁矿开采和加工项目，矿山坐落于西奥皮尔巴拉地区，两处铁矿每年可生产2,670万吨精矿和球团，开采期大约为25年。除了已探明的现存储量，还有40亿吨的储量，中信泰富还有权购买40亿吨的开采权，潜

在的年产量可达7,000万吨以上。

这个投资42亿美元的中澳铁矿项目，是截至目前澳洲已规划开发的规模最大的磁铁矿项目。项目中的很多设备和投入都必须以澳元来支付。整个投资项目的资本开支，除当时的16亿澳元外，在项目进行的25年内，在全面营运的每一年还将至少投入10亿澳元。

为了降低项目的汇率风险，中信泰富签订了若干杠杆式外汇买卖合约以对冲风险。杠杆式外汇合约被普遍认为是投机性很强的高风险产品，导致中信泰富巨额亏损的杠杆式外汇买卖合约正是变种Accumulator（累股证），但是对象不是股价，而是汇率水平，即汇价。

具体来说，中信泰富与花旗银行香港分行、瑞信国际、法国巴黎百富勤、美国银行、摩根士丹利、汇丰银行、德意志银行等13家外资银行签订了数份杠杆式外汇合约，其中金额最大的是澳元累计期权合约，总额为90.5亿澳元，锁定汇率0.87。合约规定，在此后两年多内，每年（部分是每日）以0.87美元/澳元的平均兑换汇率，向交易对手支付美元接收澳元，最高累计金额约94.4亿澳元。

中信泰富签订这一系列衍生品合约的背景是当时澳元十分强势，并且短期内预期不会出现大幅度下跌。当时，澳元的利率高达7.25%，居几大工业国利率榜首。澳元在一片繁荣的背景下和加息预期因素等的影响下，成为国际热门货币。然而，2008年7月，澳元汇率波动开始加大。短短一个月内，澳元开始出现持续贬值，澳元对美元跌幅也高达10.8%，几乎抹平了2008年以前的涨幅。

一直到2008年10月20日，中信泰富才发布公告称，公司为降低西澳铁矿项目的外汇风险而签订的若干杠杆式外汇买卖合约出现亏损，实际已亏损8.07亿港元。至10月17日，仍在生效的杠杆式外汇合约按公允价值评定的亏损为147亿港元。换言之，相关外汇合约的已变现及未变现亏损总额已达155.07亿港元，而且亏损有可能继续扩大。中信泰富的两名高管立即辞职了。当日，中信泰富股价开盘即暴跌38%，盘中更一度跌至6.47港元，股价腰斩，跌幅远远超过业界预计的20%。

2008年10月22日，香港证监会确认对中信泰富的业务展开调查，由于中信泰富的股价在两天内跌了近80%，联交所公布的公告显示，中信泰富主席荣智健及母公司中信集团于场内分别增持100万股及200万股以维持股价稳定。2008年11月，中信泰富终于获得母公司北京中信集团出手相助。中信集团向中信泰富授予116亿港元的备用信贷，认购中信泰富发行的可转债，以及中信泰富在外汇累计期权合约的损失。2009年3月26日，中信泰富公布2008年全年大亏126.62亿港元。荣智健也因此事件辞去中信泰富集团主席一职。

企业避险工具解剖：

中信泰富所采用的外汇避险工具中金额最大的累股证全名为澳元累计目标可赎回远期合约，表面上看就是一个外汇远期合约，中信泰富及其对手方以约定的币种澳元和美元，以及约定的汇率（1∶0.87）和约定的金额（每月交割金额在不同汇率水平下是确定的），在约定的合同期限内，用美元购买澳元。理论上，中信泰富可以利用类似的远期合约进行套期保值来对冲澳元汇率上涨风险。但是，我们从合约的细则可以看出，每份澳元合约都有最高利润上限，当达到这一利润水平时，合约自动终止。问题在于，当澳元对美元汇率高于0.87时，中信泰富可以赚取差价，盈利上限为5,140万美元，折合约4亿港元，但是如果该汇率低于0.87时，却没有自动终止协议，所以中信泰富必须不断地以高汇率接盘。只要合约不中止，中信泰富的澳元合约所接受的澳元总额就会高达90.5亿澳元，相当于超过485亿港元。所以，可以看出，整套合约其实是盈利有限、亏损无限的类卖出期权性质的金融衍生品交易，中信泰富相当于把宝完全押在了多头，从风险管理的角度来看，这其实已经不是简单的套期保值，而是有投机的意味了。合约期间美元兑澳元的汇率走势见图1-7。

表 1-2　　中信泰富外汇合约

名称	澳元累计目标可赎回远期合约
中信泰富主要合同权利	当1澳元的市场价格高于0.87美元时，中信泰富有权以0.87美元的价格，用美元换取澳元
权利的限制	当中信泰富利润总额达5,150万美元①时，自动终止对手方交付澳元义务
中信泰富主要合同业务	当1澳元的市场价格低于0.87美元时，中信泰富仍要以0.87美元的价格用美元换取澳元
义务的限制	接受至最高金额为90.5亿澳元
合同的期限	2008年7月至2010年10月

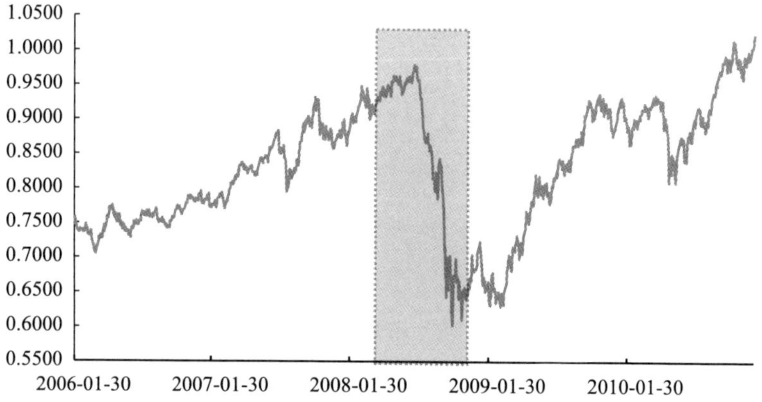

图 1-7　中信泰富合约期间美元兑澳元的汇率走势

（二）企业风险管理问题分析

1. 没有专业的外汇风险管理人才以及未及时止损

中信泰富赚取的价差是由作为对手方的各大外资银行提供的，从对赌的常识来看，完全信任对手方本身就是个错误。外资银行内部一般都有专

① 中信泰富披露，在该公司持有的澳元合约期限内，当每份合约达到150万~700万美元的最高利润时，合约就终止了。中信泰富所有的澳元合约加起来，最高利润总额仅为5,150万美元，折合约4亿港元。

业部门处理相关交易，有能力将风险转移出去，银行为了促成交易，可能会淡化风险，让客户觉得自己捡了个大便宜。所谓“隔行如隔山”，很多实体企业在参与金融交易时，往往没有专业人才进行分析和研究，甚至没有外聘专业人才予以指导和建议的意识，对可能出现的风险完全没有准备，对策略持续有效的前提也没有清醒的认识。在本案例中，中信泰富与银行买卖澳元累计期权合约时，完全没有考虑到如果澳元兑美元大幅下跌该如何处置，在长达3个多月的跌势中，中信泰富没有收到银行给予的指导意见，更没有做对冲并及时停止交易，结果出现巨额损失。

2. 没有风险辨别能力

金融衍生品交易本就具有复杂性，中信泰富选择的Accumulator也颇为复杂，且没有用来进行套期保值，而是用作一个投机的结构化金融产品。结构化金融衍生品设计的复杂性，往往极大地掩盖了其中蕴含的风险，而且金融市场特别是汇率市场，是大国间政治、经济、金融力量激烈博弈的中心战场，在不清楚交易规则的情况下，贸然涉足不熟悉的领域，难免遭遇损失。

3. 合约陷阱

花旗银行、汇丰银行、德意志银行等国际投行利用自己的定价优势，在合同签订之时，在最理想的情况下，中信泰富最大盈利为5,150万美元，但合约隐含的亏损额却比盈利额要大得多。因为定价能力和对市场情况分析的欠缺，签订合同时，中信泰富就已经落入合约陷阱。虽然企业需求各异，通常需要定制产品来满足其特定需求，但是在定制产品过程中，企业自身应发挥主导作用，而不应只是扮演被动的角色。无独有偶，2008年3月12日，深南电与高盛全资子公司杰润签订的对赌协议也是这类产品，最终，深南电遭受重创。

4. 内控失效

据中信泰富审核委员会的调查，此事并不牵涉欺诈或其他不法行为，只是财务负责人未遵守集团对冲风险的政策，且在进行交易前未按规定取得主席批准，是越权行为。显然，风险控制关系到公司的治理结构，治理机制不健全，本身就是企业的一大风险源。一个内部治理结构混乱的企业，其风险控制的能力肯定就差，发生的经营风险也必然会多。

理论上讲，实际有效汇率的贬值会对进口形成抑制作用（见图1－8）。根据国际收支理论，一国货币贬值会导致进口产品价格上涨（以本币计价），进口成本增加，从而对进口形成抑制。但实际上，汇率变动对一国经济的影响不只体现在贸易流上（国际收支理论），其对经济的影响还会通过通胀（购买力平价理论）、利率（利率平价理论）乃至资本流动等渠道形成非线性传导。例如，一国汇率贬值虽然会通过贸易流对进口形成抑制，但是汇率贬值所带来的贸易条件改善也会增加对出口以及制造业的正向预期，从而增加国内需求，而内需反过来又会对进口形成正向拉动。与此同时，一国货币贬值也会导致以外币计价的国内生产成本下降，进而吸引外商直接投资，带动资本流入、扩大国内产出等，因此，实际上汇率对进口企业的影响并不是单一链条的传导。

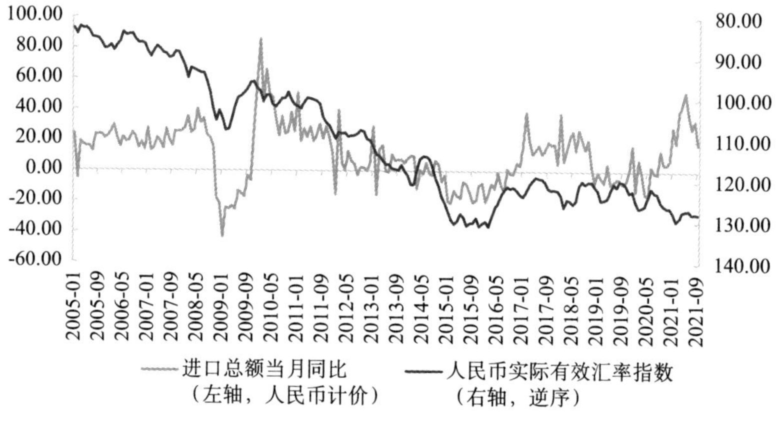

图1－8　人民币实际有效汇率与进口同比之间呈弱负相关关系

进口的影响因素主要包括汇率与内需，但我国进口与人民币实际有效汇率的走势并不总是同步的。从实际表现来看，自2005年以来，我国进口同比与人民币实际有效汇率的相关性仅为－38.92%，要明显低于人民币实际有效汇率与内需的相关性（见图1－9）。自2020年7月以来，更是出现了人民币实际有效汇率和进口同比之间的明显背离，即人民币升值与进口增速回升同时出现，这背后可能是美元指数、结售汇需求、国内经济以及中美利差等因素共振所产生的结果，但归根到底还是内需对进口的正向促进作用超过了汇率对进口的抑制作用。

图 1－9　进口与内需的相关性要高于汇率与进口的相关性

但是，这并不意味着汇率对进口企业影响不大。从我国进口总额的增速来看，2020 年我国进口总值是 1991 年进口值的 42 倍左右，进口总值在近 30 年的年均复合增速更是高达 33.15%（见图 1－10），可见，汇率波动对进口企业的影响也不能低估。

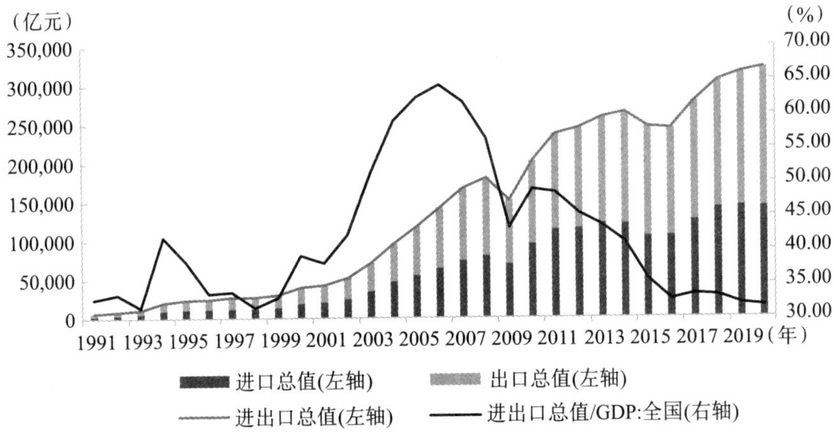

图 1－10　我国进出口总值与 GDP 占比情况

三、汇率波动与出口

理论上，汇率对出口以及贸易差额的影响存在“J曲线”效应。根据“J曲线”效应，由于进出口商品价格调整、供给决策变化、货物运输交付等需要时间，货币升贬值对贸易差额的影响存在时滞。在本币贬值初期，进出口商品的数量来不及调整，汇率变化反而会引起出口收入减少、进口成本增加（以外币计价），导致贸易顺差减少（或逆差增加）。经过一段时间的调整之后，货币贬值对出口竞争力的提升作用才会逐渐显现（见图1－11）。

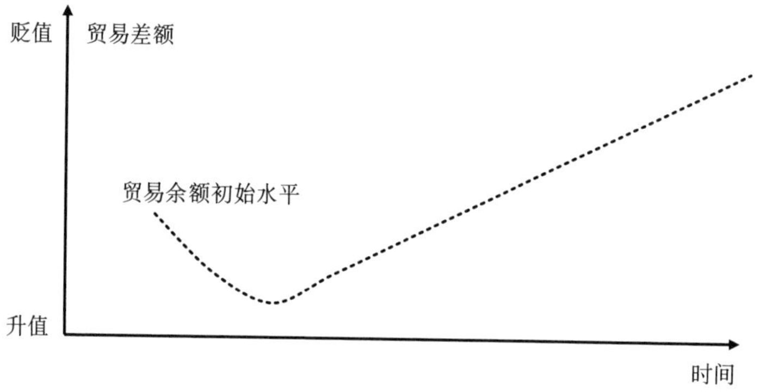

图1－11　“J曲线”效应示意图

从实际表现来看，各国货币升贬值变化与贸易差额改善之间的时滞不太一样。例如，在我国，从2014年年中开始的人民币实际有效汇率升值到贸易顺差开始恶化，这之间的时滞有一年多（见图1－12），日本从2012年下半年开始汇率贬值到贸易顺差改善之间的时滞也在一年以上（见图1－13）。通常，从历史经验来看，对于新兴经济体来说，从货币升贬值变化到贸易差额改善之间的时滞通常要比发达经济体更久。以我国为例，人民币实际有效汇率指数自2020年6月以来持续走高，对应人民币对外整体升值，但是从出口表现以及贸易顺差的角度来看，人民币升值对于出口企业乃至贸易顺差的影响却始终没有显现出来，出口强势的背后不仅体现了海外疫情扰动下我国对海外生产的替代效应、价格效应等因素的影响，更加充分体现了“J 曲线”效应的时滞。

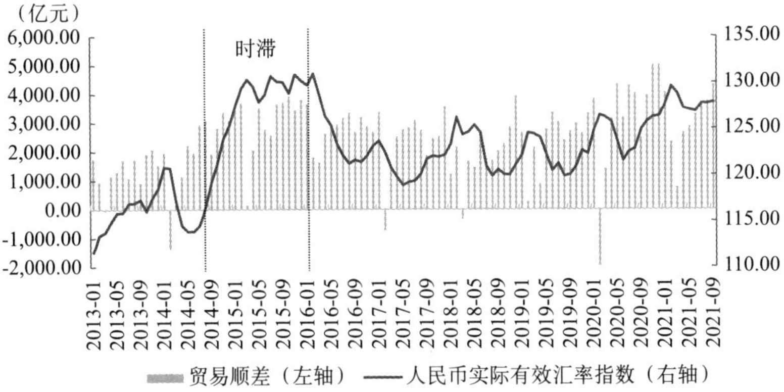

图 1－12　人民币有效汇率指数与贸易顺差之间存在时滞

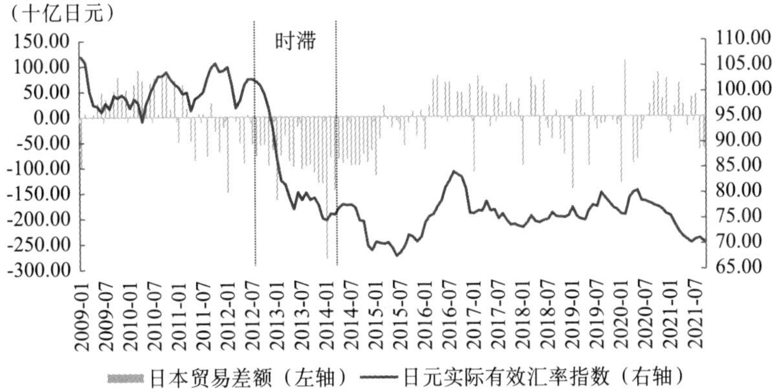

图 1－13　日元贬值与其贸易顺差改善之间存在时滞

第三节　我国企业外汇风险管理的现状及存在的问题

一、中国进出口企业业务情况

尽管我们无法对货物进出口的币种进行精确统计，但可以借助银行系统整体的代客涉外收付款币种分布一探究竟。

从整体来看，无论是收入还是支出，美元依然是我国对外贸易最主要的币种。但近年来随着人民币国际化的推进，美元份额在逐步减少，其在收入币种中的占比由2010年的86.58%下降至2020年的58.98%（见图1－14），在支出币种中的占比则由2010年的79.39%下降至2020年的52.14%（见图1－15）。港币、欧元以及日元也存在类似现象，但由于整体占比较小，相对而言影响不大。

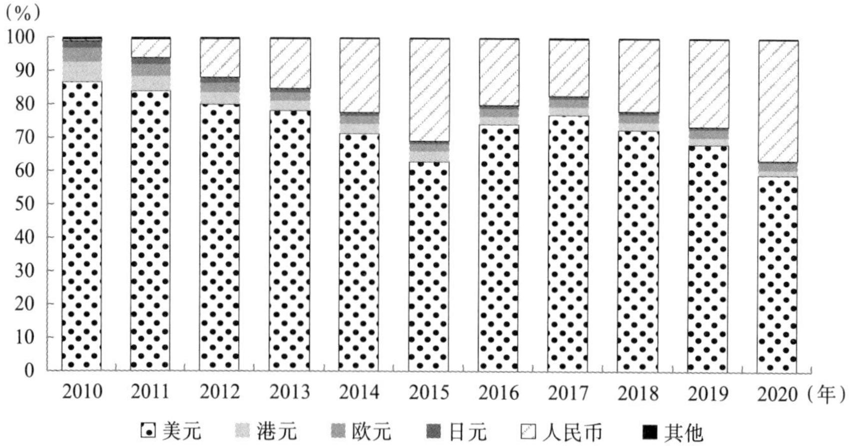

图1－14　银行代客涉外收付款收入币种分布

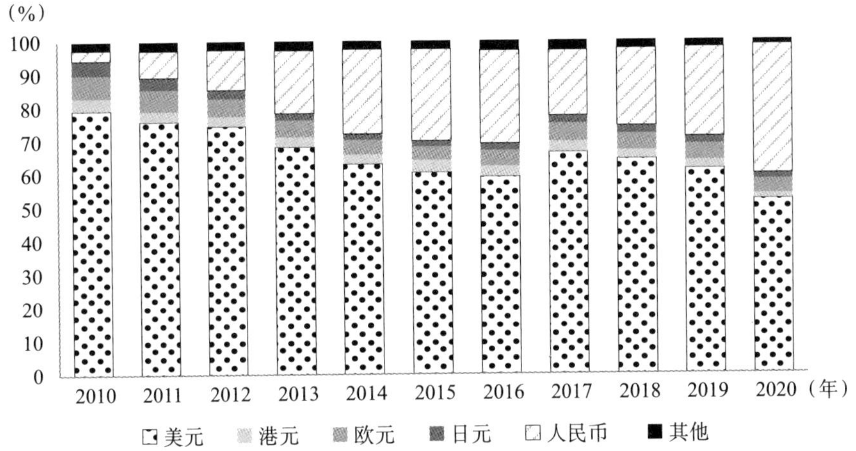

图 1－15 银行代客涉外收付款支出币种分布

2010—2015 年，人民币收付款额迅速扩大，但之后出现了一定程度的反复，直到 2020 年，人民币占比才再次达到新的高位。可以预见，未来人民币的份额可能还会在曲折中提升，但美元的主导作用还将长期存在，进出口企业的汇兑风险依然不容忽视。

二、中国进出口企业避险工具使用情况

对于国内企业来说，境内可以使用的外汇风险管理金融类工具有四种：即期、远期、掉期以及期权（见图 1－16）。

从银行代客结售汇数据来看，即期交易一直占据主导地位，2021 年 1 月至 9 月，月均交易额为 3,420.1 亿美元。即期交易是最传统的一种交易方式，即将现有手头上的外币直接兑换成人民币，或将人民币直接兑换成外币。它可能是投机的结果，譬如出口企业考虑当前美元兑人民币汇率处于高点，就相应地换入人民币；也可能是由需求主导，譬如进口企业为应付支付需求，按时兑换美元。总体来看，以即期交易为主导的企业并没有主动的外汇风险管理思维，只是被动地承受汇率风险。

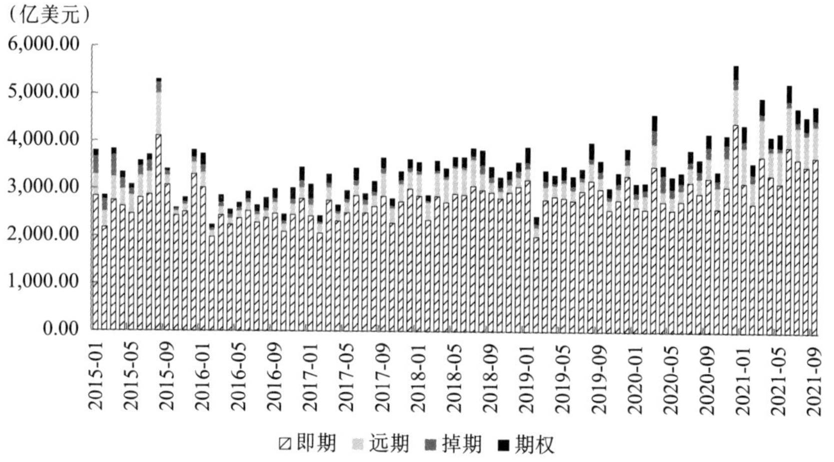

图 1－16　银行代客市场即期、远期、掉期、期权交易量

除即期交易外，远期是最受欢迎的金融工具。2020 年 7 月以来，月远期交易额不断走高。2021 年 1 月至 9 月，月远期交易额平均为 678. 4 亿美元，远高于期权和掉期（见图 1－17）。期权的使用量保持相对稳定，2021 年 1 月至 9 月，月平均交易额为 291. 7 亿美元。掉期交易在 2015 年曾大受欢迎，但之后表现低迷，排名最末，2021 年 1 月至 9 月，月平均交易额为 118. 8 亿美元。

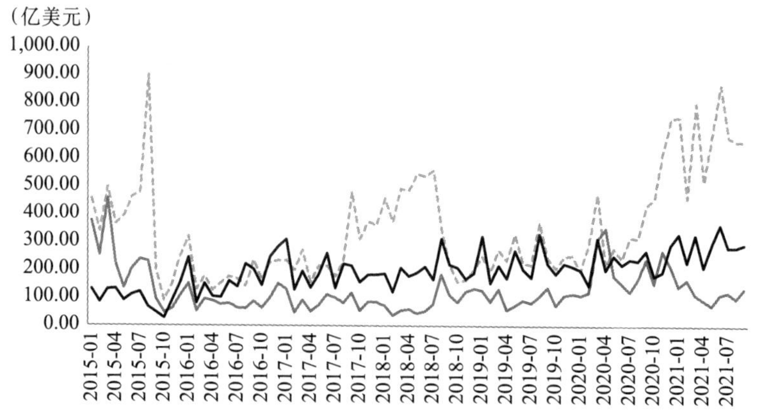

图 1－17　银行代客市场远期交易更受欢迎

由于境内避险工具相对有限，有条件的企业将目光投向了海外。

“811”汇改后，人民币波动加剧，境外人民币期货交易量也日渐活跃，特别是新加坡交易所（以下简称“新交所”）（见图1－18），2021年1月至9月，月均交易量874,772手，月均持仓量94,234手。

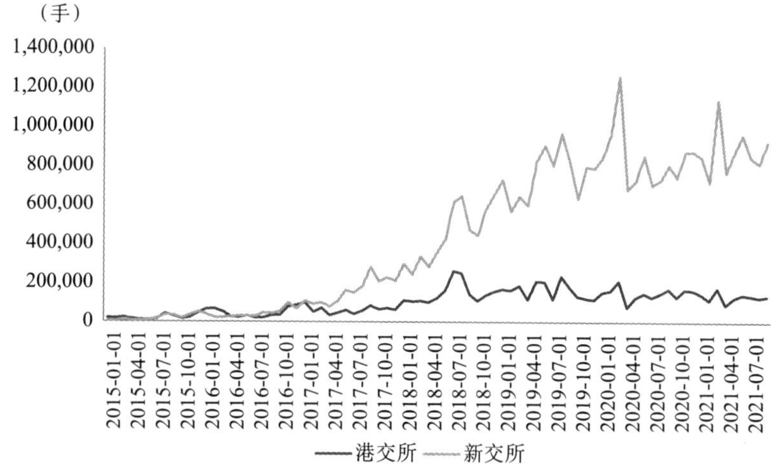

图1－18　港交所和新交所美元兑人民币期货总交易量

2015年1月1日至2021年7月港交所和新交所美元兑人民币期货总持仓量情况见图1－19。

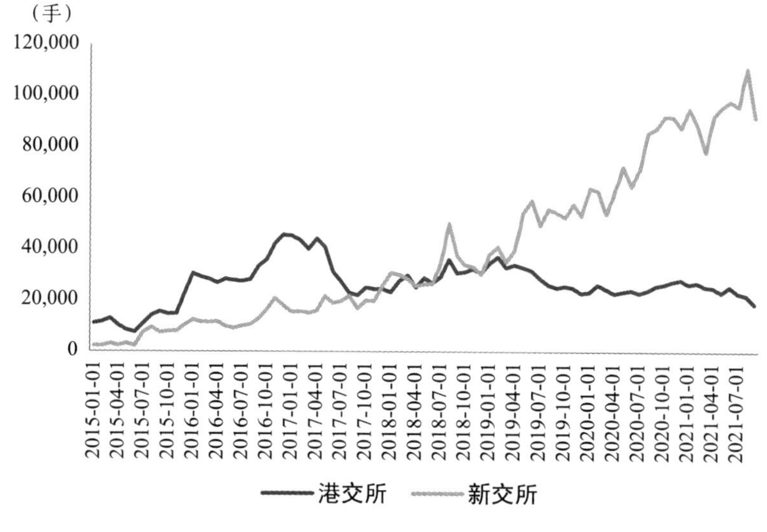

图1－19　港交所和新交所美元兑人民币期货总持仓量

除这些可以看到交易数据的避险工具外，进出口企业还可以参与境外交易所的人民币期权，或者与境外银行建立远期、期权、掉期以及各种组合类产品的协议。但总体来看，进出口企业主流的避险方式还是以与境内银行签订远期、掉期、期权合约为主。

三、中国进出口企业外汇风险管理存在的问题

从我们的调研情况来看，我国进出口企业外汇风险管理存在的问题较多，主要分为三类。

（一）最主要的问题是外贸企业管理人员的汇率风险防范意识较弱

大部分外贸企业缺乏主动管理外汇风险的意识，依然采用传统的办法来应对汇率风险，无论汇率如何波动均实行即收即结、即付即购，汇率风险敞口较大。如果汇率恰好沿着有利的方向发展，则可“躺赢”，但一旦方向不对，则所有利润都可能被吞噬，从而制约企业稳定发展。有部分企业虽已关注了汇率风险，但缺乏财务中性管理理念，秉承投机思想，想要博未来的汇率走势。2017 年以前，人民币汇率经常呈现单边走势，趋势极容易判断，因此，专门的汇率风险管理对于企业来说是个额外的负担。但 2017 年后，汇率双向波动显著，起伏变大，走势预判难度也明显加大，以往的方法不再适用，企业财务中性理念亟待建立。

（二）企业未根据自身情况建立相适应的汇率风险管理体系

在我们接触的企业中，我们发现，企业在外汇风险管理方面存在诸多问题：

1. 不少企业还没有建立外汇风险管理体系；

2. 管理方面，各人员职责不清，出现多头领导等管理混乱现象；

3. 缺乏合理的激励机制，外汇管理做得好没有奖励，但做得不好会被惩罚，相关人员没有动力；

4. 即使部分企业已开始进行外汇风险管理，但建立的外汇风险管理体制并不健全，外汇风险管理体系的内容没有与企业的实际运营发展相匹配，在风险来临时，无法提供预警信息，也无法尽最大可能降低汇率损失；

5. 外汇风险管理仅针对了少数部门，各部门缺少协同合作，只针对自身外汇风险采取规避措施，没有从全局出发，整个公司也没有引进先进的大数据系统来对公司业务进行全面深入的分析。

从上市公司套期保值公告来看，我国企业的外汇套期保值制度较简单，采用的工具也相对单一，集中在远期、期权等境内工具。企业数字化水平偏低，有些企业的数据甚至还需要用 excel 文件手动整理，更没有整体的风险衡量系统。而像苹果、戴尔这样的跨国集团，他们多采用“VaR”模型来衡量潜在的汇率波动影响，以便及时采取措施。

（三）专业的外汇风险管理人才相对缺乏

外汇风险管理是非常专业的工作。但在实际经营中，外贸企业一般由财务人员兼职管理，而财务人员多是会计出身，对汇率风险认识不足，识别能力有限，管理能力也有限，加之汇率避险工具多是各类金融衍生品，对专业要求较高，因此，财务人员在外汇风险管理上的能力明显不足，对应的外贸企业也面临更大的汇率风险敞口，无法有效规避风险。

理论篇

第二章　企业外汇风险与外汇风险管理

由于我国汇率制度发生了历史性的改革，人民币市场化程度更加明显，波动幅度也不断加大，外汇风险管理在企业经营过程中变得日益重要。外汇风险管理，是指涉外经济主体对外汇市场可能出现的变化采取相应的措施，用尽可能少的成本来避免汇率变动带来的可能损失，以达到最大的安全保障的过程。一般来说，企业对外汇风险进行管理的主要步骤是外汇风险的识别、估测和处理，管理的本质需要规避外汇的时间风险和价值风险，若不能完全消除外汇的时间风险和价值风险，就不能完全规避外汇风险。

第一节　外汇风险及外汇风险管理的含义

一、外汇风险的界定及种类

（一）外汇风险的概念

在了解外汇风险之前，我们先来理解汇率的概念。简单来说，汇率就是不同国家货币之间兑换的比率或比价，是一个国家的货币用另外一个国家的货币表示的价格。

关于外汇风险的研究很多，但界定方式基本类似，综合各种定义，可将外汇风险分为狭义和广义两类，前者指汇率风险，后者指除了汇率风险以外还包括国家风险、信用风险和制度风险等。本书中的外汇风险特指汇率风险，即一个公司、经济实体、企业组织在一定时期内对外经济、贸易、金融等活动中，以外币表示的应收资产（债权、权益）与应付债务（债务、义务）因未预料的汇率变动而引起的价值的增加或者减少的不确定性所形成的风险。外汇风险由两种不同币种①和时间三个基本要素构成（见图 2－1）。

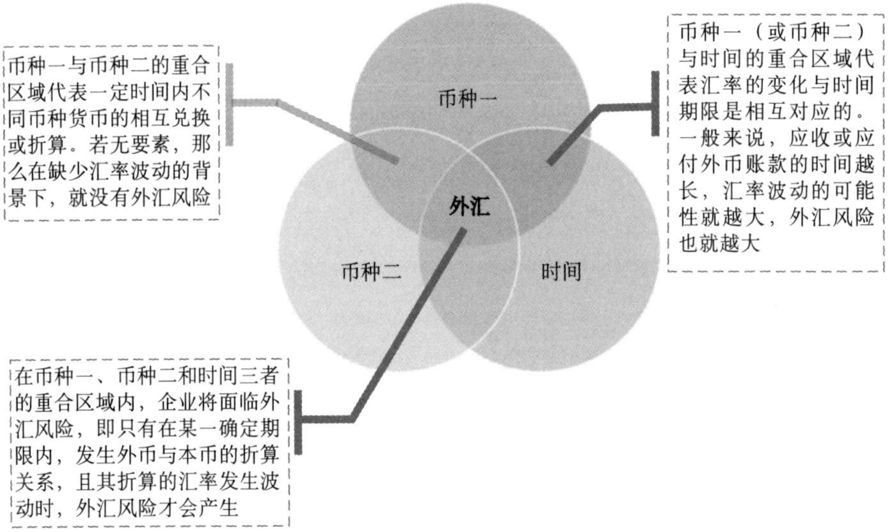

图 2－1　外汇风险三要素的关系

（二）外汇风险与风险敞口的关系

外汇风险敞口是外汇风险管理的核心部分。风险敞口，在学界作研究的时候有时也被用来直接指代外汇风险。但是在严格意义上，风险敞口与

① 通常为本币和外币。

外汇风险是有区别的，“风险”不等于“敞口”，汇率风险是一种可能性，并不一定发生，而“敞口”则是已处于风险之下的那一部分，即已出现的风险。

（三）外汇风险的类别及差异

汇率的变动可从多个方面对一个公司、经济实体、企业组织产生影响。根据时间的长短，外汇风险可分为短期风险和长期风险。为了更全面地理解和评估外汇风险对企业经营活动和财务状况的影响，我们根据汇率风险的作用、对象及表现形式，将外汇风险分为交易风险、经济风险与会计风险三种类型。

我们首先对这三类风险的定义进行介绍，然后再梳理三者之间的关系。

1. 交易风险

交易风险，又称为交易结算风险，是指企业在运用外币计价的交易中，由于外币与本币之间或外币与外币之间汇率的变动，使上述交易的价值发生变化，则我们认为该企业面临外汇交易风险。

以外币计价的商品或劳务的进出口是交易风险中最典型的例子。

【例2-1】中国玩具进口公司A在7月15日与美国玩具出口公司B签订了一份合同。合同规定，在2个月后中国玩具进口公司A需要向美国玩具出口公司B支付100万美元尾款。7月15日当日的美元兑人民币即期汇率为1美元兑换6.55元人民币。3个月后，美元兑人民币即期汇率为1美元兑换6.85元人民币，该中国玩具进口公司A需要比3个月前花更多的人民币才能够兑换到100万美元，用以支付玩具尾款。

从该例子可以看出，100万美元对于中国玩具进口公司A来说是风险敞口，给A带来了交易风险。因此，一般来说，只有涉及对外交易的企业才会面临外汇交易风险，而仅涉及国内交易不涉及外币收付的企业则不会有外汇交易风险。

2. 经济风险

我们知道，汇率的波动会通过影响企业或企业竞争对手的生产销售数量、产品价格、成本等，从而潜移默化地引起企业未来一定时间内的收益（资产风险途径）或运营现金流（经营风险途径）发生变化，最终导致企业价值发生变化。而这种具有不确定性，甚至是意料之外的汇率波动造成的企业未来运营现金流变化而导致的企业价值的不确定性变化所形成的风险，我们称之为外汇经济风险（见图2－2）。外汇经济风险取决于企业对未来一定时间内运营现金流的估计，产生于企业对经营结果的分析过程，因此，这种风险能否避免在很大程度上取决于企业的预测能力。

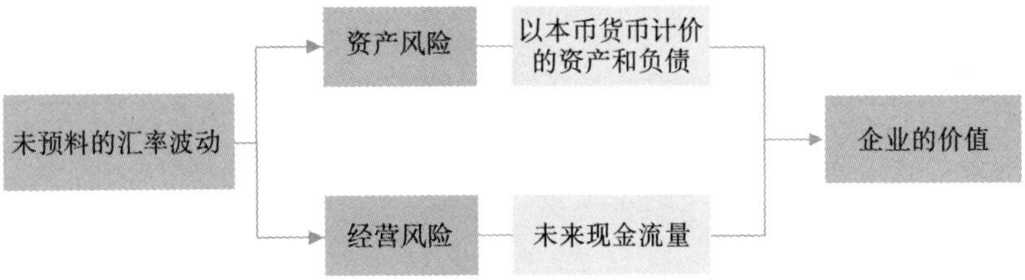

图2－2　外汇经济风险对企业的影响途径和方式

我们引用一个非常经典的例子，在1997年东南亚经济危机之后，韩元对美元大幅贬值（见图2－3），由于当时人民币实行的是盯住美元的固定汇率制度，因此韩元对人民币也大幅贬值，那么，在我国国内家电企业产品销售价格不变的情况下，韩国家电在我国的售价（以人民币标价）大幅下跌，导致我国国内家电企业的市场份额下降，净现金流也相应减少，公司价值下降。因此可以看出，无论是涉及对外交易还是仅涉及国内交易的企业都直接或间接地面临外汇经济风险。

3. 会计风险

外汇会计风险产生于跨国公司将世界各地的子公司的报表进行合并的过程中，是指将外币折算成本币时，因外币升值或贬值而产生的外汇收益或损失。一般体现为，当某企业将其国外分支机构以外币计算的会计报表合并为以本币计算的统一会计报表时，由于汇率的变动而导致企业账面价值发生变化。若企业所使用外币与本币折算汇率在会计年度的年初和年末之间发生大幅波动，企业将面临较大的外汇会计风险。外汇会计风险会影

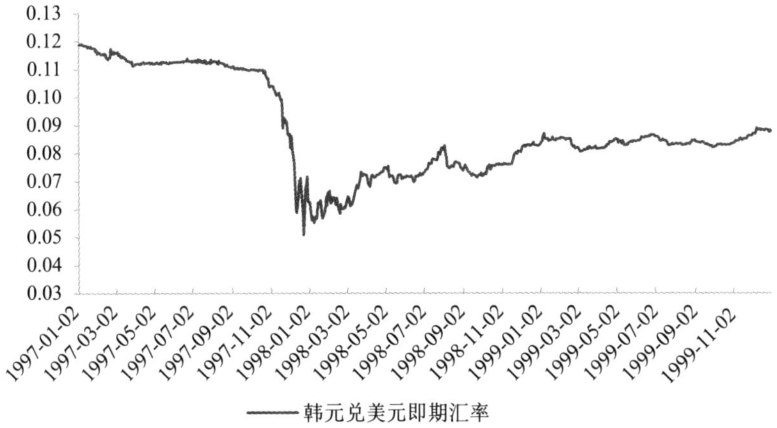

图 2－3　东南亚经济危机后韩元对美元大幅贬值，企业直接或间接地面临外汇经济风险

响企业的合并资产负债表和损益类账户。在会计处理上，通常将日常交易中汇率波动形成的损益计入财务费用的“汇兑损益”科目，它会对企业的现金流产生影响。一般来说，仅涉及国内交易不涉及对外交易的企业不会有会计风险暴露，而与一般涉及对外交易的企业相比，跨国企业所面临的外汇会计风险更为明显。

【例 2－2】我国某期货公司与其在美国的子公司在 2022 年年初时的往来账户余额为 1 亿美元。当时，美元兑人民币即期汇率为 1 美元兑换 6.35 元人民币。临近年末，该期货公司需要将其美国子公司的财务报表进行合并，此时，美元兑人民币即期汇率为 1 美元兑换 6.15 元人民币，该笔往来账户余额经过汇率折算后，美元余额价值降低了 2,000 万元人民币。

根据风险的来源，上述三类外汇风险的基本形态可以用图 2－4 表示。

以上是对交易、经济和会计三种外汇风险的认识，虽然三种风险都是由未预期的汇率变化引起的企业外汇资产或负债在价值上的变动，但它们的侧重点各有不同（见表 2－1）。从影响时长来看，由于外汇经济风险能够影响到企业长期收益，侧重于汇率的变动对未来的经营产生影响，因此，对于企业而言，外汇经济风险属于长期风险。外汇交易风险和外汇会

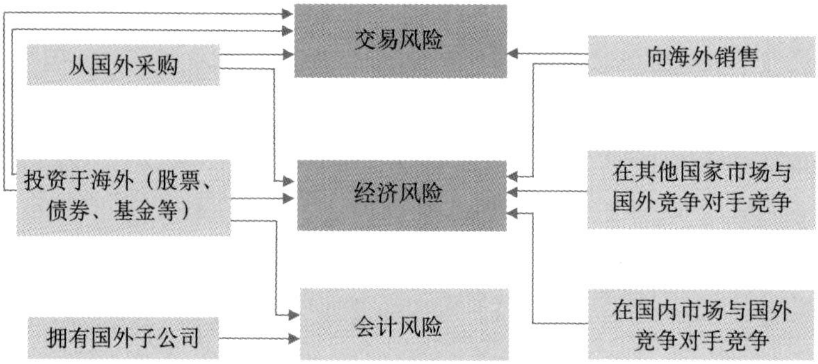

图2-4　外汇风险的来源

计风险对企业的影响具有局部性，且影响的时间不长，基本是直接影响企业当期的利润，侧重于汇率变动对已经发生的以外币计价的交易影响。从影响表现来看，外汇交易风险有实际的外币交易和损益发生，因此，该风险会直接影响企业当期的经营净现金流量。外汇经济风险是外汇交易风险在时间与范围上的延伸，会对企业的整体价值产生影响。而外汇会计风险体现的是企业账面损益，不涉及企业的现金流变化，所以，一般而言，相较于外汇经济风险和外汇交易风险，外汇会计风险不作为企业外汇风险管理的重点。

表2-1　企业外汇风险类型比较

外汇风险类型	产生原因	影响	价值体现	会计处理	影响时长
交易风险	短期交易	现金流	经济	汇兑损益	短期
经济风险	战略决策	未来现金流	经济	—	长期
会计风险	合并报表	财务报表	账面	汇兑损益；其他综合收益	短期

4. 政策风险

除了上述三类常见的外汇风险外，还有一类比较特殊的外汇风险——政策风险。它是指国家可能调整跨境资本流动等政策和措施，进而影响企业货币兑换的一种风险。

二、外汇风险管理的含义

外汇风险管理，也被称为企业对外汇风险进行管理的实施步骤，是指涉外经济主体对外汇市场可能出现的变化采取相应的措施，用尽可能少的成本来规避汇率变动可能带来的损失，以达到最大的安全保障的过程。一般来说，企业对外汇风险进行管理的主要步骤为外汇风险的识别、估测和处理。若我们将步骤划分得更具体一些，可以总结为以下几个关键步骤：规章制度建立、财务数据分析、汇率风险敞口识别、外汇市场研判、风险数值计算、避险决策制定、交易方案执行、外汇风险管理评估、会计报表制作和贯穿整个流程的审核监控。

管理的本质是需要规避外汇的时间风险和价值风险，若不能完全消除外汇的时间风险和价值风险，就不能完全规避外汇风险。

第二节　外汇风险管理步骤

一、规章制度建立

企业对外汇风险进行管理的第一步，就是从上而下地建立一套适合自身的企业文化、发展战略、供应链位置、业务类型、财务状况和信息技术水平的外汇风险管理规章制度，从而更好地管理外汇风险。一套合适的规章制度，不仅能为企业外贸业务的开展和外汇避险决策的制定提供有力的指导，还能作为部门员工绩效考核和工作责任追溯的参考，有效提高管理水平和运作效率。

企业外汇风险管理的规章制度至少需要包含两部分内容：一是偏向交易业务的说明；二是管理制度的规定。交易业务类说明的主要内容应该包括货币兑换的方式、参考的会计准则、外汇交易的类型、外汇衍生品的风险及针对风险的控制措施等。管理制度类的规定，则应详细说明外汇交易原则、策略操作、审批管理、控制流程、风险报告、紧急处理、监控方式、考核评价、信息隔离与披露等内容。

随着外部环境的改变和业务内容的调整，企业在管理外汇风险上会遇到各式各样的交易、人事、政策等问题，在解决这些问题的同时，企业也要不断调整和完善自身的外汇风险管理制度，从而更加从容地应对来自外部市场和内部环境的挑战。

（一）进行外汇风险管理需要遵循的原则

企业进行外汇风险管理时需要遵循的原则如下：

1. 高度重视原则

汇率的波动可能会使企业遭受重大损失，严重影响企业的利润。在新形势下，必然要求企业树立汇率风险中性的理念，要立足主业，理性地对待汇率涨跌，因此，企业势必要认识和理解外汇风险管理的重要性，选择合理的方式积极防范汇率风险。

2. 动态多样化原则

现实中外汇风险管理方法有很多种，各有优缺点。企业应根据自己的实际情况，对各类管理方法进行比较，灵活审慎地安排自己的资产、负债币种和期限，并随着实际情况的变化相应改变外汇管理方式。

3. 利益最大化原则

外汇风险管理的最终目的就是利益最大化。企业在风险管理中必然要投入成本，不同的管理方法效果不同，同时还面临不同的成本问题。因此，在能够达到保值效果的前提下，企业需要精确核算暴露的头寸与管理成本、风险损失之间的关系，对不同的风险管理方法进行考量，从而选择投入成本少、利益最大化的方案。

4. 稳健可持续原则

企业对外汇风险进行管理，应坚守稳健可持续原则，遵循“期”（未来）和“现”（现在）相结合的原则进行科学评价，把风险敞口的损益和衍生工具的损益加总后去综合评价。例如，不能简单地用远期汇率和到期的即期汇率做比较，去判断套保的盈亏情况和有效性。

（二）外汇风险管理策略

这里所说的外汇风险管理策略，是指外汇风险管理指导原则、实现风险管理目标的具体安排，涉及企业在外汇风险管理中的指导思想和基本态度。

下面对完全规避、消极管理和积极管理三种基本外汇风险管理策略进行介绍。需要注意的是，这三类策略并没有优劣之分，企业应根据自身情况来选择相应的管理策略，并适时地进行调整。

1. 完全规避策略

实施风险完全规避策略的企业，一般为风险厌恶型企业，其对外汇风险采取严格的防范措施，力求避免外汇风险的形成，对已形成的风险力求完全规避。完全规避策略可有效防范外汇风险，但也将面对高成本、费人力的问题。

2. 积极管理策略

积极管理策略，也被称为部分规避策略，即企业对所面临的外汇风险的一部分采取积极预测汇率的方法，并采用相应的风险工具作为管理手段，其他部分则予以放置。采用此策略的关键在于确定规避的比重。

3. 消极管理策略

消极管理策略，即完全不规避外汇风险的策略。如果涉外业务在企业经营中比重很低，以至于对企业影响较小，或企业具有很强的抵抗外汇风险的能力，通常会选择对外汇风险不采取任何措施的策略，自主承担汇率变动可能带来的各种风险。

二、财务数据分析

汇率变化对不同财务类型及特点的企业的影响方向和影响程度都是不同的。要想准确了解企业面临的外汇风险水平，就必须先对外贸相关的业务数据和财务信息进行梳理。我们将这些数据大致归为两类：一类是和企业自身外贸有关的财务信息，如应收账款、应付账款及其水单，以及外币的库存现金等；另一类是为了管理外汇风险而进行的金融工具或交易的操作，如远期、掉期、期货、期权、即期结售汇、外币贷款等。

三、外汇风险敞口的识别

企业需要根据自己的交易活动对其面临的风险进行识别，即对各种可能减少企业价值的外汇风险进行鉴定。正确识别风险将为成功的风险管理奠定基础，为以后的风险管理决策提供可靠的依据。若对风险做出了错误的识别，则日后无论进行怎样的管理，都不可避免地会导致风险管理的失败。

风险识别属于定性分析，由此企业可准确判断自己承受的是何种外汇风险。从收集信息开始，企业一定要对自己日常运营中存在的汇率风险因素进行辨析与识别，充分认识面临的风险敞口是多大，判断所面临风险的主次及持续的时长。

（一）交易风险的识别

前文我们已经详细地对外汇交易风险进行了介绍，也了解到该类风险主要由各种需要以外币进行结算的业务所导致。那么，识别企业是否存在外汇交易风险，主要看企业从事的业务是否与图 2 - 4 中所展示的业务重合，若有重合，则存在交易风险。

（二）会计风险的识别

会计风险的识别，主要可从以下几个方面进行考虑：一是国外分支机构的地点。不同货币的波动程度不同，从而影响会计风险的程度。二是使用的折算方式。为应对不同情况的业务和不同性质的会计科目，企业一般会采用不同的折算处理方法，而采用不同的外汇折算处理方式，折算损益是不一样的。

（三）经济风险的识别

这一类风险的判别相对复杂，主要可从以下几个方面进行考虑（见图2－5）：企业经营的环境（出口、进口竞争或单纯国内生产），企业的原材料来源（进口、国内交易或非交易商品）。

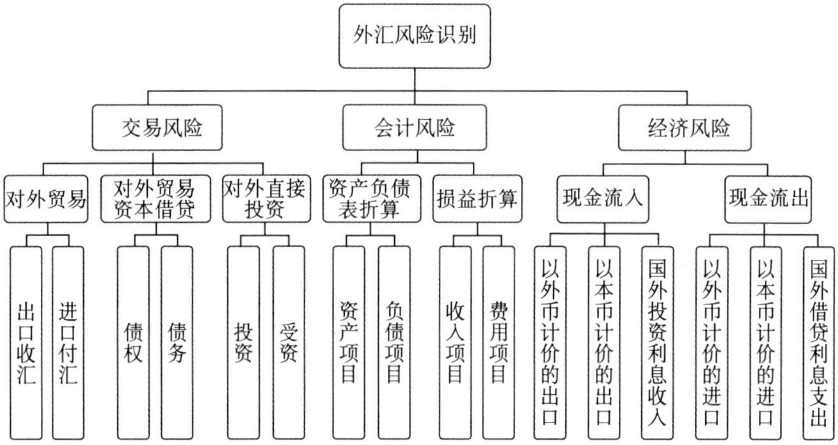

图2－5　外汇风险识别

四、外汇市场研判

外贸企业需要开展货币兑换和外汇衍生品业务，就必须对外汇市场有一定的认识，了解基本的市场行情、汇率资讯和相关政策等。企业进行外汇套保，从某种程度上来说，有完全套保，即所谓的风险中性，也有不完全套保。外贸企业倘若选择不完全套保，就必须对外汇市场和汇率走势做出一定的主观判断，因此，外汇风险管理在某种程度上会涉及外汇市场研判。

五、风险数值计算

汇率敞口，是指会随着汇率波动而发生价值变化的外币资金。企业可能会认为这些外币资金就是自身在外汇市场中的最大损失。但理论上，一段时期内汇率的波动是有限的，因此企业在这段时间内最多只会损失汇率敞口的一部分资金。因此，计算出一段时间内企业可能的损失水平，将汇率波动风险对企业外汇资金的具体影响数值量化出来，就可以使企业对资金面临的损失水平有更加直观准确的把握。

六、避险决策制定

避险决策制定，是指企业针对自身情况，制定具体的交易方案以期规避、转移和消除汇率风险。目前，避险决策制定的方法有三种，分别是规则逻辑、情景模拟和压力测试。

七、交易方案执行

执行具体的交易是企业汇率避险方案的落地。负责交易操作的部门或员工必须按照规定的制度和流程，准确执行最终的避险决策方案。

八、外汇风险管理评估

外汇风险管理评估对风险规避成效起决定性作用。外汇风险管理评估，即企业对所实施的外汇风险管理行为进行事后评估，判断管理结果是否与预期一致，以及管理行为是否合理有效。在管理过程中，我们建议企业准确记录管理过程，以合理的形式进行报告，这样有助于企业及时发现管理行为的缺陷，并采取相应措施。

科学的风险管理评价标准应该遵循期现结合的原则，即将风险敞口的损益与衍生工具的损益加总，对加总后的结果再进行评价。一般认为，保值后的综合损益越接近零，则保值效果越好，绩效评价也越高；而距离零越远，则绩效评价越差。在制度设计上不能单纯地以套保合约的盈亏来体现套保价值和效果，而要全面衡量套保操作辅助主业经营的综合损益，并制定科学的奖惩机制。

九、会计报表制作

会计报表，是指企业对外提供的反映企业某一时期内的财务状况和某一会计期间的经营成果、现金流量等会计信息的文件。企业汇率避险交易方案的执行结果最终要以会计报表上数值的形式展现出来，制作时要保证账目清晰明了，方便总结汇报。目前，外币报表折算的方法有流动与非流动法、货币与非货币法、时间度量法、现行汇率法。

流动与非流动法是将资产与负债项目区分为流动性项目与非流动性项目两大类，将流动性项目按现行汇率折算，非流动性项目按历史汇率折算的一种外币报表折算方法。

现行汇率法是一种以现行汇率为主要折算汇率的外币报表折算方法。

货币与非货币法是一种用于外币会计报表换算的方法，它根据不同的汇率（包括现行汇率、历史汇率和平均汇率），对货币性项目、非货币性项目和损益类项目进行核算。

时间度量法又被称为时态法，是一种以资产、负债项目的计量属性作为选择折算汇率依据的一种外币报表折算方法。这种方法的理论依据是，外币的折算实际上是将外币报表按一种新的货币单位重新表述的一个过程，其改变的只是被计量项目的计量单位，而不是计量属性。因此，各个外币报表项目应按其计量日期的实际汇率折算，这样才能保证不改变各外币报表项目的计量基础。

现行汇率法是一种以现行汇率为主要折算汇率的外币报表折算方法。

一般来讲，外币报表折算只是改变表述的货币单位，并不改变报表项目之间的关系。外币报表折算问题作为财务会计的三大难题之一，其困难源于汇率的变动。如果汇率固定不变，则外币报表的折算就会很容易。外币报表折算之所以被称为难题，本质上还是源于汇率风险。

十、审核监控

外汇风险管理执行情况的监督贯穿于整个管理过程，主要是指进出口企业对风险管理情况进行时时跟进，监测外汇风险管理要素的内容和运行情况。审核监控，不仅要监控货币兑换、外汇交易和报表制作等实操行为，还需要关注财务数据处理、风险信息分析等企业外汇风险管理的其他几个主要过程。除此之外，上级对下级、总部对本部、风控对业务的重要行为以及关键步骤，都要进行审核。相关负责人必须及时了解当前面临的风险的大小和事物的发展状况，做到各个环节都有迹可循，处处留痕，以便将来的绩效考核和责任追溯。监督通常由企业内部稽核审计部门按风险管理政策与制度设定的流程及要求进行。建议企业建立日常监控、定期监控与外部监控三类风险审查机制。具体来看，日常监控是指企业在开展日常业务的同时，做到实时对外汇风险的监控；定期监控，是指企业需要对一定时期内的外汇管理操作进行审查；外部监控则是指企业可邀请第三方专业机构定期对企业的外汇管理过程进行核查。

第三章　企业外汇风险管理体系

随着人民币国际化进程的加快，中国企业通过投资、并购等路径在海外设立分支机构或子公司的情况日渐增多。这些跨国公司由于投资经营海外项目，必然会开展本币以外的外汇交易，例如投资以及海外公司的利润回收、公司的日常采购或者销售、公司内部的进出口或是公司每年资产负债表的合并等。近年来，全球经济金融环境错综复杂，汇率波动幅度扩大，因为外汇汇率频繁波动以及波动方向具有不确定性，跨国公司的外汇交易或者活动常常会受到外汇汇率的影响，从而导致公司的利益或者价值受到损害，所以中国企业构建符合自身特点的外汇风险管理体系对其发展经营尤为重要。

第一节　风险敞口测算与评估

一、外汇风险敞口基本要素

汇率风险通常被划分为三类，分别为交易风险、会计风险和经济风险。针对不同种类的外汇风险，其影响和相应的应对策略均有所不同（见表3－1）。

表 3－1　　外汇风险三大种类及应对策略一览表

项目	交易风险	会计风险	经济风险
对象	公司涉及外币合约的各类权利义务	海外分支公司当地币种的资产负债与损益	长期海外投资、经营、进出口业务
影响	经济或现金价值	合并报表账面值	长期竞争力、战略目标
期限	经营周期、合约期限	会计周期	长期、战略规划周期
应对策略	经营保值、金融衍生品套期保值	会计政策选择、财务信息披露、金融衍生品套期保值	经营结构与战略规划调整

具体来看，经济风险涉及企业的长期战略规划，会计风险在经营层面缺少对冲手段，采用金融工具套期保值可能会给企业带来显著的交割现金流冲击，并且外汇风险管理结果也仅会影响合并报表的账面损益，在国际大型企业中并非优先管理的对象。因此，汇率避险操作管理风险重点依次为交易风险（通常所说的外汇风险敞口）、会计风险、经济风险。

准确、全面地识别构成外汇风险敞口的基本要素，是分析和管理外汇风险敞口的前提。外汇风险敞口的基本要素见表 3－2。

表 3－2　　外汇风险敞口的基本要素

分类	要素名称	要素含义
定性识别	币别差	存在相对于所属企业本币的外币交易
	货币属性	某项交易中的未来权利义务为货币属性，通常在操作中较容易引发误解，例如预收账款科目代表需要在未来以商品或劳务形式偿付的负债，是企业已收取的外币资金的科目。但预收账款科目本身并不具有货币属性，不应计入外汇风险敞口
定量识别	金额	外币交易金额，可能会随交易项目进程和管理层的判断进行动态调整
	敞口确认时点	标志着敞口的经济价值开始受到汇率波动的影响，而这一时点的确认需要企业对某项交易下的权利义务何时开始影响企业做出合理的判断，因而非常关键
	敞口到期时点	敞口某项基本要素（币别差、货币性、金额）停止存续。敞口的到期时点一般伴随着换汇完成、收支实现或权利义务的消灭等

币别差和货币属性会伴随业务进程发生改变，这些变化可能影响企业的经济价值。因此，如果企业对经济价值关注度较高，就需要从商业经营角度对外汇风险敞口要素的变化进行合理的判断，而不能仅仅局限于财务会计规则。定量识别中较为重要的是敞口确认时点的判断，这就需要管理者从企业实际业务情况出发进行综合考虑，进而做出判断。当敞口期限较长时，敞口的不确定性也会相应增加，故对敞口确认时点的判断就需要大量的合理证据。

在确立外汇风险敞口判断规则时，企业应当重点关注以下三点：

（1）外汇风险敞口的确认应当以合理的业务判断和清晰明确的风险管理目标为基础；

（2）外汇风险敞口的确认规则形成之后，应当尽量保持该规则的持续和稳定，避免频繁调整；

（3）如果会计汇兑损益和外汇风险敞口的确认时点不一致，则相应外汇风险敞口受汇率变动影响导致的会计损益结果与企业价值变动也会不同。从外汇风险敞口的基本要素出发，对企业业务进行全面梳理，就可以确认企业在某时点的所有敞口。确认过程可以从当前财务报表中已经确认的外币货币性科目、非货币性科目以及表外的管理业务依次展开梳理（见表3－3），以确保外汇风险敞口统计的完整性。

二、外汇风险敞口的统计

企业在任意计量时点统计的外汇敞口，均包含预期金额与预期期限两个重要因素。其中，预期期限是从计量时点开始至预期敞口关闭时点的时间区间。针对不同的计量时点，预期期限和预期金额均会发生相应改变。对外汇风险敞口的统计，根据对时间维度处理规则的不同，可以分为时段统计与时点统计。企业外汇风险敞口的时段统计，即对年度、季度等时段内不同期限的敞口总量进行汇总统计，适用于企业对某一时段外汇风险敞口总量做出前瞻性或回顾性的概览，通常情况下，对实际套期保值的指导

表 3-3　　常见的外汇敞口梳理

活动名称	已形成资产负债科目		未形成资产负债科目
	业务	涉及科目	
存量货币	存量货币	外币货币资金以及等价物，金融资产、金融负债、金融衍生工具等	
经营活动	上游收款	应收账款、已完工未结算款项等	尚未满足会计入账条件，但基于合同签订或其他规则可以提前确认敞口的应收应付款项
	下游付款	应付账款、应付工程款等	
	预收预付	待预收、预付账款并非货币性科目，不应计入外汇风险敞口，已经预收的外币资金在现金中应视为敞口	尚未实际收付，但基于合同签订或其他规则可以提前确认敞口的待预收预付款项
	其他	其他应收应付款	敞口确认规则同应收账款、应付账款
融资活动	外币融资	各类融资科目	未发生的预计融资业务，不应计入敞口，已发生的融资活动仅在存续期间构成敞口
投资活动	股利收支	外币应收应付股利	如果存在强制性股利收付规则，外币股利收付敞口可在会计科目之前确认生成
	海外投资	新增、处置海外投资对应外币款项	对于待定的海外投资业务，可以根据投资并购业务的可能变化，相应确认和调整敞口

作用有限。外汇风险敞口的统计时点，即对所有已确认发生并仍存续的外汇敞口金额汇总轧差得到净敞口总额的确定时点。在时点统计中，敞口的确认与存续时间是判断敞口是否在该时点的计量范围内的主要条件。因而，套期保值更加关注外汇风险敞口的时点统计。

第二节 外汇风险敞口评估与管理

一、外汇风险敞口评估

在企业外汇风险管理中，VaR 方法可以用来作为传统外汇风险敞口统计的替代或补充，VaR 即风险资产在给定的持有期和置信区间内，由于不利的市场因素从而蒙受的最大可能损失。VaR 能够让资产组合风险量化为一个与收益相符的数字，有利于风险管理目标的实现。具体来看，VaR 的计算围绕置信水平、概率分布、持有期这三个量化条件展开。其中，置信水平和持有期取决于企业的风险敏感度和管理展望期限，这两者设定相对简单，涉及一定的主观性，可根据企业需求变化。概率分布的设定和模拟是 VaR 计算的核心要点，根据不同的概率分布假设，可以分为参数法 VaR 测算方法与模拟法 VaR 测算方法。参数法假定收益率服从某种概率分布，并选取相应参数直接进行计算。经典的 VaR 计算假定收益率服从正态分布，通过选取分布方差或协方差计算 VaR 值。

二、外汇风险敞口管理方法

（一）签订合同时的管理方法

1. 外汇风险防范的根本性措施之一便是选择好合同货币

合同货币选择时，需要从两种角度出发进行综合考虑：一是考虑商品价格、交易条件、市场行情；二是结合对外筹资的不同方式，以及对汇率趋势的判断，对各个环节综合考虑。企业要管理外汇风险，在选择合同货币时，首先可以从这两点出发：一是尽量选择本国货币作为合同货币；二是未来有结汇需求的出口合同争取使用在外汇市场上有升值空间的货币，未来有购汇需求的进口合同可选择相对处于弱势的货币作为合同货币。

2. 合同签订时，加入有关汇率变动的货币保值条款

当前使用较多的货币保值条款主要为“一篮子”货币保值条款，即在签订合同时，选择“一篮子”货币与合同货币之间的汇率，根据各种货币的稳定程度确定每种货币的权重，最终计算出综合货币用来表示合同金额，实现货币保值的目的。如果在合同执行期间内，汇率发生变动，可以在结算或者清偿的时候，再依据当时汇率变动幅度重新确定综合货币，同时，合同货币金额也要相应调整。

3. 合同签订时，加入有关汇率波动时调整价格或利率的条款

在企业合同履行过程中，其签订时确定的合同货币对于交易双方来说，多数情况会有一方处于不利地位，当一方不得已接受不利的合同货币时，可以商议在合同中加入有关调整价格或利率的条款。例如，若合同货币汇率波动较大，可以适当提高结算时的出口价格或贷款利率；若合同货币汇率相对稳定，可以适当降低进口价格或借款利率。

（二）利用外汇工具规避汇率风险

跨国企业可以通过外汇市场和货币市场交易来规避外汇风险，主要交易包括：外汇远期套期保值，现汇交易、外汇期货套期保值、外汇期权套期保值、外汇掉期交易、外币票据贴现、利率和货币互换等。外汇市场交易工具及使用，下文将详细介绍。货币市场中，外币票据贴现，指的是将企业的远期外汇票据贴现，提前获得外汇，同时换取本币现金。这种方法一方面有利于出口商加速资金周转，另一方面能够达到规避外汇风险的目的。利率和货币互换，指的是企业通过银行进行互换，双方均实现了规避汇率风险的目的，通常适用于中长期融资、借贷和筹资业务。除了借助交易工具，企业还可以提前或延后收付外汇规避汇率变动给企业带来的风

险，或向相关保险公司投保汇率变动险。

（三）会计风险的管理方法

对于汇率变动可能造成企业财务账户产生变动的会计风险的管理，往往要进行资产负债表的保值。注意事项主要包括：

首先，一一梳理资产负债表中各账户、各科目上外币的规模，并明确综合会计风险头寸的金额。

其次，根据风险头寸的性质，确定受险资产（负债）的调整方向及额度，调整时要满足资产负债表上用外币表示的风险资产和风险负债的额度相同，以使其风险头寸为零。

最后，因为有些明细账户和科目的调整可能会引起相关的其他明细账户或科目的调整，造成扩大调整金额，风险头寸反而越来越大的情况，所以企业在确定了想要调整的明细账户和科目时，要注意账户之间存在的关联性。

第三节　套期会计

针对进出口企业在销售、采购等交易中面临的收取、支付外汇，汇率波动将会带来应收账款或应付账款金额变动的风险，而货币性项目的外汇风险，反映在企业的利润表中即为汇兑损益。在实际操作过程中，通过外汇衍生品交易对外币应收账款、应付账款的风险敞口进行套期保值，进出口企业可以实现衍生品的公允价值变动与相对应的风险敞口产生的汇兑损益进行有效对冲的目的。当然，进出口企业面临的外汇风险不仅仅只有外币应收账款或应付账款这一类风险敞口。企业已经签订但尚未开始执行的外币结算销售或采购合同，已经可以预知未来将会面临与应收账款或应付账款相同的汇率波动风险。如果也对这一类外汇风险进行风险管理，则在套期会计领域，属于对确定承诺的外汇风险的套期。此外，大多数进出口企业可能存在尚未签订销售或采购的合同，但企业根据未来的生产经营规划和以往的历史经验，预计可能会发生某些外币销售或采购交易，那么企业将同样面临外汇风险。当企业通过衍生品锁定以上所提到的预期交易外汇风险时，企业可以采用套期会计处理，锁定未来可能收付的本币现金流。也就是说，无论进出口企业涉及外币交易的合同是否签署或执行，对于已经发生的、确定将来会发生的以及极有可能会发生的外汇风险，企业都可以运用套期会计来处理。

对于采用外汇衍生品等工具进行套期保值交易的企业来说，企业可以选择采用套期会计的方法来减少会计错配以及损益波动。根据企业风险管理措施，在相同会计期间，套期会计会将套期工具和被套期项目产生的损益，计入当期损益或其他综合收益。

套期会计适用的领域见图 3－1。

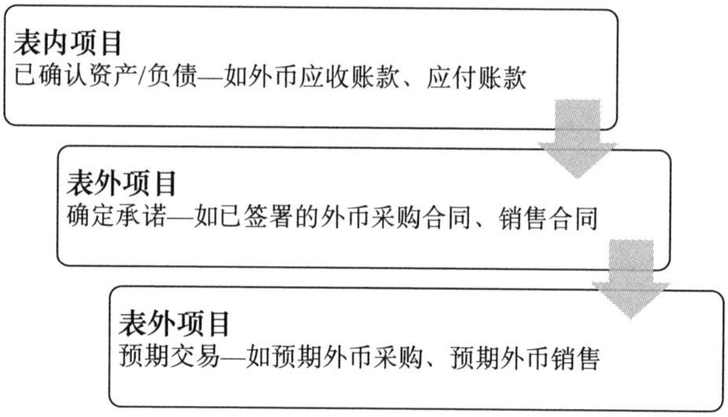

图 3－1　套期会计适用领域

一、套期的分类和主要会计处理

套期会计是对企业资产价值进行风险管理的会计处理方法。按照准则规定，套期会计核算的主要业务流程如下：

（1）指定被套期项目，在经营资产价值链中指定受到特定风险影响的资产敞口为被套期项目；

（2）在相同资产的市场中找到相同会计期间内可以与之匹配的金融工具，并将该金融工具指定为套期工具；

（3）经风险评估，被套期项目和套期工具通过套期映射函数构成套期关系；

（4）通过对套期关系的建立、存续、终止或重置过程的会计确认，可确保套期有效性的存续；

（5）解除套期后进行有效保值或无效保值的会计核算，并就对应账目进行会计处理。

套期会计通常分为三类，分别是现金流量套期、公允价值套期和境外经营净投资套期，前两类在企业中的应用较为广泛。我们具体来看：

现金流量套期是对风险敞口中现金流量变动进行套期。例如，银行的一笔浮动利率的人民币贷款，在存续期间内，银行对 LPR 一年期利率波动引起的现金流的波动进行风险管理。套期工具选择利率掉期，利率掉期合约约定支出浮动利息，获得固定利息。作为套期工具的利率掉期业务，属于有效套期部分的估值损益，通过计入其他综合收益下的现金流量套期储备，减少了利润表的波动。

公允价值套期是对风险敞口中公允价值变动进行套期。例如，企业有一笔以固定利率支付的长期借款，企业要为其应付的固定利率风险引起的公允价值变动进行套期。在同一存续期内，企业与银行签订了利率互换合约，以固定利率换浮动利率。那么，利率互换合约产生的损益应计入当期损益，长期借款中因为存在套期风险敞口而形成的损益，同样应计入当期损益。企业运用公允价值进行套期，实现了两笔方向相反的损益波动的消除。

二、套期会计应用条件

套期会计（2017 年）中规定，运用套期会计（2017 年）规定的方法进行会计处理，必须同时满足下列三个条件（见图3－2）。

（1）套期关系仅由符合条件的套期工具和被套期项目组成；

（2）在套期开始时，企业正式指定了套期工具和被套期项目，并准备了关于套期关系和企业从事套期的风险管理策略和风险管理目标的书面文件；

（3）套期关系符合套期有效性要求。

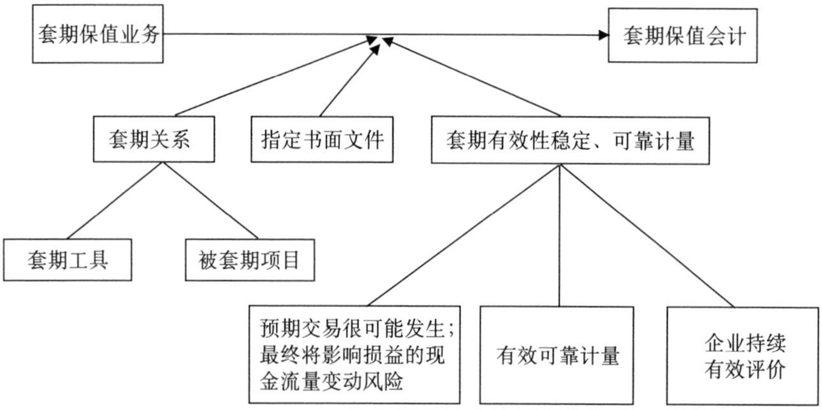

图3－2　套期保值会计应用条件

（一）符合条件的套期和被套期工具

1. 符合条件的套期工具

套期工具，是指由企业为进行套期而指定的，其公允价值或现金流量变动预期可以抵销被套期项目的公允价值或现金流量变动的金融工具。套期工具具体包括以下几类：

（1）变动计入当期损益，以公允价值计量的外汇衍生工具。多数情况下，外汇衍生工具可以作为套期工具，主要包括外汇远期、外汇期货、货币互换和外汇期权等。例如，某进口企业为规避人民币贬值、美元升值的风险，可以买入一定数量美元兑人民币期货合同。美元兑人民币期货合同即为套期工具。但是，需要注意的是，当外汇衍生工具无法有效对冲被套期项目风险时，其不能作为套期工具。

（2）变动计入当期损益，且以公允价值计量的非衍生金融资产或负债（2017 年新增）。

（3）对于外汇风险套期，企业还可以将非衍生金融资产或负债的外汇风险成分指定为套期工具。举例来说，境内某进出口企业可以将其持有的以外币计价的债券的外汇风险成分指定为套期工具，对预期购买交易的外汇风险成分进行套期。

2. 符合条件的被套期项目

被套期项目，是指被指定为被套期对象，能够可靠计量，导致企业面临公允价值或现金流量变动风险的项目。被套期项目可以由以下单个项目、项目组合或其组成部分组成：一是已经在资产负债表中，属于确认的资产或负债，例如，企业计划对外出售的存货、已经确认的美元借款形成的负债等；二是尚未在资产负债表中被确认，但是属于确定承诺的项目；三是极有可能发生的预期交易项目；四是境外经营净投资。

对于部分符合条件的被套期项目，可以进行具体分析：

（1）确定承诺和预期会发生的交易。确定承诺，即已获得承诺在未来特定日期或期间，将以约定价格交换资源，并且存在法律约束力的协议。

（2）项目组成部分，主要分有三种情况：一是项目的风险成分。在企业风险管理过程中，企业通常是对特定风险成分进行套期，而不是对被套期项目整体公允价值或现金流量变动进行套期。二是一项或多项选定的合同现金流量。在企业风险管理过程中，存在对一项或多项选定的合同现金流量进行套期的情况。三是项目名义金额的组成部分，即项目整体金额或数量的特定部分，可以是项目整体的某一层级部分或是项目整体的一定比例部分。套期会计（2017 年）规定的项目组成部分是指小于项目整体公允价值或现金流量变动的部分，这一部分仅仅反映其所属项目整体面临的一定程度的风险，或仅反映某些风险。

（3）汇总风险敞口。套期会计（2017 年）允许将汇总风险敞口指定为被套期项目。汇总风险敞口，即一项衍生工具和一项符合被套期项目条件的风险敞口的组合。在企业面临多种风险时，使用汇总风险敞口作为被套期项目，可以同时管理多项风险。

（4）项目组合。套期会计（2017 年）中，只要企业出于风险管理目的，对一组项目进行管理，并且组合中的每一个项目都单独属于符合条件的被套期项目时，就可以将组合整体指定为一个被套期项目。一组风险相互抵销的项目可形成风险净敞口，一组风险不存在抵消的项目则形成风险总敞口。只有企业出于风险管理目的以净额为基础而进行套期时，风险净敞口才会被指定为被套期项目。

（二）指定书面文件

套期会计（2017 年）要求，在套期开始时，企业需要正式指定套期工具和被套期项目，并准备关于套期关系和企业从事套期的风险管理策略和风险管理目标的书面文件。指定书面文件至少载明了被套期项目、套期工具、被套期风险的性质和套期有效性的评估方法等内容。此规定主要是为了避免企业在期末或资产负债日临时使用套期会计以达到操纵利润或其他目的的情况的发生。套期会计的目标聚焦在企业的风险管理，而相应的风险管理策略和风险管理目标是在套期关系成立伊始就已经确定了的，两者相呼应。

（三）符合套期有效性要求

套期会计（2017 年）可以从三个方面来评估套期的有效性。

1. 被套期项目和套期工具之间具有经济关系

被套期项目和套期工具之间具有经济关系，使套期工具的价值与被套期项目的价值预期将产生联动性变动（通常为价值变动方向相反）。企业可以采用定性方法或定量方法评估这种经济关系。通常情况下，如果被套期项目和套期工具的主要条款比较匹配或者大致相符，则可以根据主要条款进行定性评估，也可以认定存在经济关系。如果套期工具和被套项目的主要条款并不匹配或不相符，则可能需要定量评估。

2. 信用风险的影响不是主导因素

信用风险的影响不得主导被套期风险引起的套期工具或者被套期项目的变动。如果信用风险占据了主导地位，套期工具和被套期项目的价值变动的抵销将变得不规律，会显著增加套期无效部分。

3. 套期比率符合实际

套期关系的套期比率，等于企业实际套期的被套期项目数量与企业进行套期的套期工具实际数量之比。

第四节 情景分析与压力测试

一、压力测试的重要性

传统上的所谓压力测试，是指将整个金融机构或资产组合置于某一特定的（主观想象的）极端市场情况下，如假设利率骤升 100 个基点、某一货币突然贬值 30% 、股价暴跌 20% 等异常的市场变化，然后测试该金融机构或资产组合在这些关键市场变量突变的压力下的表现状况，看其是否能经受得起这种市场的突变。

对于跨国企业来说，外汇波动风险是企业面临的主要风险之一，将直接影响企业的经营业绩，甚至可能影响企业的生存。而从财务系统的角度出发，企业的短期和长期偿债能力、投融资状况、流动性状况等将决定企业能否维持健康的发展。

对于可以在金融衍生品市场上对外汇价格波动进行套期保值的企业来说，合理的套保操作，可以在很大程度上帮助企业规避汇率价格波动给企业经营造成的影响。但是，在持有套保头寸期间，当金融衍生品市场发生不利于自身套保交易的极端价格变化时，对企业的财务也将产生不小的冲击。例如，期货市场实行每日无负债制度，企业就需要持续提供现金，这一方面会影响企业能否按计划实施套保方案，另一方面也会对企业的日常经营产生冲击。此外，在极端的市场行情中，外汇期货和即期汇率的价格关系也可能会发生一定变化，尤其是在交叉套保的情况下，期货和现货价格关系的变动影响会更加明显。如果极端不利的行情与企业偿还债务时间产生交叠，则这种冲击可能是“致命”的。

从外汇期货价格历史走势看，发生短期内的极端单边行情几乎是不可避免的。例如，2020 年 6 月，美元兑人民币单边升值，连续下跌让买入套保者吃尽了苦头。面对这种极端的行情，如果企业持有的套保头寸与行情的涨跌相悖，并且没有提前设计好应对方案的话，那么企业极有可能会手足无措，套保的操作也很难顺利实施。而如果此时正值企业债务到期的话，无疑更是雪上加霜，甚至会给企业带来财务危机。由此可见，企业运用风险管理工具进行套期保值虽然可以降低外汇波动的风险，但同时也必须面对交易工具极端情况走势带来的一系列风险。因而，对套保企业进行极端行情下的压力测试，进而对可能发生的极端事件做好充分准备是很有必要的。这对于企业顺利实施套保计划，合理制定投资经营计划等，都是很有意义的。

二、压力测试系统

在企业套保压力测试中，我们测试的重点是企业的套保操作对企业的影响。目前，采用外汇期货套期保值工具进行外汇风险管理已经越来越普遍了，根据上文关于压力测试的定义，我们将压力测试的对象确定为如下两个系统：一是外汇期货头寸与外汇现货头寸的套保资产组合；二是企业的财务系统。

压力测试的具体步骤主要如下：

（一）选择量化指标

采用外汇期货和外汇现货套保资产组合的企业，可以选择外汇期货与外汇现货的差值即基差作为量化指标。而企业财务系统，选取的指标为企业流动资产与流动负债的比例。

（二）识别主要外汇风险敞口，筛选风险因子

对于外汇期货与外汇现货资产组合而言，主要风险就在于外汇期货与外汇现货价格的相对变化和预期的偏离过大，表现为基差发生比较大的波动。对于企业财务系统的流动性和短期偿债能力来说，主要风险在于当外汇期货头寸发生较大亏损时，需要补足资金。因而，对于以上的两个压力测试指标，我们选择的风险因子分别为外汇期货价格、外汇现货价格和相关的流动资产和流动负债价值。

（三）构建价值模型

企业需要建立两个价值模型来测试这两个系统，分别为以上所提到的基差和流动比率，公式为：

基差：$B = S - F$

S 为外汇现货价格，F 为外汇期货价格。

流动比率：$CR = \frac{\text{流动资产}}{\text{流动负债}}$

基差的波动可以反映套保组合的运行情况，流动比率则反映企业财务系统能否应对期货市场的冲击。

（四）极端情境模拟

通常情况下，极端情境的构造分为两种：一是历史情境法，即模拟历史上发生过的极端情境。因为历史事件实际发生过，可能还会发生，所以通过模拟历史数据创建情境是较为直观的一种方法。二是假设情境法，这种方法是假设有更多的潜在极端情境事件发生，可以用来预期特别的事件。

使用历史情境法，结合外汇期货价格的某段极端历史行情和企业当时

的财务状况，可以对价值模型进行计算和评估，该方法相对简单，但是缺点是情境的设定会比较单一。利用假设情境法，风险管理人员可以综合考虑影响外汇期货价格、外汇现货价格的因素以及企业的具体财务情况，模拟出多种不同的极端情境。无论采取哪一种情境构造方法，最终都必须体现在风险因子中。在不同极端情境下，外汇期货价格、外汇现货价格以及企业的流动资产和流动负债等风险因子将会被赋予相应的极端值。

（五）根据情景构造计算出不同情境下相应的风险因子值

根据计算结果，企业需要对其在不同的极端情境下承受压力的状况与能力进行评估。同时，企业还需要重点说明系统运行出现重大问题时的情境。比如，在何种情境下，企业可能存在无法补足外汇期货交易保证金的情况等。

（六）提出应对方案

根据压力测试的情景模拟，企业要针对外汇套保策略运行过程中可能出现的极端情境提出相应的应对方案。应对方案的内容应至少包括对系统的应急调整，以及针对不同极端情境设计出相应的操作方案。

第五节　内控合规

一、外汇风险管理内控合规的主要过程

（1）明确企业监管机构的管辖范围归属。例如，一般企业只接受中国证监会及期货交易所在期货交易层面的管制，中央企业受国资委管理，地

方国企既受本地区国资委的管理，同时接受国务院国资委的指导。

（2）整理收集监管机构的通知公告、规章制度等信息，并将外汇套期保值管理相关要求梳理清晰。

（3）企业制定相应的内部管理体系，将监管要求与外汇套期保值业务相融合，为业务开展提供合规保障。

二、三个核心管理要素

通过梳理中国证监会、交易所、国资委等监管机构对企业开展的外汇套期保值业务的监管要求，在日常经营过程中，企业应当注重以下三方面核心管理要素：资格管理、预算管理及年度计划、日常操作管理。

（一）资格管理

对于企业开展外汇套期保值业务的资格管理，只对中央企业和地方国有企业有要求，对其他类型企业暂无要求。同时，地方国资委主要依据国务院国资委的相关规定来制定本地区国有企业的管理规定。

（二）预算管理及年度计划

这项工作重点在于能够使外汇套保建立在确定的现货业务基础之上，进一步确保了套期保值的现货基础。通过制订有针对性的套期保值预算和年度计划，将可能发生的外汇避险操作限制在可控范围，可减少意外风险。年度预算管理指标至少应当包括外汇衍生工具使用业务规模、时点最大持仓量、保证金规模（主要考虑资金需求）和止损限额等。年度计划的编制内容主要包括对应外汇保值品种、外汇保值策略、外汇现货规模及对应存续衍生工具使用规模、外汇衍生品持仓期限、对应的交易场所、代理机构、外汇期货保证金规模、外汇远期授信额度等。

（三）外汇交易工具日常操作管理

外汇套期保值业务的日常操作仍需进行合规管理，需要内控体系发挥作用，对外汇套期保值的所有业务均适用。要点如下：

（1）建立健全的套期保值管理制度，对外汇套期保值业务的计划与预算、业务操作规范、业务审批、保证金管理以及会计核算办法等内容进行规范。

（2）建立外汇套期保值岗位责任制，明确相关的业务部门、交易部门、风险管理部门以及财务部门等的职责范围、工作要求和权限。

（3）外汇套期保值岗位需职责分离，业务操作和管理等都要严格执行前、中、后台职责和人员分离原则。其中，以下岗位必须做到职责分离：外汇套期保值业务方案的计划与审批；外汇交易指令下达、交易指令执行和交易的复核；外汇交易的执行、账务处理和交易的监督。

（4）境内外外汇期货经纪机构的合理选择。对于境外的经纪机构，企业需要进行资信审查，主要包括资金实力、服务质量、信用状况、以往合作情况等内容。

（5）外汇套期保值实施方案的制订。方案要包括外汇现货基本情况、外汇期货等保值工具及合约选择、保值敞口的上下限、结束交易的时间以及出现极端市场形势时的应对方案等内容。套期保值方案的制订必须结合压力测试和情景分析，综合考虑企业的风险承受能力。具体的外汇套期保值方案确定后，由风险管理部门以及相关部门审核，经公司管理层审批后，方可执行。

（6）外汇套期保值方案的实施。经审核、审批之后，业务部门将正式生效的保值方案向交易人员下达交易指令，交易人员复核并确认交易指令符合具体外汇套期保值方案后，执行相应的交易指令。

（7）交易人员就交易信息进行反馈。交易人员在交易达成后应当立即将交易确认单传递给风险管理部门。风险管理部门应及时将交易明细与经纪公司进行确认核对，并实时监督其是否符合保值方案。

（8）外汇期货等交易账户监控。风险管理部门应对公司外汇期货账户等外汇衍生品交易的资金、头寸、风险状况等进行监控，如果发现交易数据背离保值方案或超过风险限额，应及时召集相关部门或人员商议解决方案。

（9）外汇交易工具的平仓与交割管理。交割时应在合约到期日前确认交割条件是否能被满足，及时采取应对措施防范违约风险带来的损失。

（10）业务部门应当定期核对企业的交易头寸、盈亏和保证金的变化情况，并及时将对账结果移交给财务部门。财务部门应每月对账，发现异常及时查找原因并进行处理。同时，财务部门应当对期货交易的保证金如实进行记录，按照企业会计准则和公司会计政策的相关规定对套保业务损益等及时进行账务处理。

（11）定期报告和重大事项报告。风险管理部门应当定期报告持仓风险状况、累计结算盈亏、信用及保证金使用状况等；发生重大事项，例如重大市场变动、重大亏损、浮亏超过止损限额、被强行平仓或发生法律纠纷等，风险管理部门还应视具体影响程度及时向上级主管单位报告。

第六节　业务报表

汇率风险产生于企业的外币交易行为。从会计报表的角度看，汇率变化造成企业外币资产与负债、收入与支出等会计报表项目在兑换为本币时，实际价值发生变动，进而可能使企业遭受经济损失或利益缩水。资产负债表中外币资产与负债的错配是汇率风险产生的根源之一，汇率波动引起的利润表中利润的波动是汇率风险的表现之一，现金流量表中外币流入与流出的失衡是汇率风险的另一表现。针对企业报表来进行汇率风险管理，我们可以从以下三个角度看。

一、基于资产负债表的汇率风险管理办法

从资产负债表的角度出发，规避汇率风险的长效机制便是降低资产负

债率和改善负债结构。具体来说，一是降低非本币负债比例，可考虑通过在海外市场增发新股，利用外汇交易工具筹集外币资金，对于筹集到的外币资金，企业可以购买外币资产或偿还外币债务，尽量实现外币资产和负债的规模相对平衡，达到减少汇率波动对资产负债表的影响的目的。二是利用在国内资本市场增发新股等方式筹集人民币资金，兑换成外币后偿还外币债务，降低外币负债水平。三是用筹集到的人民币资金归还人民币借款，降低公司整体的债务负担，改善负债结构，从而提高公司抵抗汇率波动风险的能力。

二、基于利润表的汇率风险管理办法

从利润表的角度看，汇兑损益项目变动是汇率变动影响公司利润波动的重要因素。如果预测人民币汇率波动趋势不明朗，企业可以通过金融市场利用一种或几种金融工具的联合套期保值达到规避汇率波动风险的目的。

三、基于现金流量表的汇率风险管理办法

从现金流的角度看，外币流入流出的金额和币种上的不平衡，使汇率风险有机可乘。克服外币流动的不平衡首先需要制订未来外币现金流动计划，尽量满足未来外币的现金流入流出金额在规模、时间和币种上大致能够相匹配，从源头减少汇率波动可能带来的外汇风险。此外，选择结算币种也是汇率管理的方法之一，在出口时尽量收强势货币，进口或对外负债时尽量支付弱势货币，以降低汇率风险。

第四章　企业外汇风险管理工具概览

第一节　金融衍生工具概述

一、外汇远期交易

（一）基本概念

外汇远期是目前最常用的外汇避险工具之一。外汇远期交易是指交易双方在成交后并不立即办理交割，而是事先约定币种、汇率、金额、交割时间等交易条件，到期才进行实际交割的外汇交易。外汇远期交易不在交易所内进行，一般在银行间或者在银行与企业之间进行。远期业务采取实需原则，实行一日多价，即根据外汇市场的价格波动，一天内银行可能随时改变价格。标准期限的远期交易分为 1 周、1 月、3 月、6 月、9 月、1 年等，非标准期限的远期交易可以根据客户需求任意选择。企业可以办理提前交割、展期、部分交割和分批交割等特殊交割处理，从而匹配经营性现金流需求。

外汇远期交易与即期交易的区别主要是交割日不同，即期交易最晚两个交易日内完成交割，而外汇远期交易是在约定的将来的某一天进行交割。因为二者交割的时间不同，进行交割时所使用的汇率也可能不同。因为外汇远期交易的汇率是事先约定的，所以企业可以运用该工具，为将来一段时间的外汇收付提前固定换汇成本，防范汇率风险。

外汇远期不涉及企业的主观研判，不管未来汇率是升值还是贬值，到期都是以约定好的汇率进行货币兑换，是目前比较典型、大多数进出口企业采取的套保工具。其主要优点就是可以帮助企业为将来需要收付的外汇锁定换汇成本，达到保值目的，并且由于价格都是约定好的，企业财务人员就能够准确预测成本收益情况。此外，远期合同一般是柜台交易，合同条款较为灵活，金额可以基于自身需求全部覆盖，但劣势是需缴纳保证金(不过对于大企业来说，一般银行会为企业授信，减少这部分资金占用)、交易不灵活（交割日交割，否则交违约金），且场外交易流动性差。采用外汇远期来进行套期保值时，应当确定企业将来要交易的时间、数量以及货币品种。如果未来的交易时间或者金额等条件无法确定，则不能用外汇远期来进行套期保值。外汇远期售汇、结汇业务流程见图 4 - 1、图 4 - 2。

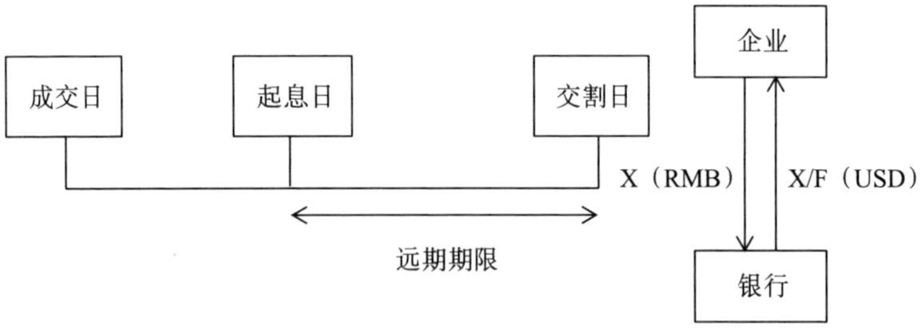

图 4 - 1　外汇远期售汇业务流程（以美元外汇为例）

注：F 为约定的美元兑人民币远期汇率。

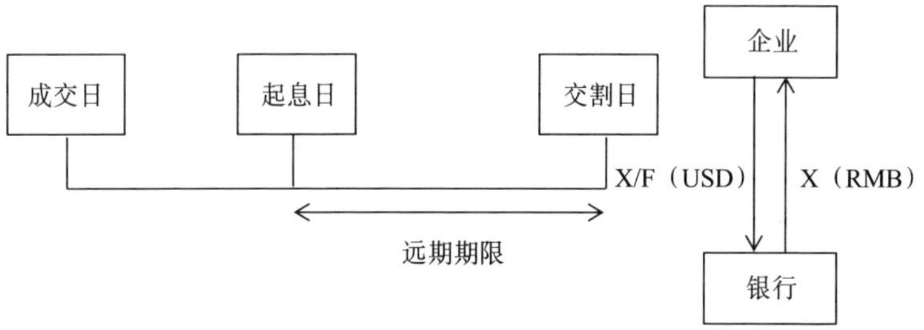

图4-2 外汇远期结汇业务流程（以美元外汇为例）

注：F为约定的美元兑人民币远期汇率。

（二）分类

外汇远期交易可根据交割方式的不同，分为可交割远期交易（Deliverable Forwards，DF）和无本金交割远期交易（Non-Deliverable Forwards，NDF），可交割远期交易采用全额方式交割，无本金交割远期交易则采用差额结算。人民币为非自由兑换货币，因此我国境内产品仍以可交割远期交易为主。按照交割日是否确定来划分，外汇远期交易可分为固定期外汇远期交易和择期外汇远期交易；根据投资者的交易目的和性质的不同，外汇远期交易可分为套保型交易和投机型交易。具体介绍见表4-1。

表4-1 各类外汇远期交易介绍

分类依据	名称	特征
交割方式	（可交割）远期交易（DF）	采用全额方式交割
	无本金交割远期交易（NDF）	采用差额结算
交割期限	固定期限交易	固定期限交易
	择期交易	可在规定期限内选择任意一个工作日办理交割
交易目的	套保型交易	目的主要是规避外汇汇率风险
	投机型交易	建立在对市场预期基础上的赌外汇涨跌的交易，投机者承担风险以换取可能的收益

（三）外汇远期交易的报价及清算原则

远期汇率的报价方式有两种，分别为直接远期报价和掉期率远期报价价。直接远期报价是指直接报出远期汇率具体数值，银行对客户的外汇远期报价通常采用这类方式。掉期率远期报价是以基点表示远期汇率与即期汇率之间差额的报价方式，通常，银行与银行之间的报价采用这类方式。

（四）外汇远期常见应用场景

外汇远期交易产生的主要原因是企业、银行和投资者的需求，具体包括以下三个方面：

1. 进出口商通过外汇远期交易避免汇率变动风险

在商品贸易往来中，进出口商面临一定的汇率风险。进出口商从签订买卖合同到交货、付款，通常需要经历一段时间，在此期间有可能由于汇率的大幅变动而遭受损失。时间越长，由汇率变动所带来的风险也就越大，因此，进出口商可利用外汇远期避免汇率波动所带来的风险。

2. 银行为了平衡其外汇头寸而使用外汇远期交易

进出口商通过银行进行外汇远期交易，把汇率变动的风险转移至银行，而这个风险就是外汇“综合持有额”或总头寸（Overallposition）。银行存在期汇和现汇的超买或超卖现象，因此，需要通过外汇远期交易来平衡其外汇头寸，即对不同期限不同货币头寸的余缺进行抛售或补进，从而使其外汇头寸得到平衡。

3. 投资者（投机者）为获利而进行外汇远期交易

汇率的剧烈波动在一定程度上为投机者创造了投资机会，尤其是在浮动汇率制下。外汇投机，是指纯粹以赚取利润为目的而利用外汇市场汇率的波动从中赚取差价的行为。

（五）外汇远期案例分析

1. 外汇远期交易

【例4－1】2021年10月25日，机构A通过外汇交易系统与机构B成交一笔1年期美元兑人民币远期交易。约定机构A卖出1,500万美元，买入人民币。机构A为发起方，机构B报出即期汇率USD/CNY＝6.5300，远期点40.00bp（远期全价等于即期汇率加上远期点）。也就是说机构A以USD/CNY=6.5340的价格在2022年10月27日向机构B卖出1,500万美元，交易要素见表4-2。

表4-2　外汇远期交易要素

要素	内容		
发起方	机构A	报价方	机构B
成交日	2021年10月25日	远期全价	6.5340
货币对	USD/CNY	折美元金额	1,500万美元
交易货币	USD	交易货币金额	1,500万美元
对应货币	CNY	对应货币金额	9,801万元人民币
即期汇率	6.5300	远期点	40.00bp
交易方向和金额	机构A卖出1,500万美元，买入9,801万元人民币		
	机构B买入1,500万美元，卖出9,801万元人民币		
期限	1年	起息日	2022年10月27日
清算模式和方式	双边全额清算		

二、外汇掉期交易

（一）外汇掉期概述

1. 外汇掉期的定义

外汇掉期，是指交易双方约定在一前一后两个不同的起息日进行方向相反的两次货币交换。在第一次货币交换中，一方按照约定的汇率用货币A交换货币B；在第二次货币交换中，该方再按照另一约定的汇率用货币B交换货币A。外汇掉期可为企业锁定未来外币对本币的兑换汇率，起到保值避险作用。同远期业务不同，外汇掉期业务是方向相反的两笔交易，可以认为是一笔即期业务和一笔远期业务（见图4-3）或者两笔远期业务（见图4-4）的组合。与远期工具类似，外汇掉期也有标准期限和非标准期限之分。标准期限分为7天、20天、1个月、2个月、3个月、4个月、5个月、6个月、7个月、8个月、9个月、10个月、11个月、12个月等。非标准期限的人民币外汇掉期业务可以根据客户需求任意选择。同时，根据对外业务的具体开展情况，企业也可以在银行办理展期、提前交割、到期前展期、部分交割和分批交割等特殊交割处理。

外汇掉期交易最大的好处是在固定换汇成本和规避汇率风险的同时，解决货币错配问题，并且可以确定现金流交换日期。劣势在于掉期产品流动性差，交易一般不可撤销或终止。

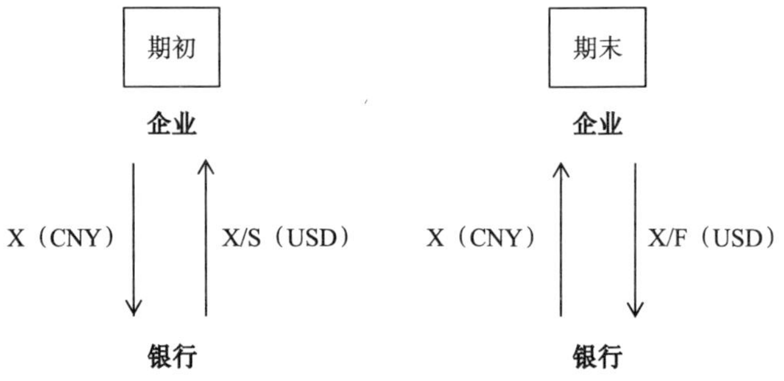

图4-3　即期对远期外汇掉期

注：F为约定的美元兑人民币远期汇率。

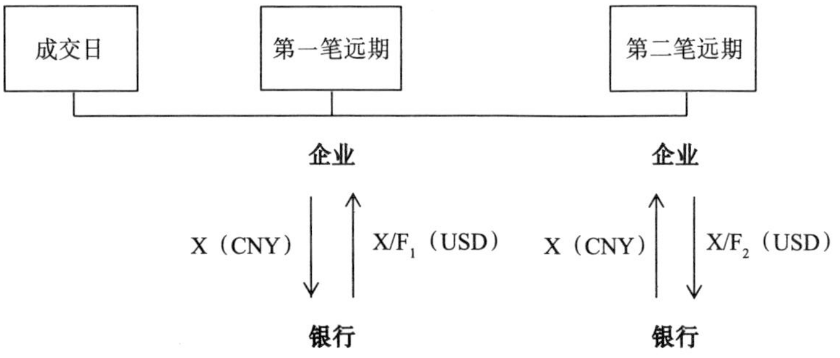

图4-4　远期对远期外汇掉期

注：F_1和F_2为约定的美元兑人民币远期汇率。

2. 外汇掉期交易要素

（1）起息日。每笔掉期交易包含一个近端期限和一个远端期限，分别用于确定近端起息日和远端起息日。近端起息日（Near – leg Value Date）是第一次货币交割的日期；远端起息日（Far – leg Value Date）是第二次货币交割的日期。这两个期限可以是标准期限（例如3个月、1年），也可以是非标准期限。

按照起息日的不同，掉期交易分为即期对远期掉期交易（Spot – Forward）、远期对远期掉期交易（Forward – Forward）和隔夜掉期交易。

（2）掉期汇率（Swap Rate）和掉期点。掉期汇率包括近端汇率（Near – leg Exchange Rate）和远端汇率（Far – leg Exchange Rate）。近端汇率为交易双方约定的第一次交割货币所适用的汇率；远端汇率为交易双方约定的第二次交割货币所适用的汇率。

掉期点（Swap Point），指用于确定远端汇率与近端汇率之差的基点数。掉期点可以为正，也可以为负。

掉期全价（Swap All – in Rate），指交易双方约定的在起息日基准货币交换非基准货币的价格，包括近端掉期全价和远端掉期全价。

掉期全价的计算公式为：

掉期全价 = 即期汇率 + 相应期限掉期点

其中，即期汇率是掉期交易成交时报价方报出的即期汇率。

如果发起方近端买入、远端卖出，则：

近端掉期全价 = 即期汇率 offer[①] 边报价 + 近端掉期点 offer 边报价

远端掉期全价 = 即期汇率 offer 边报价 + 远端掉期点 bid 边报价

如果发起方近端卖出、远端买入，则：

近端掉期全价 = 即期汇率 bid 边报价 + 近端掉期点 bid 边报价

远端掉期全价 = 即期汇率 bid 边报价 + 远端掉期点 offer 边报价

---

① 在国际市场上，买入价与卖出价表示的含义是银行准备从对手（通常指客户）那里确定的买入（bid）价、卖出（offer）价，买入价（bid）在左，卖出价（offer）在右。

表 4-3　外汇掉期的交易要素

要素	内　容
货币对	银行间可交易的货币对
期限	标准期限包括 O/N（T+0 到 T+1 天）、T/N（T+1 到 T+2 天）、S/N（T+3 天）、1 周、2 周、3 周、1 个月、2 个月、3 个月、4 个月、5 个月、6 个月、9 个月、1 年、18 个月、2 年、3 年等 非标准期限
价格	—
交易方向	SELL/BUY：近端卖出基准货币，远端买入基准货币 BUY/SELL：近端买入基准货币，远端卖出基准货币 除非交易双方另行约定，外汇掉期交易的买入和卖出指基准货币的远端交易方向
交易模式	询价交易
	标准化外汇掉期交易（C-SWAP）：交易期限仅限标准期限
清算模式和方式	双边清算
	集中净额清算： • 适用于人民币外汇 1 年以内（包括 1 年）的询价掉期交易 • 适用于指定会员（清算会员）

（二）外汇掉期常见应用场景

外汇掉期存在丰富的投资品种，可提高投资收益，规避汇率风险。随着合格境内机构投资者（QDII）准入资格的放开，通过人民币对外币掉期，企业可以投资于全球各个金融市场和金融产品，极大丰富了投资品种，分散了投资风险，提高了投资回报。同时，运用人民币掉期交易，可以调节远期结售汇交易的到期日，使交易展期或提前交割。外汇掉期的常见应用场景有三类。

1. 本外币流动性调节工具

由于本质上是双方各接受一种货币，同时借给对手方另一种货币资金的交易，外汇掉期可被视为一种质押融资工具，可帮助客户和银行调剂本外币资金余缺，提升资金管理的灵活性，降低资金使用成本。通过本外币资金的互换，不仅能解决本币或外币流动性资金短缺的问题，而且能达到固定换汇成本和规避汇率风险的目的。

2. 进出口企业使用外汇掉期交易进行汇率套保

外汇掉期可帮助企业锁定未来汇兑价格，规避远期汇率风险，提前锁定成本和收益。同时，当远期结售汇不能提前交割时，外汇掉期可按照约定的远期汇率和修改后的起息日进行反方向转换，可以起到货币保值的作用。

3. 投资者（投机者）为获取利润而进行外汇掉期交易

汇率的剧烈波动在一定程度上为投机者创造了投资机会，通过即期卖出高息货币（高于存款利息）、远期买入高息货币的方式，实现高息货币资金的有效利用，获得比定期存款高的利息收入，实现外汇资金的获利。

（三）外汇掉期交易种类

外汇掉期交易均包含一个近端期限和一个远端期限，用以确定近端起息日和远端起息日，这两个期限可以是标准期限，也可以是非标准期限。按照起息日的不同，外汇掉期交易可分为即期对即期交易、即期对远期掉期交易和远期对远期掉期交易。即期对即期交易又分为今日对次日交易和明日对次日交易。

（四）外汇掉期案例分析

1. 外汇掉期与掉期点

【例4－2】一笔1个月/2个月的美元兑人民币掉期交易成交时，报价方报出的即期汇率为6.4780/6.4790，近端掉期点为145/146bp，远端掉期点为432/433bp。若发起方近端买入、远端卖出，则近端掉期全价为6.4790＋146bp＝6.4936，远端掉期全价为6.4790＋432bp＝6.5222，掉期点为432bp－146bp＝286bp；若发起方近端卖出、远端买入，则近端掉期全价为6.4780＋145bp＝6.4925，远端掉期全价为6.4780＋433bp＝6.5213，掉期点为433bp－145bp＝288bp。

2. 外汇掉期交易

【例4-3】2021年8月24日，机构A通过外汇交易系统与机构B成交一笔3个月美元兑人民币掉期交易，约定机构A在近端卖出5,000万美元，远端买入5,000万美元。机构A为发起方，成交时机构B报出的即期汇率为6.4800，1年的掉期点为435.00bp，即机构A将在2021年8月26日以USD/CNY=6.4800的价格向机构B卖出5,000万美元，在2021年11月26日以USD/CNY=6.5235的价格从机构B买入5,000万美元。

三、外汇期货交易

（一）外汇期货的基本概念

外汇期货合约是期货交易所上市的外汇标准化合约，标的货币、合约规模、到期时间、交易时间、交割时间等都为标准化设置，期货合约交易以公开叫价、集中交易方式在期货交易所内进行。

外汇期货交易双方必须缴纳一定的保证金，用来保证将来双方履行义务。外汇期货合约会规定交易数量、标的、交割时间，只有汇率价格是灵活的。目前，中国金融期货交易所（以下简称“中金所”）没有外汇期货，只有欧元兑美元以及澳元兑美元两只仿真交叉汇率期货。有需求的客户可以通过离岸市场进行交易，港交所及新交所的美元兑人民币期货最为活跃。国际货币市场所有外汇期货合约的交割月份都是一样的，为每年的3月、6月、9月和12月。交割日为交割月的第三个星期三。

（二）外汇期货的主要特点

（1）外汇期货是在交易所集中公开竞价交易的一种合约，通常情况下，交易场所固定且交易时间有限制；

（2）外汇期货合约是标准化合约；

（3）外汇期货合约实行保证金制度，并逐日结算；

（4）外汇期货价格与即期汇率运行趋势同步，并且越接近交割日，两者越接近。

（三）外汇期货的主要优点

外汇期货作为场内交易工具，具有价格透明度高、操作灵活、流动性好等特点。具体来看，外汇期货主要优点为：

（1）外汇期货的投资者范围广泛。投资者包括产业企业、金融机构、个人等等。

（2）外汇期货的流动性好。在期货交易所内进行外汇期货交易的投资者规模大、范围广，再加上期货实行双向交易，因此外汇期货的流动性很高。

（3）外汇期货市场的效率高。外汇期货实行“T+0”交易，其转手买卖和结算较为方便，交易的速度快、效率高。

（4）外汇期货实行保证金杠杆交易，可降低企业资金占用成本，提升资金使用效率。

（四）外汇期货的主要劣势

外汇期货交易虽然可以让企业降低风险，但也会使企业失去超额盈利的机会。同时，在行情发生不利变化时，外汇期货交易需要追缴保证金，可能会给企业带来现金流问题。

（五）外汇期货套期保值

外汇期货套期保值，是指投资者或企业通过外汇期货交易锁定汇率，转移汇率波动风险的行为。具体操作为：在期货市场建立与现货市场数量相等而方向相反的头寸，以期在未来通过外汇期货的盈亏，来对冲因现货市场汇率价格变动而带来的风险。

1. 多头（买入）套期保值

多头套期保值，是指投资者或企业先买进一定数量的某种外汇期货合约，在合约到期前再卖出该合约。

【例4-4】某进口企业在9月15日签订从美国进口100万美元仪器的协议，约定于同年12月交货付款，企业到时需支付100万美元。签订协议时美元兑人民币即期汇率为USD/CNY=6.4200，若按即期汇率计算，该进口商需要支付642万元人民币。假若进口商预测3个月后USD/CNY即期汇率将要上涨，为避免人民币贬值带来的风险，进口商在港交所买入12月15日交割的价值100万美元的人民币期货合约，成交的期货汇率是USD/CNY=6.4300。3个月后人民币贬值，USD/CNY=6.4580，这时进口商支付100万美元，需要645.8万元，比签订协议时所预计的多支付38,000元人民币。12月期货汇率USD/CNY=6.4550。这一套期保值的过程可归纳为表4-4。

表4-4　多头外汇期货套期保值

日期	现货市场	期货市场
9月15日	签订进口合同，预计支付100万美元，按当日即期汇率6.4200计算，合642万元人民币	买入100万美元12月交割的人民币期货合约，成交的期货汇率是6.4300，合约总值643万元人民币
12月15日	支付100万美元，以当日汇率6.4580计算，合645.8万元人民币	将期货合约平仓，成交的期货汇率为6.4550，合约总值为645.5万元人民币
盈亏	6,420,000-6,458,000=-38,000元人民币	6,455,000-6,430,000=25,000元人民币
套期保值结果	进口企业少亏损25,000元人民币	

多头套期保值策略“先买后卖”，当预计未来外币要升值本币要贬值时，根据自身时间点的需要，先买进外币兑本币外汇期货合约，在合适的时间点再卖出外汇期货合约，用以弥补在即期现货市场的亏损。

2. 空头（卖出）套期保值

空头套期保值，是指投资者或者企业先卖出一定数量的某种外汇期货合约，合约到期前再买进该合约。空头套期保值一般应用于在未来某日取得外汇收入的场合。

【例4－5】 一个出口企业在今年1月份预计于6月份会有一笔100万美元收入入账。为了规避6个月后人民币升值使企业收入美元贬值的风险，企业于1月份在港交所卖出100万美元，6月份交割，成交价格为6.4200的人民币期货合约。1月份的人民币即期汇率为6.4250（即1美元折合6.4250元人民币）。到6月份美元入账企业进行结汇时，在外汇市场上以美元买进人民币，这时人民币的即期汇率升值为6.3550。这样企业100万美元结汇收入人民币635.5万元，比企业按照1月份即期汇率结汇少收入7万元。这就是人民币升值使企业在现汇市场蒙受的损失。不过，因为企业在1月份已卖出人民币期货合约，所以企业可以交割这份合约以对冲风险。6月人民币期货价格为6.3600。这一套期保值的过程可归纳为表4－5。

表4－5　　空头外汇期货套期保值

日期	现货市场	期货市场
1月	预计收入100万美元，按照目前的汇率6.4250计算可得642.5万元人民币	卖出100万美元6月交割的人民币期货合约，汇率为6.4200，合约总值为642万元人民币
6月	即期汇率为6.3550，按照此汇率结汇，价值为635.5万元人民币	将100万美元期货合约交割，成交期货价格为6.3600，总值为636.0万元人民币
盈亏	6,355,000－6,425,000＝－70,000元人民币	6,420,000－6,360,000＝60,000元人民币
套期保值结果	出口企业少亏损60,000元人民币	

外汇期货空头套期保值策略为“先卖后买”，即在预计未来外币要贬值本币要升值时，先卖出外币兑本币外汇期货合约，根据自身需求，到确定时间再买进外汇期货合约，以弥补在现货市场上可能出现的损失。

四、外汇期权交易

（一）外汇期权的基本概念

期权是交易双方约定未来特定时间内，两方分别拥有以特定价格买卖特定资产的权利和义务的一种协议。规定了资产类型、数量、期限、权利和义务方向等参数的标准化期权合约被称为场内期权，而与银行等金融机构承做的非标准化期权合约被称为场外期权，场内期权的流动性要高于场外期权。

期权可以分为看涨期权和看跌期权，参与者可以选择买入或卖出这两种类型的期权。期权买方有在未来特定时间、以约定价格买进或卖出标的资产的权利，而不负有义务；而期权的卖方有履行合约必须卖出或买进标的资产的义务，却没有权利。由于双方权利义务的不对等，期权买方需向卖方支付一定数额的权利金（期权费）。

买入看涨期权、买入看跌期权、卖出看涨期权、卖出看跌期权，这四种基本交易行为可以组合成结构复杂的期权组合。

以场内期权为例，期权交易的进场方式是在期权市场上做空看跌/看涨期权合约或做多看跌/看涨期权合约来开仓；出场有平仓出场、到期行权以及不行权这三种方式。期权买方需要为自己的买卖权利支付费用，这笔费用被称为权利金。在开仓时这笔权利金会由期权买方转移到期权卖方；以平仓的方式出场时，期权买方可以收回权利金，但此时权利金的数额不一定等于开仓时支付的权利金金额。如果是行权或放弃行权，则期权买方不能再收回权利金。与之对应的是，期权卖方在期初能够收到一笔权利金，但此时还需要再缴纳保证金来保证自己有履行相应义务的能力。如果期权买方要求行权，期权卖方就必须履行以特定价格买入或卖出资产的义务，但不需要再支出权利金。期权买方不行权，卖方也不需要履行义务。期权卖方只有自己以买入平仓的方式出场时，才需要支付相应的权利金。

如果期权只能在期权到期时才能选择行权或不行权，那么该期权被称为欧式期权。如果期权能在到期前的一段时间内行权，那么该期权就是美式期权。按照期权合约规定，如果期权买方达到行权条件，那么就可以行权。相反，期权的卖方就必须履行自己的义务，否则会承担违约责任。

外汇期权，指购买方在向出售方支付一定期权费后，具有在未来约定日期或一定时间内，按照约定汇率买进或者卖出一定数量外汇资产的权利。期权本质上类似于保险，通过多个期权的组合可以灵活满足各类避险需求。我国银行代客期权业务起步较晚，2011 年 2 月才被正式推出，但直至 2014 年 6 月才允许银行代客卖出期权。国内人民币外汇期权交易时间为每周一至周五北京时间 9：30—16：30，法定假日不开市。交易时间可根据市场需求变化由交易中心报国家外汇管理局备案后调整。当前，我国交易的普通外汇期权（Vanilla Option）都是欧式期权。欧式期权的简化见图 4－5。投资者进行外汇期权交易可以选择买入看涨期权、买入看跌期权、卖出看涨期权、卖出看跌期权。外汇期权既具有即期外汇买卖的灵活性，也具有远期外汇买卖的安全性。

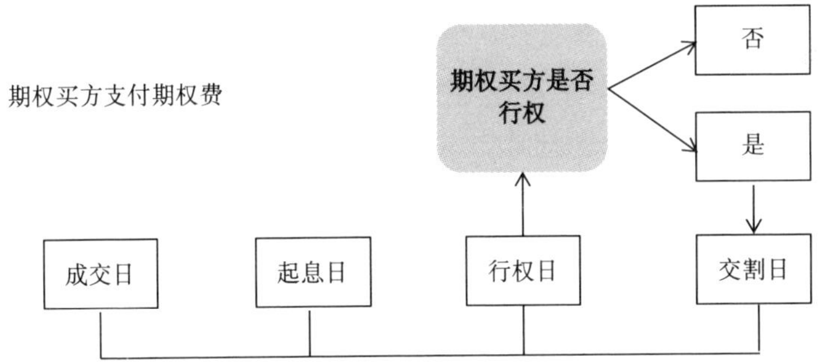

图 4－5 欧式期权简化图①

【例 4－6】 某企业在期权市场上买入了一份执行价为 6.5000、标的为一份价值 10 万美元的期货合约、有效期限为 3 个月的美元兑人民币看跌期权。当前，美元兑人民币汇率为 6.5000。假设该期货合约的价格始终等于汇率点位，即在 3 个月中基差始终保持为 0。3 个月后，美元兑人民币汇率升值到 6.3000。因为此时汇率低于 6.5000 的执行价，所以企业可以选择行权看跌期权。行权后，企业能够以 6.5000 的价格卖出一份价值 10 万美元的美元兑人民币汇率合约，相当于获利 2 万元人民币。这 2 万元人民

① 美式期权的买方可以在到期日或之前任一交易日执行合约；欧式期权只能在到期日行权。目前，外汇期权多为欧式期权。

币足以弥补这3个月10万美元的结汇点位从6.5000变为6.3000的汇兑损失。相反，如果3个月后美元兑人民币汇率贬值到6.7000，汇率点位高于执行价，那么企业就不会行权，期权到期失效。虽然企业损失了期权开仓时支付的权利金，但是企业依旧可以享受到因汇率贬值导致结汇点位更高所带来的好处。在这3个月内，企业当然也可以在中途通过卖出平仓的方式出场，并收取相应的权利金。开仓和平仓时的权利金之差，可以起到一定保值的效果。但因为权利金的金额要远低于期权标的资产的价值，实际上平仓方式能够达到的对冲保值比例有限，所以，以规避汇率风险为目的来参与期权市场的企业通常会选择持有期权到期。

虽然期权是一种比较复杂的金融衍生工具，但期权符合一些企业特殊的外汇避险需求，比如企业既想防止大额亏损又想博取一定的汇兑收益，就可以通过买入看涨期权或买入看跌期权来实现。期权的损益是非线性的，可以实现亏损有限、收益无限的组合结构，这非常符合一些进取型外贸公司的需求。

（二）外汇期权的优势

（1）可以根据市场汇率变动灵活选择，买入期权合约既可以执行合约，也可以不执行合约，最多损失期权费，持有者可以获取价格波动带来的收益；

（2）外汇期权种类较多，而且可以组合使用，投资者可以根据自身需求灵活运用；

（3）外汇期权相较于外汇远期和外汇期货不会占用投资者大量资金，投资者仅需支付少量期权费就可完成交易。

但是外汇期权交易需要对汇率有一定判断，如果汇率方向判断错误，并且采用卖出看涨或看跌期权将承受较大的汇率波动损失，因而外汇期权交易对公司管理者和财务人员要求较高。

（三）外汇期权使用原理

外汇期权有两种基本类型：看涨期权和看跌期权。

1. 看涨外汇期权

买入看涨外汇期权的投资者有权在某一确定时间以某一确定的价格购买标的外汇，卖出期权者则必须按照确定价格履行卖出外汇的义务。当投资者预计某一外汇在未来会升值时，可以买入该货币的看涨外汇期权，支付期权费 f，执行价格为 X。在到期日（以欧式期权为例），若外汇到期价格 $St > X$，则买入者执行期权，投资者的净收益为 $St - X - f$，卖出者则遭受相应的损失；若外汇到期价格 $St < X$，则期权买入者可选择不执行期权，损失期权费，卖出者相应获取期权费收入。

2. 看跌外汇期权

买入看跌期权的投资者有权在某一确定时间以某一确定的价格出售标的外汇，卖出看跌期权者则必须按照确定价格履行买入标的外汇的义务。当投资者预计某一外汇在未来会贬值时，可以买入看跌外汇期权，支付期权费 f，执行价格为 X。在到期日，若外汇到期价格 $St > X$，不执行期权，买入投资者损失全部的期权费 f，卖出者获取相应期权费收入；若外汇到期价格 $St < X$，则买入者执行期权，此时投资者的净收益为 $X - St - f$，卖出者则遭受相应的损失。

【例 4 -7】 某日，某出口公司确认将在 3 个月后收到一笔美元。当天的美元兑人民币即期汇率为 6.5500。该企业认为 3 个月后美元兑人民币汇率将会下降（即美元贬值、人民币升值），于是决定运用外汇期权来对冲汇率波动风险，买入人民币看跌期权，规定 3 个月后期权到期日可以用 6.4000 人民币/美元的价格卖出美元。如果 3 个月后，美元兑人民币即期汇率为 6.4500，高于期权执行价格，企业可以选择放弃期权，用 6.4500 的价格将美元兑换为人民币；但如果 3 个月后的美元兑人民币即期汇率为 6.3000，企业则选择行权，用 6.4000 人民币/美元的价格卖出美元。

五、外汇衍生工具运用提示

外汇风险管理可以采用外汇市场套期保值工具中的一种或几种。在使用这些套期保值工具规避汇率波动风险时，需要注意以下几点：

1. 套期保值与投机，交易目的需明确

运用外汇衍生工具进行风险管理，是防范并减少因汇率变动而可能引起的风险损失；投机是对资产价格未来变动的可能方向进行预判，目的是运用衍生工具获得额外的收益。如果交易目的是外汇套期保值，就要侧重于风险控制，选择合理的工具以及交易数量，避免出现不合理的风险敞口，出现投机的状况。

2. 交易之前，要充分了解套期保值工具

使用外汇衍生品进行套期保值，也存在一定的风险，主要包括：

（1）套期保值工具的作用是转嫁风险，并不能完全消除风险，原理是将风险转移给愿意承担这一风险的另一方，一定程度上降低自身的风险；

（2）金融衍生工具，本身存在信用风险、市场风险、结算风险等一系列风险，在运用时必须充分了解所要使用的交易工具并权衡不同工具之间的风险差异；

（3）当市场走势与预期出现偏离时，外汇套期保值工具存在不能防范风险甚至会放大风险的可能。

因此，选择运用套期保值工具必须谨慎，防止造成不必要的损失。

第二节　非金融衍生工具概述

汇率风险管理中的非金融衍生工具主要是指一些贸易融资工具。

一、贸易融资工具概念

贸易融资工具，是指企业通过福费廷、押汇、出口信贷、保理等，融通进出口贸易等国际结算业务发生的资金和信用的非金融衍生工具。贸易融资工具是非金融衍生工具中我国企业运用较多的外汇风险管理工具，企业运用贸易融资工具除了可以获得资金的融通，还可以从实质上将未来的交易提前，并提前取得现款，从而规避外汇风险。

二、贸易融资工具种类

（一）福费廷

福费廷（Forfaiting），也称为未偿债务买卖、包买票据或票据买断，是一种在大型设备贸易中用于延期付款的方式。在福费廷中，出口商将经进口商承兑或第三方担保的期限为半年至五六年的远期汇票，以无追索权的形式出售给所在地的银行或大型金融公司，以提前获得现金。福费廷是出口信贷的一种形式，用于资金融通。

福费廷业务可接受的债权形式包括信用证、汇票、本票、有付款保函/备用信用证担保的债权、投保出口信用险的债权、国际金融公司（IFC）等国际组织担保的债权及其他可接受的债权工具。

（二）进口押汇

进口押汇是指在信用证项下单据经过审核无误后，开证申请人因资金周转问题无法及时对外付款赎单，于是将代表货权的单据作为质押，并提供必要的抵押/质押或其他担保，由银行代为对外付款的方式。进口押汇通常是用于短期融资的专款专用方式，期限一般不超过 90 天。对于远期信用证押汇，其期限加上远期期限一般不得超过 180 天。

（三）出口信贷

出口信贷是一种国际贸易融资方式，旨在支持和促进某国的大型机械设备和工程项目的出口，以增强该国的国际竞争力。该方式通过向该国的出口商或国外进口商提供利息补贴和信贷担保的优惠贷款，鼓励该国的银行向出口商或国外进口商提供利率较低的贷款，以解决出口商资金周转困难的问题，或满足国外进口商对该国出口商支付货款的需求。出口信贷在国际贸易中非常常见，其主要形式包括买方信贷、卖方信贷、混合信贷以及出口信贷保险等。这些贸易融资工具具有较低的费用、高安全性和低成本的特点，适用于各类企业。对于有真实贸易融资需求的企业来说，贸易融资工具的准入门槛较低，是目前广泛应用于企业外汇风险管理的工具之一。

出口信贷在国际贸易中较为常见，其主要形式包括买方信贷、卖方信贷、混合信贷以及出口信贷保险等，前面的福费廷其实也是一种出口信贷的常见形式。

上述均为常见的贸易融资工具，这些工具通常是企业与银行等金融机构的交易，费用较低，因而安全性高、成本低，各类型企业均较为适用。对于有真实贸易融资的企业，贸易融资工具准入门槛较低，是目前企业外汇风险管理应用较为广泛的工具之一。

三、外汇风险管理中其他避险方法

国际贸易企业在进行外汇风险管理当中，往往还会采取一些其他避险方法来进行外汇风险的规避或者转移，常见的有货币选择、平衡法以及预测汇率等。

货币选择，是指企业在国际贸易中，选择更有利于自己的货币进行交易，交易货币可以选择本币，或采用硬通货收款、软通货付款等。我国从2009年试点人民币跨境贸易结算开始人民币国际化，给外贸企业提供了最有利的本币交易工具。企业通过本币进行跨境贸易结算可以免去汇兑过程，直接从源头降低外汇风险。货币选择工具通常需要企业具有一定的市场地位，在贸易过程中具备强劲的竞争优势或较强的谈判能力，才能掌握选择有利于自己的交易货币的主导权，因而中小企业较难运用此类方法。但由于货币选择工具基本不存在交易成本，并且安全性较高，企业可以根据自身需求决定，同时还可以与平衡法结合使用，是大型企业实用度较高的外汇风险管理方法。

平衡法，是指通过借入、使用、收入、偿还相同的外币，使整体的外汇风险敞口下降，来对冲外汇交易中产生的风险。具体来说，企业在具有选择交易货币权利的情况下，使出口收汇和进口付汇的金额、币种一致，从而规避外汇风险。不过，在企业实际的贸易交易过程中，出口收汇和进口付汇的金额、币种完全一致很难实现，难免会存在一定的外汇风险敞口。如果企业具备获取外币借款的途径，运用平衡法将更加便利灵活，企业可以借入一笔与外汇风险敞口金额、币种一致，到期日相同的外币借款，对冲外汇风险。平衡法流动性较差，企业可能会存在外汇贷款的利息支出，因而会存在一定的机会成本。由于大型企业所涉及的贸易量较大，取得银行外币贷款更有优势，更容易使用平衡法。相对而言，平衡法与中小企业的匹配度较低。

预测汇率，是指企业根据基本面以及技术分析对外汇走势进行预测并采取相应管理举措的方法。企业运用预测汇率工具需要对国内外宏观经济、政策以及相关的国际重要事件等进行全面透彻的分析，这就要求企业建立完善的汇率预测系统，并具备多种科学分析方法，能够及时处理与汇率相关的各类信息，并采取相应的举措。

预测汇率这一类方法需要企业具有专业外汇人员，通常大型企业配备的可能性更大。由于预测汇率的难度较大，机会成本会相对偏高，企业可以与金融衍生工具结合使用。

第三节　外汇风险管理工具对比

外汇风险管理工具的适用性情况见表4-6。

表 4-6　　外汇风险管理工具适用性一览表

中小企业外汇风险管理工具适用性					
中小企业外汇风险管理工具	流动性	机会成本	市场准入	安全性	匹配度
远期合约	较差	较高	高	较高	较高
期货合约	好	较高	高	较高	较高
期权合约	一般	较高	高	高	较低
贸易融资工具	较差	较低	一般	高	较高
大型企业外汇风险管理工具适用性					
大型企业外汇风险管理工具	流动性	机会成本	市场准入	安全性	匹配度
远期合约	较差	较低	高	较高	较高
期货合约	好	较高	较高	较高	较高
期权合约	一般	较高	一般	高	一般
贸易融资工具	一般	较低	较低	高	较高

对于金融衍生工具而言，外汇远期交易工具为场外交易，需要交易双方自行约定合同条款，合约是非标准化的，灵活度较高，所以能够很好地配合企业实际外汇管理需求。但是由于外汇远期流动性较低，并且在场外交易，很难变现，只能到期交割。外汇远期合约的到期执行与企业的履约能力和意愿挂钩，因此缺乏信用的小企业较难找到外汇远期交易对手或者交易成本相对偏高。外汇期货交易工具为场内交易，属于标准化合约，由交易所监管并采用盯市策略，需要缴纳一定比例的保证金，安全性很高，流动性很好，但是存在资金占用，适用情况依据企业资金充裕程度而定。外汇期权交易工具既存在场外交易也存在场内交易，使用外汇期权需要企业具备相应的专业知识，若企业缺乏相应的外汇管理人员，较难采取此项工具，因此市场存在一定的门槛。

实 务 篇

第五章　外汇金融衍生工具使用方法

为便于企业更好地进行外汇风险管理，在前述金融衍生工具介绍的基础上，我们进一步将上述工具的具体使用和应用切入实际情境中，即通过本章，外贸企业将对外汇金融衍生工具的使用有更加切实的了解。

第一节　外汇金融衍生工具使用现状

随着我国外汇市场对外开放步伐的加快，我国外汇市场利用外汇衍生品进行风险管理的意识有所提升。根据国家外汇管理局的数据，即期交易的交易额在我国场外外汇交易的占比已从2015年的46.50%回落至2020年的40%，而外汇衍生品交易的占比则从原来的不足六成提升至2020年的六成。从细分工具的应用来看，外汇和货币掉期是最为主流且占比最高的外汇衍生品交易工具，2020年在我国外汇市场交易额中占比高达55.31%，具有绝对优势；其次是外汇期权，2020年的市场交易额占比为2.81%，占比最低的是外汇远期，仅占外汇市场交易额的1.88%（见图5-1）。

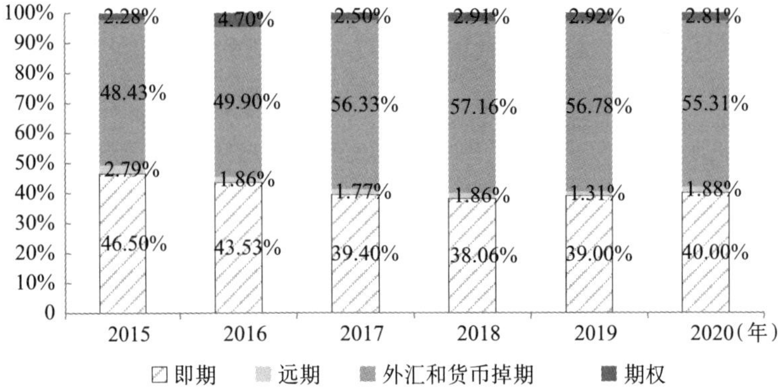

图 5-1　中国外汇市场交易额结构分布（以美元计价）

在外汇交易中，银行代客市场上即期交易占绝对主导，从 2020 年的数据来看，外汇衍生品交易中交易额占比从高到低依次是远期、期权以及外汇和货币掉期（见图 5-2）。可见，从目前来看，大多数外贸企业还处于风险裸露的状态，即被动承受汇率波动风险，说明外贸企业利用外汇衍生品进行外汇风险管理的意识有待提升。

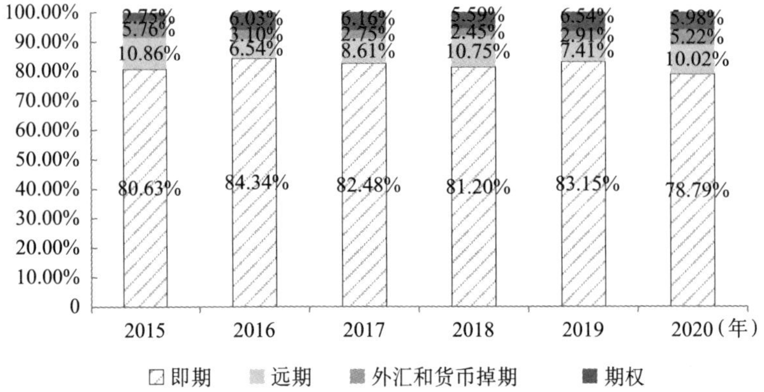

图 5-2　银行代客市场外汇衍生品交易额结构分布（以美元计价）

银行代客市场衍生品交易结构能更准确地反映企业外汇避险工具的使用情况，总体来看，进出口企业主流避险方式还是以与境内银行签订远期、掉期、期权合约为主。尽管自人民币汇改以来，越来越多的贸易企业、大型跨国公司等涉外经济主体都逐渐意识到通过积极有效地使用人民币与外汇衍生品等汇率避险工具可以达到优化财务报表、锁定企业成本、规避汇率风险的目的，汇率避险意识显著增强，运用外汇金融衍生工具进行外汇风险管理成为越来越多企业的选择，但由于我国还没有推出场内的外汇期货、期权产品，企业只能与银行签订场外外汇衍生品合同，以减少外汇风险敞口。虽然部分有条件的企业将目光投向离岸市场的外汇期货（新交所、港交所的外汇期货在市场上的份额优势非常明显），但从目前情况来看，绝大多数企业仍没有运用外汇衍生品来进行风险对冲，大多数实体企业仍沿用一些传统方法来管理汇率风险，因此，未来外汇衍生品的套保空间会很大。

第二节　金融衍生工具应用案例

一、远期外汇交易及应用案例

（一）远期外汇交易的市场现状、业务分类以及避险实例

远期交易是基于即期交易的基础衍生品，是外汇市场中最基础、最简单、最成熟，也是最早的外汇衍生产品。我国在岸人民币远期市场交易分为远期结售汇交易和银行间远期交易，市场交易规模较小。1997 年，中国人民银行颁布《人民币远期结售汇业务暂行管理办法》，远期结售汇市场开始形成。2005 年 8 月，银行间远期外汇市场启动。从国家外汇管理局公布的交易额数据来看，远期外汇交易主要集中在银行代客市场，2021 年占比在 88.3% 左右（见图 5 -3）。

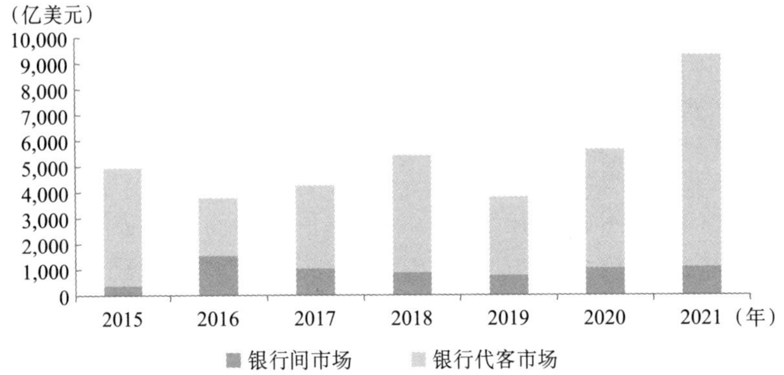

图5－3　中国外汇市场远期交易额近年走势

按期限类型分，远期交易又可分为固定期限和择期，即企业可以与银行约定在未来的某一日或者某一时段交割。外汇交易中心公布的人民币远期交易的期限品种有1周、1个月、3个月、6个月、9个月、1年等，超过1年的一般称为超长期。从国家外汇管理局公布的信息来看，我国银行间外汇市场远期交易额中主要以中短期交易为主，期限在1年以上的远期结售汇业务占比较小（见图5－4）。

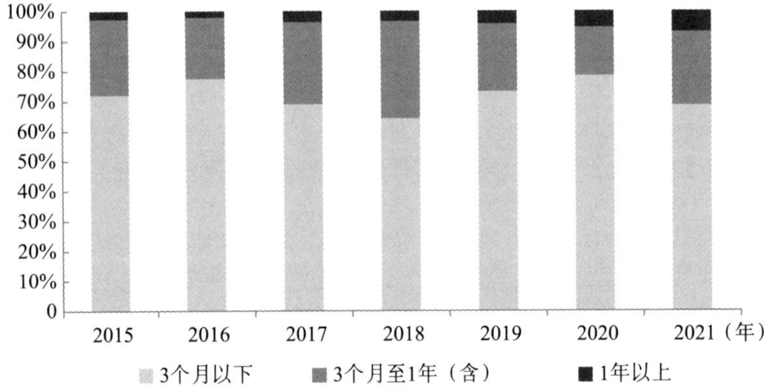

图5－4　银行间外汇市场远期交易额期限分布占比

从交易渠道来看，企业参与人民币远期外汇交易需要通过具备相应资质的银行，且不同银行对于参与企业的资质也有一定的要求。截至2021年12月31日，外汇市场交易中心披露具备代客人民币远期外汇交易资格的名单中共有119家银行。企业的具体操作渠道包括线上渠道和线下渠道两种，具体来说，企业可以在具备相应资质的银行的对公柜面、网上银行、手机银行、交易电话系统或其他汇率交易系统上进行操作。

在我国，远期外汇交易可分为人民币与外币间的远期结售汇业务与外币和外币间的远期外汇买卖业务。

1. 远期结售汇业务

远期结售汇业务是远期外汇交易和结售汇产品在中国境内的延伸与运用，是我国企业规避人民币与外币汇率风险的首选产品。远期结售汇业务，是指企业客户与银行签订远期结售汇协议，约定未来结售汇的币种、金额、期限以及执行汇率。远期结售汇业务币种包括美元、港币、欧元、日元、英镑、瑞士法郎、澳元以及加拿大元。

远期结售汇业务分为固定期限、择期交易以及不规则期限交易三种。固定期限有7天、20天、1个月、2个月、3个月至12个月，共14个期限档次。择期交易则是指约定的交割期限为未来某一时段，客户可在该时段之内选择一个确定的交割日。不规则期限交易则为客户根据自身情况自行选择交割期限（一般不低于7天）。

远期结售汇业务的具体外汇收支范围包括：贸易项下的收支；服务贸易和收益项下的收支；偿还银行的外汇贷款；偿还经国家外汇管理局登记的境外借款；经国家外汇管理局登记的境外直接投资外汇收支；经国家外汇管理局登记的外商投资企业外汇资本金收入；经国家外汇管理局登记的境内机构境外上市的外汇收入；经国家外汇管理局批准的其他外汇收支。

企业可以利用远期结售汇业务有效规避汇率风险，锁定未来时点的交易成本，但采用此方式进行交易前必须对未来的汇率走势作出正确的判断。

（1）注意事项

①远期结售汇业务实行实需原则。远端企业需提供能够证明其真实需求背景的书面材料。外汇资金的来源和使用须符合国家外汇管理规定。

②远期业务的履约宽期限最长不得超过签约银行规定的宽期限，在宽

期限内将拟交割视同如约交割，展期后的业务不再设立宽期限。

（2）避险实例

【例5－1】远期结汇

某出口企业预计3个月后将收到一笔1,000万美元的销售收入。为做好汇率风险管理，该企业与银行签订3个月的远期结汇合约，远期结汇价格为6.6800。3个月后，企业按照6.6800的汇率在银行结汇，向银行支付1,000万美元兑换得到6,680万元人民币。如果企业未签订远期合约，则3个月后按照市场价格结汇，如人民币升值到6.6600，则企业1,000万美元的销售收入结汇后将得到6,660万元人民币，与签订远期合约相比收入减少了20万元人民币。企业通过在银行办理远期结汇，提前锁定了收益，规避了人民币汇率升值风险。

【例5－2】远期售汇

某进口企业预计1个月后将对外支付1,000万美元的采购货款。为做好汇率风险管理，该企业与银行签订1个月远期购汇合约，远期购汇价格为6.6420。1个月后，企业按照6.6420的汇率在银行购汇，向银行支付6,642万元人民币，兑换得到1,000万美元；如果企业未签订远期合约，则1个月后按照市场价格购汇，如人民币贬值到6.7500，则企业1,000万美元的货款需支付6,750万元人民币，与签订远期合约相比，采购成本增加108万元人民币。企业通过在银行办理远期购汇，提前锁定了成本，规避了人民币汇率贬值风险。

2. 远期外汇买卖

远期外汇买卖业务的币种目前包括美元、港币、欧元、日元、英镑、瑞士法郎、澳元、加拿大元等可自由兑换的货币。远期外汇买卖业务的期限、外汇收支范围、功能与远期结售汇业务一致。

（1）注意事项

远期外汇买卖需符合银行“展业三原则”（“展业三原则”，即银行办理业务应遵循“了解你的客户”“了解你的业务”和“尽职审查”原则）。外汇资金的来源和使用须符合国家外汇管理局的规定。

（2）避险实例

【例5－3】 某企业需进口一批设备，预计6个月后需付汇1,000万欧元，企业目前持有美元资金1,300万。考虑到欧元汇率波动较大，且企业实际持有美元，企业在银行办理了本金为1,000万欧元的买欧元卖美元的远期外汇买卖业务，锁定汇率为1.2250。到期日，不管市场价格如何变化，企业都可以通过1.2250的价格买入欧元卖出美元，规避欧元汇率波动带来的风险。

（二）外汇远期业务的操作流程

远期结售汇业务与远期外汇买卖业务的操作流程基本一致，主要包括以下几个步骤。

1. 办理远期结售汇业务/远期外汇买卖的客户须在银行开立外汇账户及保证金账户

首次叙做远期外汇业务时，须与银行签订“远期外汇买卖/远期结售汇总协议书”（见图5－5），就每笔交易逐笔提交“远期外汇买卖/远期结售汇申请书”及有效凭证或商业单据。协议书及申请书应使用固定格式，并由客户的法定代表人或其授权签字人签字/盖章及加盖单位公章（客户事先应向银行提供有权签字人签字样本及单位公章印鉴）。客户在填制“远期外汇买卖/远期结售汇申请书”时，需向银行预留买入或卖出货币的交割账号，以便在交割日当天把客户买入的货币划入上述指定账号。

2. 保证金的存入与追加

客户叙做远期外汇交易，按照规定，需在银行存入一定的保证金，这主要是防止客户违约产生风险（如果客户在开户银行有授信额度的话，在授信额度之内可以免存保证金）。保证金账户可以是人民币账户，也可以是交易涉及的相关外币账户。保证金金额按不低于交易本金的一定比例上缴，一般为不低于3%。

银行应实时监测根据市场汇率变化计算出的客户违约所可能造成的亏损金额。一旦浮动亏损达到存入保证金的一定比例时，银行将及时通知客

中国银行 巴黎分行
BANK OF CHINA Paris branch

远期外汇买卖协议书

远期外汇买卖协议书

________________（甲方）与中国银行巴黎分行营业部（乙方）经协商，达成以下协议：

卖出货币________卖出金额 ________________ 借记账号:________________

买入货币________买入金额 ________________ 贷记账号:________________

远期汇率 ______

起息日为_____年____月____日

甲方在充分理解本交易风险的前提下独立做出上述委托，该委托有效期至______年___月___日的巴黎时间_____点_____分整。

协议说明：

一、甲方在乙方开立一专用保证金账户，该账户为有息账户，利率为乙方特种活期存款利率。

二、甲方在存入保证金后，即可按保证金金额的10倍（含10倍）额度叙做6个月以内（含6个月）的远期外汇买卖。如超过6个月，甲方可按保证金金额5倍以下（含5倍）的额度叙做远期外汇买卖，但最长不超过12个月。每笔交易最低金额为10万美元或其他等值货币。

三、保证金账户的起存金额为1万美元或其他等值货币。从交易发生到交易完成交割期间，相应比例的保证金需被冻结，甲方不得支取。

四、甲方可用面谈或电话方式与乙方叙做每一笔交易。交易完成后，甲方用传真方式向乙方发送经有效授权人签章的交易证实书，并授权乙方在交割日借记、贷记其在乙方开立的账户。

五、交易完成后，如果市场汇率出现不利于甲方的走势，导致甲方买入的货币形成账面亏损，并且亏损额达到其保证金50%时，甲方须立即补足保证金以弥补账面亏损部分。如果亏损额达到保证金80%后，甲方仍未补足保证金，乙方可以自行解除与甲方的远期外汇买卖合约，强行将该笔交易平仓。平仓后如果给乙方造成损失，损失金额将从甲方的保证金中抵扣。若亏损额超过保证金，甲方需向乙方补偿其差额部分。

六、远期外汇买卖的交割。甲乙双方必须按期交割，但如果甲方有特殊情况，需要提前或延期交割的话，在不违反本协议说明第二条的前提下，乙方可以为甲方办理，但是甲方必须在他希望的交割日（提前的情况下）或原定交割日（延期的情况下）之前至少两个工作日通知乙方。因该笔交易提前或延期交割而给乙方造成的损失由甲方承担。如果甲方到期违约不交割，给乙方造成损失的，损失金额将从甲方的保证金中自动抵扣；如果损失额超过保证金，甲方应向乙方补偿其差额部分。

七、《巴黎分行代客外汇买卖基本准则》适用于本协议。

八、本协议一式两份，具有同等法律效力，由甲乙双方各执一份。

甲方（签字、公章） **乙方**（签字、公章）

日期 日期

图5－5　中国银行远期外汇买卖协议书示例

户追加保证金。如果客户不能及时追加或拒绝追加保证金，银行将视情况予以强制平仓，由此产生的一切费用和损失由客户承担。远期外汇业务操作流程见图5－6。

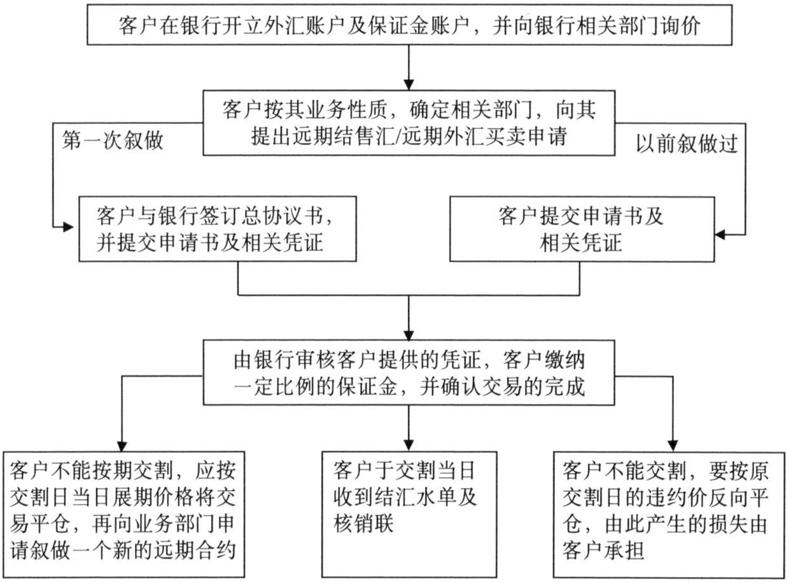

图5－6　远期外汇业务操作流程

3. 交割

客户根据《结汇、售汇及付汇管理规定》的要求，提供办理远期外汇交易所需的相应单据和有效凭证，进行交割。远期外汇交易按照申请书中规定的交割日交割。若交割日恰逢节假日，则顺延至下一个银行工作日。由于贸易的不确定性，客户若在交割日当天交割有困难，银行可给予客户3个工作日的交割宽限期。在此宽限期内办理的交割仍视同如约交割，并仍然按照原合同规定的汇率进行交割。如果客户叙做的是择期交易，则在择期期限的起始日和终止日之间的任何一个工作日均可交割。

4. 交易的展期与违约处理

客户因故不能按期办理交割，需要展期的，应在交割日的3个工作日之前提出展期申请。银行接受客户展期申请后，按当时市场价格将客户原有交易反向平仓，然后签订新的委托书。原协议价格与平仓价格之间的汇差，若亏损，由客户全部补足方可予以展期；若盈利，则先存入客户的保证金账户，待展期交易到期时一并付给客户。如果客户因未能提供有效凭证等造成违约，则造成的损失由客户赔偿，产生的盈利也不交付给客户。

二、外汇和货币掉期交易及避险实例

（一）外汇和货币掉期业务的市场现状、业务分类以及避险实例

从外汇和货币掉期市场交易情况来看，98%的交易来自银行间外汇市场。国家外汇管理局的数据显示，自2015年以来，我国外汇和货币掉期市场月平均交易额在8,238亿美元，其中银行间市场和银行对客户的市场交易额分别贡献了98%和2%的交易量（见图5-7）。从合约期限来看，2021年银行间市场以3个月（含）以下为主，占比达到91.5%。3个月至1年（含）和1年以上的平均交易占比分别为8.3%和0.2%。但这里我们重点讲述企业外汇风险的管理，对银行间市场期限分布不做过多解释。

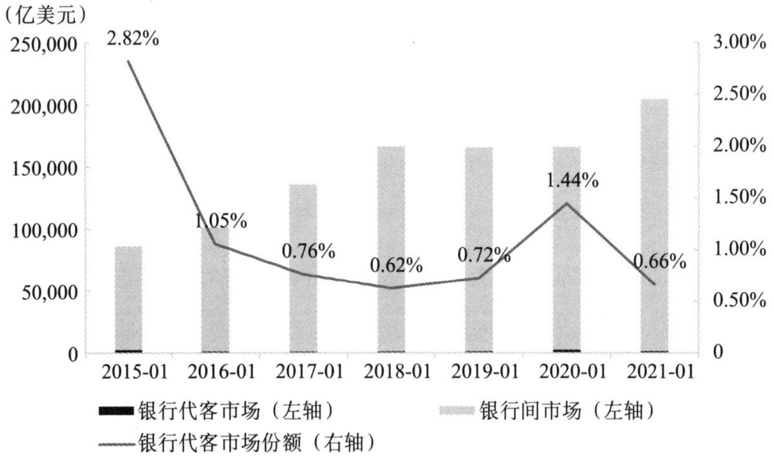

图5-7 中国外汇市场外汇及货币掉期交易额走势——银行间及代客

从近端的收付汇方向来看，目前我国银行代客市场多是以近端换出外汇为主，但近端换入外汇也呈现稳步上涨的态势（见图5-8）。

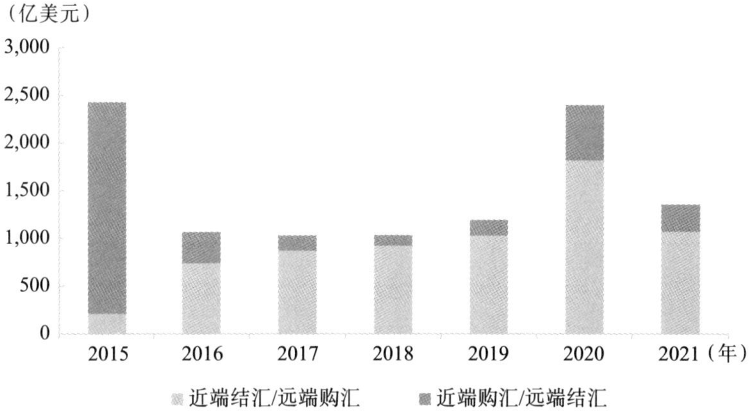

图5－8　中国外汇市场外汇及货币掉期交易额近年走势

从交易渠道来看，企业参与外汇掉期以及外汇货币掉期的渠道与远期外汇交易类同，即从企业具体操作渠道来看，包括线上渠道和线下渠道两种，具体来说可由企业在具备相应资质的银行的对公柜面、网上银行、手机银行、交易电话系统或其他汇率交易系统上进行操作，交易时间可按照监管规定或根据业务需要进行调整。截至2021年12月31日，外汇市场交易中心披露具备代客人民币掉期业务资格的名单中共有119家银行（同人民币远期）（见表5－1）。

表5－1　具备代客人民币外汇远期、掉期业务资格银行名单①

序号	银行	序号	银行
1	中国工商银行股份有限公司	2	中国农业银行股份有限公司
3	中国银行股份有限公司	4	中国建设银行股份有限公司
5	交通银行股份有限公司	6	中信银行股份有限公司
7	招商银行股份有限公司	8	中国光大银行股份有限公司
9	华夏银行股份有限公司	10	广发银行股份有限公司
11	平安银行股份有限公司	12	兴业银行股份有限公司
13	中国民生银行股份有限公司	14	浙商银行股份有限公司
15	渤海银行股份有限公司	16	中国进出口银行

① 截至2021年12月31日。

续表

序号	银行	序号	银行
17	国家开发银行	18	北京银行股份有限公司
19	中国邮政储蓄银行股份有限公司	20	上海银行股份有限公司
21	南京银行股份有限公司	22	杭州银行股份有限公司
23	宁波银行股份有限公司	24	东亚银行（中国）有限公司
25	南洋商业银行（中国）有限公司	26	友利银行（中国）有限公司
27	中信银行国际（中国）有限公司	28	富邦华一银行有限公司
29	厦门国际银行股份有限公司	30	法国巴黎银行（中国）有限公司
31	上海浦东发展银行股份有限公司	32	星展银行（中国）有限公司
33	美国银行有限公司上海、北京、广州分行	34	汇丰银行（中国）有限公司
35	蒙特利尔银行（中国）有限公司	36	花旗银行（中国）有限公司
37	渣打银行（中国）有限公司	38	首都银行（中国）有限公司
39	摩根大通银行（中国）有限公司	40	法国兴业银行（中国）有限公司
41	东方汇理银行（中国）有限公司	42	三井住友银行（中国）有限公司
43	瑞士信贷银行股份有限公司上海分行	44	澳大利亚和新西兰银行（中国）有限公司
45	德国商业银行股份有限公司上海、北京分行	46	比利时联合银行股份有限公司上海分行
47	意大利联合圣保罗银行股份有限公司上海分行	48	恒生银行（中国）有限公司
49	荷兰合作银行有限公司上海分行	50	荷兰安智银行股份有限公司上海分行
51	大华银行（中国）有限公司	52	法国外贸银行股份有限公司上海分行
53	德意志银行（中国）有限公司	54	中国信托商业银行股份有限公司上海、广州分行
55	集友银行有限公司福州、厦门分行	56	加拿大丰业银行有限公司上海、广州分行
57	国泰世华银行（中国）有限公司	58	瑞穗银行（中国）有限公司
59	华侨永亨银行（中国）有限公司	60	瑞士银行（中国）有限公司
61	三菱日联银行（中国）有限公司	62	德国北德意志州银行上海分行
63	瑞典北欧斯安银行有限公司上海分行	64	英国巴克莱银行有限公司上海分行
65	瑞典银行有限公司上海分行	66	北欧银行瑞典有限公司上海分行
67	印度国家银行上海分行	68	日本三井住友信托银行股份有限公司上海分行
69	盘谷银行（中国）有限公司	70	新韩银行（中国）有限公司

续表

序号	银行	序号	银行
71	徽商银行股份有限公司	72	江苏银行股份有限公司
73	哈尔滨银行股份有限公司	74	马来西亚马来亚银行有限公司上海分行
75	上海农村商业银行股份有限公司	76	厦门银行股份有限公司
77	华商银行	78	企业银行（中国）有限公司
79	澳大利亚西太平洋银行有限公司上海分行	80	西班牙桑坦德银行有限公司上海分行
81	韩亚银行（中国）有限公司	82	韩国产业银行上海分行
83	盛京银行股份有限公司	84	锦州银行股份有限公司
85	永丰银行（中国）有限公司	86	江苏江南农村商业银行股份有限公司
87	国民银行（中国）有限公司	88	意大利裕信银行股份有限公司上海分行
89	东莞银行股份有限公司	90	齐鲁银行股份有限公司
91	玉山银行（中国）有限公司	92	重庆农村商业银行股份有限公司
93	马来西亚联昌银行股份有限公司上海分行	94	俄罗斯外贸银行公众股份公司上海分行
95	江苏苏州农村商业银行股份有限公司	96	东莞农村商业银行股份有限公司
97	澳门国际银行股份有限公司广州分行	98	长沙银行股份有限公司
99	开泰银行（中国）有限公司	100	大新银行（中国）有限公司
101	河北银行股份有限公司	102	成都银行股份有限公司
103	江苏常熟农村商业银行股份有限公司	104	江苏海安农村商业银行股份有限公司
105	无锡农村商业银行股份有限公司	106	创兴银行有限公司广州分行
107	美国道富银行有限公司北京分行	108	重庆银行股份有限公司
109	浙江绍兴瑞丰农村商业银行股份有限公司	110	中国信托商业银行股份有限公司深圳分行
111	深圳农村商业银行股份有限公司	112	青岛银行股份有限公司
113	威海市商业银行股份有限公司	114	浙江泰隆商业银行股份有限公司
115	苏州银行股份有限公司	116	江苏张家港农村商业银行股份有限公司
117	江苏昆山农村商业银行股份有限公司	118	厦门农村商业银行股份有限公司
119	泰国汇商银行大众有限公司上海分行		

具体来说，外汇及货币掉期可分为外汇掉期、外汇货币掉期两个产品或业务。

1. 外汇掉期业务

企业与银行有一前一后不同日期、两次方向相反的本外币交易，只交换本金，不交换利息；可以是近端结汇、远端购汇，也可以是近端购汇、远端结汇。外汇掉期业务能够帮助企业解决中短期外汇资金来源问题，调剂本外币资金余缺，提升资金筹措与管理的灵活性，并规避远期汇率风险，提前锁定成本收益。

（1）注意事项

人民币外汇掉期业务实行实需原则。企业需提供能够证明其真实需求背景的书面材料。外汇资金的来源和使用须符合国家外汇管理规定。银行在审核近端结汇/远端购汇的外汇交易背景时遵循近端审核原则，即近端结汇的外汇资金应为按照外汇管理政策规定的可以办理即期结汇的外汇资金。在此基础上，远端购汇可不再按照即期购汇业务进行实需背景审核。

（2）避险实例

【例5－4】某外贸企业近期将收到一笔1,000万美元的货款，计划用于在境内采购原材料，同时该企业需要进口原材料并于3个月后支付1,000万美元的货款。此时，企业可办理一笔近端结汇、远端购汇（3个月）的掉期业务，以较低的成本解决资金时间错配的矛盾，达到规避风险的目的。具体操作见图5－9。

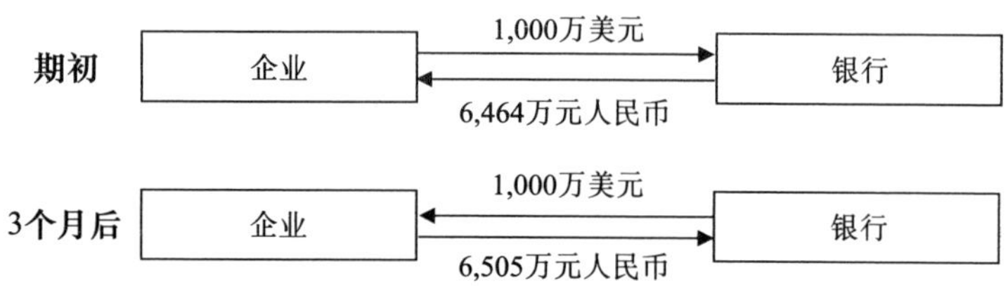

图5－9　外贸企业规避风险

2. 外汇货币掉期业务

企业与银行有一前一后不同日期、两次方向相反的本外币交易，既交换本金，也定期交换两种货币利息。利息交换指双方定期向对方支付以换入货币计算的利息金额，可以固定利率计算利息，也可以浮动利率计算利息。

（1）注意事项

外汇货币掉期交易适用于以套期保值为目的的希望同时规避汇率和利率变动风险的企业。该产品具有如下特点：

①期初与期末本金交换方式灵活，可选择起息日和到期日两次均交换本金、两次均不交换本金或仅交换一次本金。

②支持多种利息交换方式，包括浮动利率换固定利率、固定利率换固定利率、浮动利率换固定利率。

③利率可挂钩多种标的，其中人民币利率可挂钩 SHIBOR、7 天回购定盘利率、1 年期定期存款利率、LPR 等，美元、欧元、港币等外币利率可挂钩对应币种的 SOFR①、EURIBOR②、HIBOR③、固定利率等。

企业办理货币掉期业务应该具有对冲外汇风险敞口的真实需求，办理结汇的外汇资金应为按照外汇管理规定的可以办理即期结汇的外汇资金。企业近远端交易需符合实需原则。

（2）避险实例

【例 5－5】 某企业近日将会收到 100 万美元，近期急需人民币资金用于经营周转，但 1 年后需付汇 100 万美元。

银行推荐企业叙做货币掉期业务，约定：

期初：企业按照汇率（假设为 6.4000），即期将美元换成 640 万元人民币。

期末：按照 100 万美元本金，银行向企业支付美元利息（利率假设为 3.0%），作为交换，企业需要按照 640 万元人民币本金向银行支付人民币固定利息（利率假设为 4.5%）。

通过办理货币掉期，企业既满足了当期人民币资金使用需求，又规避

① SOFR 是 Secured Overnight Financing Rate 的缩写，即有担保的隔夜融资利率，所谓的有担保，就是以美国国债作为抵押，并且资金仅借出 1 个工作日的融资利率。

② 欧洲银行间欧元同业拆借利率。

③ 香港银行同业拆借利率。

了汇率波动风险，与美元质押办理人民币融资相比，办理货币掉期的成本大幅下降，有助于财务成本管理。

（二）外汇及货币掉期业务的操作流程

1. 外汇掉期业务操作流程

接下来，我们以工商银行的人民币掉期业务为例，来说明人民币外汇掉期业务的开通流程及操作规则。

（1）适用对象

适用于自身本外币资金管理需求和以套期保值为目的，在中华人民共和国境内（不含港澳台）依法注册的公司法人、企业法人、事业单位法人和社会团体等机构客户，在境外依法注册在境内银行间市场或其他经批准的市场开展人民币资本与金融项下投资的商业银行、保险公司、证券公司和基金管理公司等境外金融机构类客户以及在境内外依法注册符合中国法律要求和外汇管理政策且可开展本产品交易的机构。

（2）人民币外汇掉期交易开通流程

①业务准备

• 客户评估：客户在申请办理前，须由工商银行对客户进行衍生产品交易评估，须符合工商银行准入条件且经工商银行适合度评估具备人民币外汇掉期风险承受能力。

• 签署总协议：客户通过适合度评估后，与工商银行签订“中国工商银行结售汇业务总协议”。

②业务处理

• 交易申请：客户须逐笔填写“人民币外汇掉期交易业务委托书”，在客户缴纳足额保证金或落实其他担保措施后，客户方可与工商银行进行交易。

• 交易成交、修改及撤销：交易成交后，工商银行向客户出具“人民币外汇掉期交易证实书”。在交易委托有效期内，客户可以申请修改或取消交易委托。如申请时委托交易已成交，则该申请自动失效。

③业务交割

●交割日交割：交割日，客户凭提交的有效凭证及/或商业单据办理交割。工商银行将到期日后的3个工作日设定为办理交割的宽限期，宽限期内办理的交割视同履约交割。

●特殊交割处理：客户可申请进行展期、提前交割、到期前展期等特殊交割处理。特殊交割若出现亏损，由客户全部补足；若盈利，则先存入客户的保证金账户，待到期客户履约时付给客户。

④交易展期

客户可在交割日或宽限期到期日之前向工商银行申请交割展期，并缴纳足额保证金或落实其他有效担保措施。叙做展期时，客户须先按当时结售汇率将原有交易平仓。若亏损，由客户全部补足方可予以展期；若盈利，则先存入客户的保证金账户，待展期交易到期客户履约时付给客户。

（3）操作指南（见图5－10）

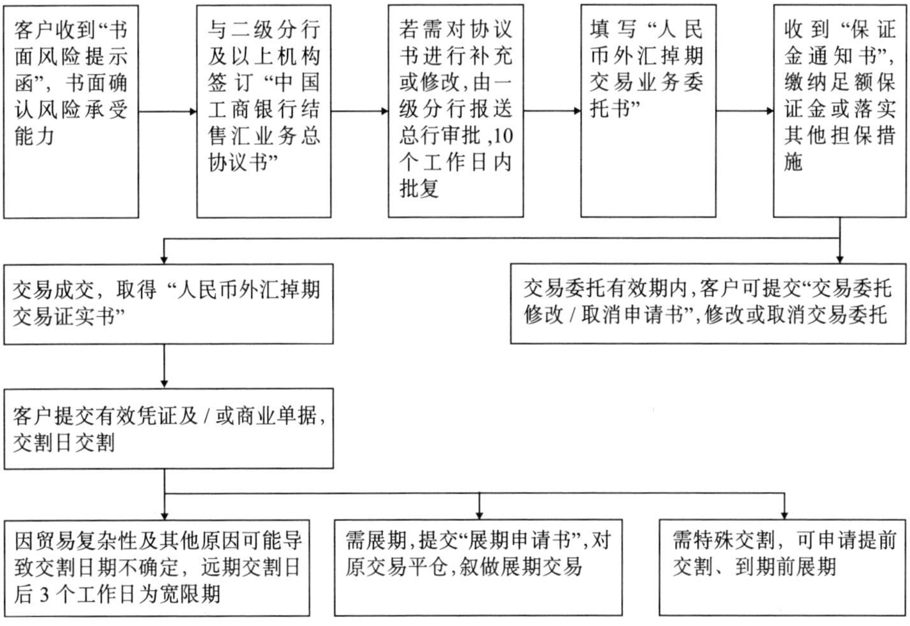

图5－10　工商银行人民币外汇掉期业务操作指南示例

（4）业务范围及相关规定

①客户下列外汇收支项下的资金可向工商银行申请办理人民币外汇掉期业务：

A. 客户经常项目项下外汇收支可向工商银行申请办理人民币外汇掉期业务。

B. 客户下列范围的资本与金融项目外汇收支可向工商银行申请办理人民币外汇掉期业务：

a. 偿还银行自营外汇贷款；

b. 偿还经国家外汇管理局登记的境外借款；

c. 经国家外汇管理局登记的境外直接投资外汇收支；

d. 经国家外汇管理局登记的外商投资企业外汇资本金收入；

e. 经国家外汇管理局登记的境内机构境外上市的外汇收入；

f. 经国家外汇管理局批准的其他外汇收支。

②客户办理人民币外汇掉期业务应遵守下列规定：

A. 客户掉期近端换出的外汇资金，限于按照外汇管理规定可以办理即期结汇的外汇资金；掉期远端换出的外汇资金，限于近端换入的外汇资金。

B. 客户可以通过掉期业务直接以人民币换入外汇，换入外汇资金的支付使用应符合外汇管理规定。

C. 客户掉期远端换入外汇资金原则上应进入原换出外汇资金账户；对于近端来自外商投资企业资本金账户、外债专户、外债转贷款专户的外汇资金，远端换入时可以进入经常项目外汇账户，不得再进入上述三类资本项目外汇账户。

D. 客户应提供相关资质证明及合规、有效的证明文件，配合银行完成尽职调查工作，签署相关协议及确认书。

E. 在签署协议及确认书的基础上，客户方可向银行提交正式的交易委托书，随后由分行向总行提交委托，经总行确认成交后，由分行向客户出具交易证实书，以此作为正式交易凭证。

F. 产品到期时，客户应按照协议履行交割义务；客户因贸易复杂性等因素需调整交割时间或方式的，可向银行申请进行提前交割、到期前展期等特殊交割处理。

2. 外汇货币掉期业务操作流程

接下来，我们以工商银行的人民币外汇货币掉期业务为例，简单讲解一下人民币外汇掉期业务的开通流程及操作规则。

（1）适用对象

该产品适用于希望规避汇率、利率风险，降低融资成本的中华人民共和国境内（不含港澳台）注册的公司法人、企业法人、事业单位法人和社会团体等机构客户，在境外依法注册并在境内银行间市场或其他经批准的市场开展人民币资本与金融项下投资的商业银行、保险公司、证券公司和基金管理公司等境外金融机构类客户以及在境内外依法注册符合中国法律要求和外汇管理政策且可开展本产品交易的机构。

（2）业务示例

【例5-6】 客户有1亿美元1年期外币贷款，按照SOFR 3M浮动利率每季度支付利息。为了规避汇率和利率波动风险，该客户于2019年5月27日在工商银行叙做一笔人民币外汇货币掉期交易，本金为1亿美元，方向为Sell/Buy，约定期初与期末均交还本金，汇率为6.8900，每季度交换一次利息，工商银行支付客户美元利率为SOFR 3M浮动利率，客户支付工商银行人民币利率为1年期LPR-200bp的固定利率。

①在交易生效日（2019年5月29日），客户与工商银行互换本金1亿美元，客户提取贷款本金，并支付给工商银行，工商银行按约定的汇率6.8900向客户支付人民币6.89亿元人民币。

②在付息日（2019年8月29日、11月29日、2020年2月29日和5月29日），客户与工商银行互换利息，即工商银行基于美元浮动利率水平支付客户美元利息，客户将美元利息支付给贷款的银行，同时支付工商银行1年期LPR-200bp的固定利率人民币利息。

③在到期日（2020年5月29日），工商银行与客户再次互换本金，即

工商银行向客户支付本金1亿美元，客户将美元本金归还给贷款的银行，并按约定汇率1美元=6.8900元人民币向工商银行支付6.89亿元人民币。

该交易现金流情况见表5-2。

表5-2　　现金流情况

日期	客户美元现金流（万美元）	客户人民币现金流（万元人民币）
2019年5月29日（本金）	-10,000	68,900
2019年8月29日（利息）	65	436
2019年11月29日（利息）	54	425
2020年2月29日（利息）	48	404
2020年5月29日（本金）	10,000	-68,900
合计	208	1,652

在该货币掉期交易中，客户共支付利息1,652万元人民币，收到利息208万美元，按照2020年5月29日汇率对利息进行计算，客户实际支付净利息约165万元人民币。而若没有进行该货币掉期交易，则对于1亿美元的负债，汇率变动就会使客户多支付近2,600万元人民币。因此，通过货币掉期交易，可以以较低的成本使客户完全避免未来的汇率和利率波动风险。

（3）开通流程

①客户评估：客户须先接受工商银行的衍生产品交易业务适合度评估，工商银行根据客户经营性质、金融衍生品交易经验等对客户进行综合评估。

②签署总协议：客户须与工商银行签订“中国工商银行结售汇业务总协议书”。

③交易申请：客户通过工商银行交易审查并确认工商银行报价后，提交业务申请书。工商银行完成交易后向客户出具交易确认书。

④利息、本金交换：工商银行在每个本金、利息交换日前一工作日，向客户出具指定的本金或利息交换通知书，利息交换均不设宽限期。在本金或利息交换日，营业机构应为客户办理本金或利息交换。

⑤特殊处理流程：反向平仓，对于工商银行与客户签署的主协议、补充协议或交易合约中约定双方或单方可以行使提前反向平仓权利的，发起方可以提出提前反向平仓申请。客户因故需提前反向平仓的，需提供变更证明材料及承诺书，在确认工商银行报价后，向工商银行提交业务申请书。

（4）操作指南（见图5－11）

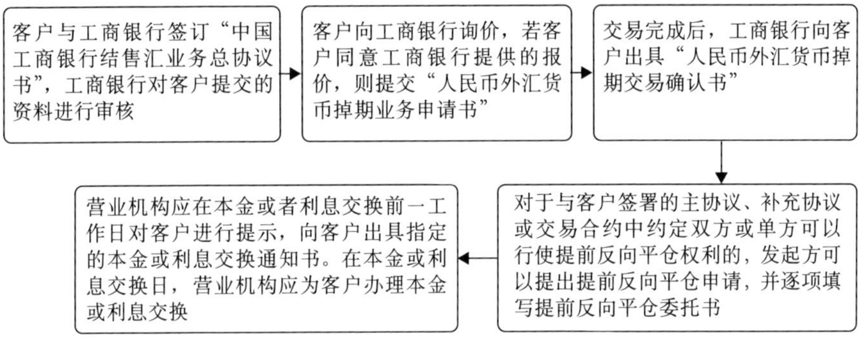

图5－11 工商银行人民币外汇货币掉期业务操作指南示例

（5）注意事项及常见问题

①本金的交换形式包括在协议生效日按某一汇率交换人民币与外币本金，到期日双方以相同汇率、相同金额进行一次反向交换，或国家外汇管理局规定的其他形式。

②客户向工商银行提交正式的交易委托书，随后由分行向总行提交委托，经总行确认成交后，由分行向客户出具交易证实书，以此作为正式交易凭证反馈客户。

交易委托书是衍生交易重要文件，客户需谨慎对待。交易委托书的内容包括但不限于：

A. 客户进行衍生交易的目的，拟叙做衍生交易结构、期限、币种、金额等交易主要信息。

B. 客户拟通过衍生交易进行套期保值的基础资产或负债（含收入或支出，下同）的相关情况及其真实性，基于该项基础资产或负债已经办理且尚未结清的衍生交易情况（对于套期保值交易）。

C. 工商银行在营销过程中是否存在不良销售行为。

③在利息交换日和资金交割日，工商银行将按照交易委托书与客户进行利息交换和资金交割。工商银行将定期向客户提供货币掉期交易的市值评估结果，以便客户对交易进行动态管理。

三、外汇期权交易及避险实例

（一）外汇期权业务的市场现状及交易渠道

从外汇期权的交易情况来看，外汇期权交易主要发生在银行间市场，银行代客市场的外汇期权交易份额大约占30%，2021年占比为27.83%（见图5－12）。在银行代客市场，从交易方向来看，买入和卖出期权的交易份额占比相对比较均衡（见图5－13）；从交易的期限分布来看，客户参与外汇期权市场的交易期限大都在1年以下，从2021年的市场数据来看，3个月至1年期的中短期外汇期权交易的市场份额占比为40%，3个月（含）以下的短期外汇期权交易份额占比为52%，1年以上的长期交易的市场份额占比为8%（见图5－14）。

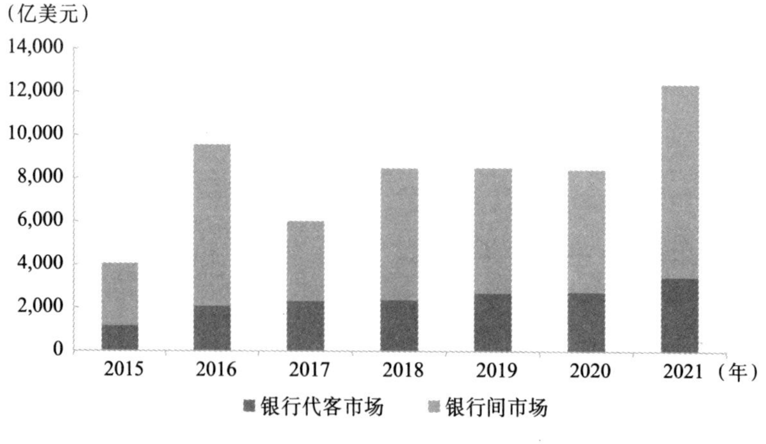

图5－12　中国外汇市场外汇期权交易额近年走势

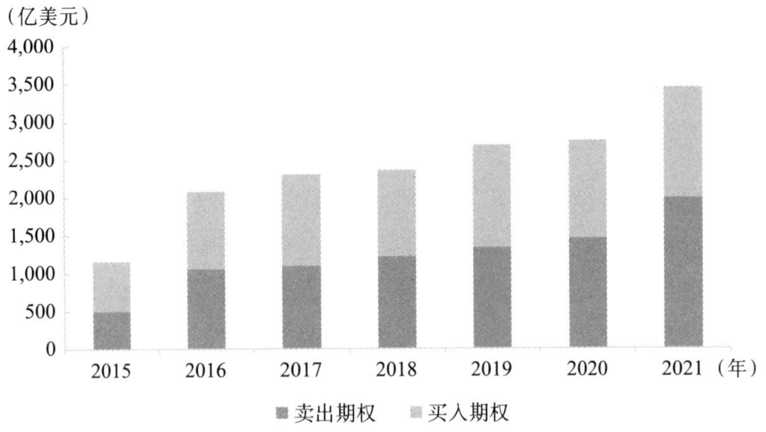

图 5－13　银行代客市场外汇期权方向分布

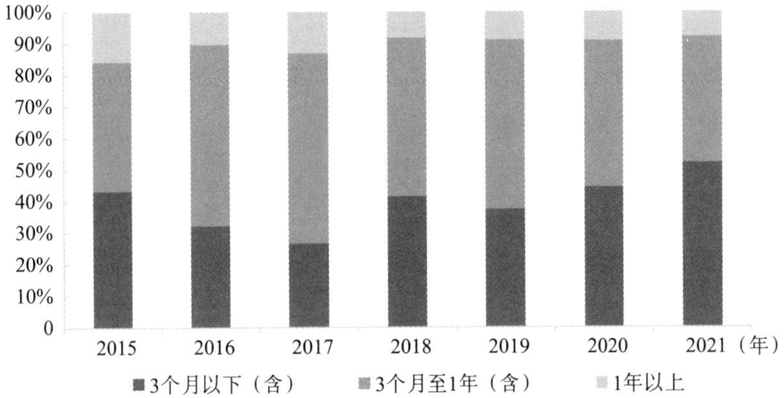

图 5－14　银行代客市场外汇期权交易期限分布占比

从交易渠道来看，企业参与外汇期权的渠道与远期外汇交易类同，即从企业具体操作渠道来看，包括线上渠道和线下渠道两种，具体来说可由企业在具备相应资质的银行的对公柜面、网上银行、手机银行、交易电话系统或其他汇率交易系统上进行操作。交易时间可按照监管规定或根据业务需要进行调整。截至 2021 年 12 月 31 日，外汇市场交易中心披露具备代客人民币外汇期权业务资格的名单中共有 86 家银行（见表 5－3）。

表5－3　　具备代客人民币外汇期权业务资格银行名单①

序号	银行	序号	银行
1	中国银行股份有限公司	2	中国工商银行股份有限公司
3	中信银行股份有限公司	4	交通银行股份有限公司
5	花旗银行（中国）有限公司	6	汇丰银行（中国）有限公司
7	德意志银行（中国）有限公司	8	中国农业银行股份有限公司
9	中国建设银行股份有限公司	10	兴业银行股份有限公司
11	蒙特利尔银行（中国）有限公司	12	渣打银行（中国）有限公司
13	国家开发银行	14	三菱日联银行（中国）有限公司
15	东方汇理银行（中国）有限公司	16	三井住友银行（中国）有限公司
17	上海浦东发展银行股份有限公司	18	中国光大银行股份有限公司
19	广发银行股份有限公司	20	宁波银行股份有限公司
21	法国巴黎银行（中国）有限公司	22	瑞穗银行（中国）有限公司
23	北京银行股份有限公司	24	招商银行股份有限公司
25	星展银行（中国）有限公司	26	平安银行股份有限公司
27	中国民生银行股份有限公司	28	摩根大通银行（中国）有限公司
29	美国银行有限公司上海分行	30	英国巴克莱银行有限公司上海分行
31	澳大利亚和新西兰银行（中国）有限公司	32	瑞士信贷银行股份有限公司上海分行
33	法国兴业银行（中国）有限公司	34	上海银行股份有限公司
35	浙商银行股份有限公司	36	大华银行（中国）有限公司
37	华侨永亨银行（中国）有限公司	38	富邦华一银行有限公司
39	马来西亚马来亚银行有限公司上海分行	40	德国商业银行股份有限公司上海分行、北京分行
41	东亚银行（中国）有限公司	42	荷兰安智银行股份有限公司上海分行
43	恒生银行（中国）有限公司	44	杭州银行股份有限公司
45	中信银行国际（中国）有限公司	46	渤海银行股份有限公司
47	中国进出口银行	48	国泰世华银行（中国）有限公司
49	南洋商业银行（中国）有限公司	50	首都银行（中国）有限公司
51	厦门银行股份有限公司	52	中国信托商业银行股份有限公司上海分行、广州分行
53	锦州银行股份有限公司	54	盛京银行股份有限公司

① 截至2021年12月31日。

续表

序号	银行	序号	银行
55	永丰银行（中国）有限公司	56	国民银行（中国）有限公司
57	厦门国际银行股份有限公司	58	华夏银行股份有限公司
59	齐鲁银行股份有限公司	60	玉山银行（中国）有限公司
61	南京银行股份有限公司	62	成都银行股份有限公司
63	东莞农村商业银行股份有限公司	64	江苏苏州农村商业银行股份有限公司
65	上海农村商业银行股份有限公司	66	马来西亚联昌银行股份有限公司上海分行
67	大新银行（中国）有限公司	68	开泰银行（中国）有限公司
69	河北银行股份有限公司	70	法国外贸银行股份有限公司上海分行
71	江苏江南农村商业银行股份有限公司	72	江苏海安农村商业银行股份有限公司
73	创兴银行有限公司广州分行	74	东莞银行股份有限公司
75	美国道富银行有限公司北京分行	76	重庆银行股份有限公司
77	浙江绍兴瑞丰农村商业银行股份有限公司	78	徽商银行股份有限公司
79	中国信托商业银行股份有限公司深圳分行	80	华商银行
81	青岛银行股份有限公司	82	长沙银行股份有限公司
83	威海市商业银行股份有限公司	84	浙江泰隆商业银行股份有限公司
85	苏州银行股份有限公司	86	江苏张家港农村商业银行股份有限公司

（二）外汇期权的业务分类、操作流程及业务示例

外汇期权可分为单个外汇期权、期权组合两类产品或业务。具体来说，单个外汇期权可以分为四种（买入/卖出、看涨/看跌），期权组合包括看涨期权价差组合、看跌期权价差组合、风险逆转期权组合、跨式期权组合、蝶式期权组合以及自定义期权组合等。具体的产品及业务类型依据不同的银行可能存在一定的差异。

接下来，我们以工商银行的人民币外汇期权以及人民币外汇期权组合产品为例，进行简单的业务介绍。

1. 人民币外汇期权业务

（1）业务简述

人民币外汇期权，指中国工商银行与客户签订人民币外汇的期权合约，

合约的买方以支付期权费的方式，拥有在期权合约到期日，按约定的执行价格向合约的卖方购买或出售约定数量的美元或其他指定外汇的权利的业务。

工商银行人民币外汇期权分为外汇看涨期权和外汇看跌期权，期权类型为普通欧式期权。

（2）适用对象

适用于有自身需求和以套期保值为目的的在中华人民共和国（不含港澳台）境内依法注册的公司法人、企业法人、事业单位法人和社会团体等机构客户，在境外依法注册在境内银行间市场或其他经批准的市场开展人民币资本与金融项下投资的商业银行、保险公司、证券公司和基金管理公司等境外金融机构类客户以及在境内外依法注册符合中国法律要求和外汇管理政策且可开展本产品交易的机构。

（3）开办条件

①按照外汇管理规定可办理即期结售汇的外汇收支，均可办理人民币外汇期权业务。

②按照外汇管理规定，客户可办理的人民币外汇期权交易仅限于普通欧式期权，包括为客户办理买入外汇看涨期权、买入外汇看跌期权、卖出外汇看涨期权以及卖出外汇看跌期权。

③按照外汇管理规定，客户可办理人民币外汇期权交易的主要风险特征应与客户真实需求背景具有合理的相关度，期权合约行权所产生的客户外汇收支，不得超出客户真实需求背景所支持的实际规模。

（4）操作指南（见图5－15）

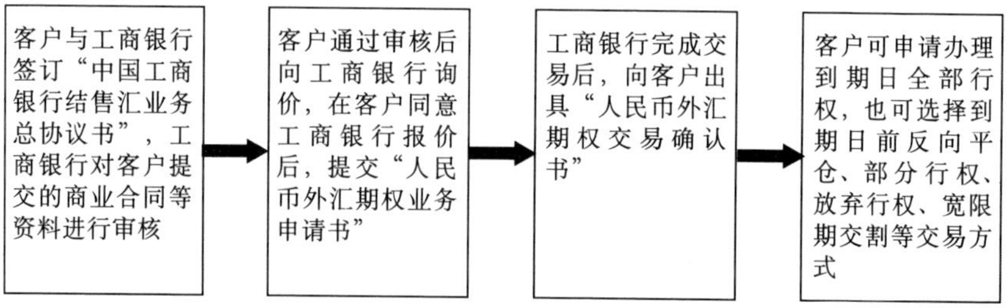

图5－15　工商银行人民币外汇期权操作指南示例

①业务准备

A. 客户评估：客户应先接受工商银行的尽职调查及衍生产品交易适合度评估，工商银行在评估客户风险承受能力后，确定是否与客户叙做交易。

B. 签署协议：客户办理人民币外汇期权业务，须与工商银行签订“中国工商银行结售汇业务总协议”。

②交易申请

客户在提交申请前，须接受工商银行对其提供的基础商业合同等资料进行审核。客户审查通过后，在确认工商银行报价的情况下，提交“人民币外汇期权交易业务申请书”。交易完成后，工商银行向客户出具“人民币外汇期权交易确认书”。

③到期日前反向平仓

客户因故需在到期日之前（不含）反向平仓的，须提供证明材料及承诺书，客户通过工商银行审核后方可进行反向平仓交易。

④客户行权

A. 行权日行权：期权到期日，客户提交“人民币外汇期权行权申请”及所需贸易真实性背景材料，工商银行审核通过后，与客户进行交割。客户也可在到期日放弃行权。

B. 行权日其他行权方式处理流程：客户如因基础商业合同发生变更而导致外汇收支的现金流部分流失，可在提交变更证明材料及承诺书并经工商银行审核后办理部分行权。同时，客户也可在到期日前申请宽期限交割。宽限期内交割视同履约。

（5）业务示例

【例 5－7】外汇看涨期权

某企业需要在 1 个月后用美元支付进口货款。为规避美元升值风险，该客户向工商银行购买 1 个人民币兑美元、期限为 1 个月、本金为 100 万美元的美元看涨期权。假设约定的汇率为 6.6000 人民币兑换 1 美元，则该公司有权在将来期权到期时，以 6.6000 人民币兑换 1 美元向工商银行购买约定数额的美元。如果在期权到期时，市场即期汇率为 6.5000 人民币兑换1美元，该公司可不执行期权，因为此时按市场的即期汇率购买美元更为有利。相反，如果在期权到期时，即期汇率为6.7000人民币兑换1美元，则该公司可决定行使期权，要求工商银行以6.6000人民币兑换1美元的汇率将美元卖给他们，这样，每1美元客户可少支出0.1元人民币，降低了购汇成本。

【例5-8】外汇看跌期权

某企业将在1个月后收到一笔美元出口货款。为规避美元贬值风险，该客户向工商银行购买1个人民币兑美元、期限为1个月、本金为100万美元的美元看跌期权。假设约定的汇率为6.6000人民币兑换1美元，则该公司有权在将来期权到期时，以6.6000人民币兑换1美元向工商银行出售约定数额的美元。如果在期权到期时，市场即期汇率为6.7500人民币兑换1美元，该公司可不执行期权，因为此时按市场的即期汇率出售美元更为有利。相反，如果在期权到期时，即期汇率为6.5000元人民币兑换1美元，则该公司可决定行使期权，要求工商银行以6.6000人民币兑换1美元的汇率买入100万美元，这样，每1美元客户可多获得0.1元人民币，获得更高收益。

【例5-9】卖出外汇看涨期权

某企业需要在1个月后收到一笔美元出口货款。为规避美元贬值风险，该客户向工商银行卖出1个人民币兑美元、期限为1个月、本金为100万美元的美元看涨期权，收到一笔期权费。假设约定的汇率为6.6000人民币兑换1美元。如果在期权到期时，市场即期汇率为6.5000人民币兑换1美元，则银行放弃行权，客户按6.5000结汇，客户期初收到的期权费可以用来改善结汇价格。相反，如果在期权到期时，即期汇率为6.7000人民币兑换1美元，银行选择行权，客户按照约定的汇率6.6000结汇。

【例5-10】卖出外汇看跌期权

某企业需要在1个月后用美元支付进口货款，为规避美元升值风险，该客户向工商银行卖出1个人民币兑美元、期限为1个月、本金为100万美元的美元看跌期权，收到一笔期权费。假设约定的汇率为6.6000人民币兑换1美元。如果在期权到期时，市场即期汇率为6.5000人民币兑换1美元，银行选择行权，客户按6.6000购汇。相反，如果在期权到期时，即期汇率为6.7000人民币兑换1美元，银行选择不行权，客户按照即期价格购汇，客户期初收到的期权费可以用来改善购汇价格。

2. 人民币兑外汇期权组合业务

（1）业务简述

人民币兑外汇期权组合，是指客户同时买入和卖出一个或多个币种、期限、合约本金相同的人民币兑外汇普通欧式期权所形成的组合。人民币兑外汇期权组合属于汇率类代客风险管理产品的一种，可根据客户需求按照币种、期限、交割汇率和金额等要素进行灵活设定。目前，工商银行有外汇看跌风险逆转期权组合和外汇看涨风险逆转期权组合等多种产品供客户选择。

外汇看跌风险逆转期权组合，是指客户针对未来的实际结汇需求，买入一个执行价格较低（以一单位外汇折合人民币计量执行价格，以下同）的外汇看跌期权，同时卖出一个执行价格较高的外汇看涨期权。

外汇看涨风险逆转期权组合，是指客户针对未来的实际购汇需求，卖出一个执行价格较低的外汇看跌期权，同时买入一个执行价格较高的外汇看涨期权。

（2）适用对象

适用对象同人民币外汇期权。

（3）开办条件

开办条件同人民币外汇期权。

（4）开通流程

①客户评估、风险揭示与客户确认。客户在申请办理人民币外汇期权组合业务前，须先由工商银行具有业务经营权限的一级分行或二级分行对客户衍生产品交易适合度进行评估。工商银行同时向客户提供书面风险提示函，经客户签字确认后，一式两份，银行与客户各执一份。在对客户整体情况进行评估的基础上，工商银行对客户拟开办业务，就其是否完全理

解交易条款、是否完全理解风险揭示内容、是否具有必要风险承受能力、是否承诺承担交易潜在损失，是否存在误导客户的不当营销行为、交易目的与相关基础资产或负债情况等事项，逐项取得客户书面确认。只有客户完整填写上述内容后，工商银行方可接受客户委托，以确保与有真实贸易背景的客户叙做与其风险承受能力相适应的人民币外汇期权组合交易。

②签署总协议。工商银行接受客户委托申请后，将审核客户人民币外汇期权组合业务资格。客户通过审核后，须先与工商银行签订“中国工商银行结售汇业务总协议”一式两份，银行与客户各执一份。签署协议的分支行负责保管协议书原件，同时须将复印件送交上级行保管。

③交易成交。客户申请与工商银行办理人民币对外汇期权组合业务，须提供基础商业合同，经审核通过后，填写业务申请书。工商银行受理客户委托成交后，应向客户出具有关确认书，并向客户收取以人民币形式缴纳的期权费（如有）。

④客户合约到期日审核及交割。在期权组合合约到期日，客户可通知工商银行对其买入期权执行行权操作，工商银行根据外汇管理局关于人民币对外汇期权组合业务的有关规定，审核客户提交的有效凭证及（或）商业单据，与客户办理交割。

期权组合合约到期日时，客户如放弃行权，工商银行可选择对客户卖出的期权执行行权或放弃行权操作。如工商银行行权，客户应提交有效凭证及（或）商业单据，并按合约进行交割。如工商银行放弃行权，客户可凭相关单证叙做一笔即期结售汇业务。

⑤特殊情况处理。客户如因基础商业合同发生变更而导致外汇收支的现金流全部或部分消失，在提供变更证明材料及承诺书并经工商银行审核确认后，工商银行可以在期权到期日之前为客户办理期权组合的全额或部分金额提前反向平仓。

（5）操作指南

客户向工商银行申请办理期权组合业务，还需提供相关材料并协助工商银行完成如下主要工作：

①与工商银行签订“中国工商银行结售汇业务总协议”及“中国工商银行结售汇业务补充协议”。

②客户应仔细阅读工商银行提供的“风险提示函”，应完全理解交易条款及潜在风险。

③配合工商银行完成尽职调查工作。

④客户向工商银行提交正式的业务申请书，随后由工商银行分行向总行提交交易申请，经总行确认成交后，由分行向客户出具交易确认书，以此作为正式交易凭证反馈客户。

业务申请书是衍生交易重要文件，客户需谨慎对待。业务申请书内容包括但不限于：

A. 客户进行衍生交易的目的，拟叙做衍生交易结构、期限、币种、金额等主要信息。

B. 客户拟通过衍生交易进行套期保值的基础资产或负债（含收入或支出，下同）的相关情况及其真实性，基于该项基础资产或负债已经办理且尚未结清的衍生交易情况（对于套期保值交易）。

C. 工商银行在营销过程中是否存在不良销售行为。

D. 在合约规定的行权日，如客户或工商银行一方选择行权，双方将按照约定的执行价格进行外汇交割。在合约存续期间，工商银行将定期向客户提供外汇期权组合的市值评估结果，以便客户对交易进行动态管理。

（6）业务示例

【例5-11】外汇看跌风险逆转期权组合

某企业将在1个月后收到一笔美元出口货款。为规避美元贬值风险，该客户向工商银行购买1个人民币兑美元、期限为1个月、本金为100万美元的美元看跌期权，执行价格为6.6000；同时向工商银行卖出同一货币对、期限、本金相同的美元看涨期权，执行价格为6.7000。如果在期权到期时，市场即期汇率为6.5000，则客户对买入的看跌期权行权，工商银行对看涨期权放弃行权，客户按照6.6000的价格向工商银行卖出100万美元。如果到期时市场即期汇率为6.8000，客户放弃对看跌期权行权，工商银行对看涨期权行权，客户应履行以6.7000的价格向工商银行卖出100万美元的义务。在上述第一种情况下，客户结汇价格优于市场价格；而在上述第二种情况下，客户失去了以更有利的价格进行结汇的机会。通过叙做期权组合交易，客户在合约签订日即将未来结汇收入锁定在660万~670万元，减少了未来的不确定性。

【例5-12】外汇看涨风险逆转期权组合

某企业需要在1个月后用美元支付进口货款。为规避美元升值风险，该客户向工商银行卖出1个人民币兑美元、期限为1个月、本金为100万美元的看跌期权，执行价格为6.6000；同时向工商银行购买同一货币对、期限、本金相同的欧式看涨期权，执行价格为6.7000。如果在期权到期时，市场即期汇率为6.8000，客户对买入的看涨期权行权，以6.7000的价格向工商银行买入100万美元，工商银行对买入的美元看跌期权弃权；如果到期时市场即期汇率为6.5000，则客户对买入的看涨期权放弃行权，工商银行对看跌期权行权，客户应履行以6.6000买入100万美元的义务。在上述第一种情况下，客户购汇价格优于市场价格；而在上述第二种情况下，客户失去了以更有利的价格购汇的机会。通过叙做期权组合交易，客户在合约签订日即将未来购汇成本锁定在660万~670万元，减少了未来的不确定性。

【例5-13】看涨价差期权组合

某企业需要在1个月后用美元支付进口货款。为规避美元升值风险，该客户向工商银行买入1个人民币兑美元、期限为1个月、本金为100万美元的看涨期权，执行价格为6.6000；同时向工商银行卖出同一货币对、期限、本金相同的欧式看涨期权，执行价格为6.7000。如果到期时市场即期汇率为6.5500，则两笔期权都不行权，客户按照即期价格购汇，如果到期时市场汇率介于两个执行价格之间，例如6.6500，则客户买入的看涨期权行权，客户按照6.6000的价格购汇，如果到期时即期价格比两笔期权执行价格都高，例如6.7500，则两笔期权都行权，客户可以选择对两笔期权进行差额交割获得一部分收入，同时客户按照即期价格购汇，期权差额交割的收入可用于减少即期购汇成本。

四、外汇期货交易及避险实例

（一）外汇期货业务的市场现状及交易渠道

目前，国内期货交易所并没有外汇期货产品上市交易，人民币期货主要集中在离岸市场，投资者可以通过有资质的期货公司参与离岸市场的外汇期货。

从货币对来看，当前的人民币期货主要针对国际主流货币，包括美元、欧元、日元以及澳元等（见表5－4），除此之外还涉及巴西雷亚尔、印度卢比等新兴市场国家的货币，但是从交易量以及市场热度来看，仍旧以美元为主，占据绝对优势。

表5－4　　全球主要交易所人民币期货产品

上市时间	交易所	人民币期货产品
2006年8月	芝加哥商业交易所（CME）	人民币/美元 人民币/欧元 人民币/日元期货与期权
2011年8月	巴西商品期货交易所	人民币/雷亚尔外汇期货
2011年10月	芝加哥商业交易所（CME）	美元/人民币标准与电子微型期货
2012年9月	香港交易所（HKEx）	美元/离岸人民币期货
2013年2月	芝加哥商业交易所（CME）	美元/离岸人民币标准及微型期货
2013年5月	南非约翰内斯堡证券交易所（JSE）	离岸人民币/兰特期货
2014年10月	新加坡交易所（SGX）	美元/离岸人民币期货（标准合约及迷你） 在岸人民币/美元外汇期货 美元/离岸人民币弹性外汇期货 人民币/美元弹性外汇期货
2015年3月	莫斯科交易所（MOEX）	人民币/卢布期货
2015年7月	台湾期货交易所（TAIFEX）	美元/离岸人民币期货标准合约 美元/离岸人民币期货迷你合约
2015年10月	韩国证券期货交易所	离岸人民币/韩元汇率产品

续表

上市时间	交易所	人民币期货产品
2015 年 11 月	ICE 新加坡交易所	迷你离岸人民币期货合约 迷你在岸人民币期货合约
2015 年 12 月	迪拜商品与黄金交易所	美元/离岸人民币期货
2016 年 9 月	香港交易所（HKEx）	欧元/人民币（离岸）期货 日元/人民币（离岸）期货 澳元/人民币（离岸）期货 人民币（离岸）兑美元期货
2018 年 10 月	新加坡亚太交易所	离岸人民币/美元期货

目前共有 14 家交易所上市离岸市场人民币外汇期货，包含多币种、多种合约规模，产品日渐丰富，全球人民币期货市场规模也愈发扩大，尤其是 2015 年以后经历了飞速发展，年增长率基本在 100% 左右，可见市场需求量之大。其中，以新交所、港交所以及 CME 的人民币期货最为闻名，在很大程度上推动了全球人民币期货市场的发展，尤其是新交所的美元兑离岸人民币期货在市场份额上更是占据绝对优势（见图 5－16）。

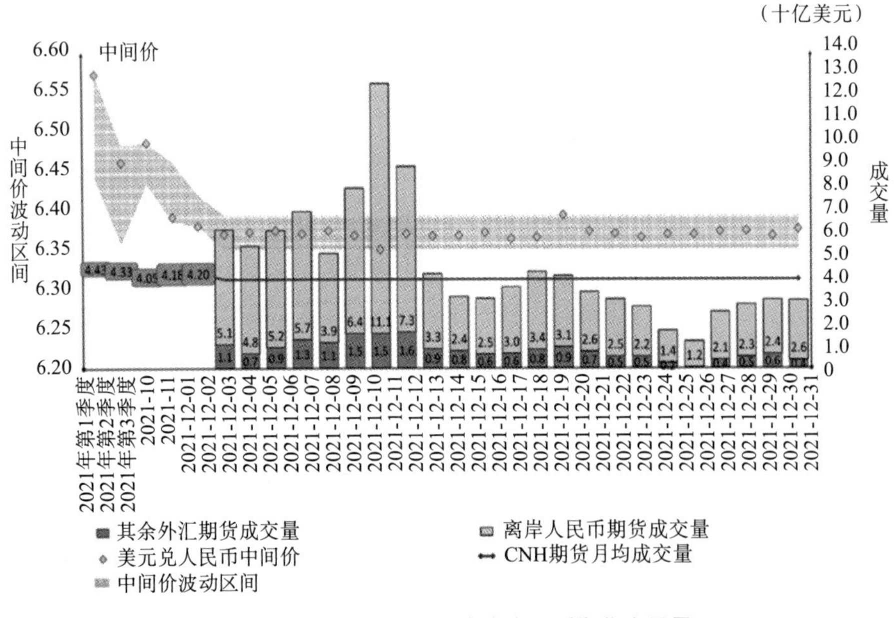

图 5－16　新交所美元兑离岸人民币期货交易量

目前交易较为活跃的美元兑人民币期货主要为新交所、港交所以及台期所的人民币期货。相对来说，这三大交易所的美元兑人民币期货各有优劣，在流动性、适合的投资者以及交易制度上也有所不同，具体区别详见表 5-5。

表 5-5　　重点美元兑人民币期货合约细则对比

<table>
<tr><th rowspan="2">项目</th><th rowspan="2">港交所</th><th rowspan="2">新交所</th><th colspan="2">台期所</th></tr>
<tr><th>美元兑人民币汇率期货</th><th>小型美元兑人民币期货</th></tr>
<tr><td>合约</td><td>美元兑人民币（香港）期货</td><td>美元/离岸人民币期货</td><td>美元兑人民币汇率期货</td><td>小型美元兑人民币期货</td></tr>
<tr><td>交易代码</td><td>CUS</td><td>UC</td><td>RHF</td><td>RTF</td></tr>
<tr><td>交易时间</td><td>8:30—18:30</td><td>7:25—17:55</td><td colspan="2">8:45—16:15</td></tr>
<tr><td>交易时间（T+1）</td><td>19:15—3:00</td><td>18:15—5:15</td><td colspan="2">无</td></tr>
<tr><td>最后交易日交易时间</td><td>8:30—11:00</td><td>7:25—11:00</td><td colspan="2">8:45—11:00</td></tr>
<tr><td>合约月份</td><td>即月、下三个历月及之后的6个季月</td><td>13个月份，及之后的8个季度月</td><td colspan="2">自交易当月起连续2个月份，另加上3月、6月、9月、12月中4个接续季月合约</td></tr>
<tr><td>合约规模</td><td colspan="3">100,000美元</td><td>20,000美元</td></tr>
<tr><td>报价单位</td><td colspan="4">每美元兑人民币（如1美元兑人民币7.0648元）</td></tr>
<tr><td>最低波动幅度</td><td colspan="4">0.0001元人民币（小数点后第4位）</td></tr>
<tr><td>每点价值</td><td colspan="3">10元人民币（中国香港）</td><td>2元人民币（中国台湾）</td></tr>
<tr><td>价格限制</td><td>无</td><td>N. A.</td><td colspan="2">采用前一个一般交易时段每日结算价±3%、±5%、±7%三阶段涨跌幅限制</td></tr>
<tr><td>最后结算日</td><td>合约月份的第三个星期三</td><td>N. A.</td><td colspan="2">最后结算日同最后交易日</td></tr>
<tr><td>最后交易日</td><td>最后结算日之前两个工作日</td><td>合约到期月份第三个周三之前的两个工作日
最后交易日结算时间：上午7:25—上午11:00</td><td colspan="2">最后交易日为各合约交割月份第三个星期三</td></tr>
</table>

续表

项目	港交所	新交所	台期所	
合约	美元兑人民币（香港）期货	美元/离岸人民币期货	美元兑人民币汇率期货	小型美元兑人民币期货
最后结算价	由香港财资市场公会在最后交易日上午 11:30 左右公布的美元兑人民币（香港）即期汇率	等于香港财资市场公会于香港时间早上 11:15 公布的即期美元/人民币（香港）固定汇率，所得结果均四舍五入至小数点后四位	香港财资市场公会在最后交易日上午 11:30 公布的美元兑人民币（香港）即期汇率	财团法人台北外汇市场发展基金会在最后交易日上午 11:15 公布台湾离岸人民币定盘汇率
结算方式	实物交收 由卖方缴付合约指定的美元金额，而买方则缴付以最后结算价计算的人民币金额	现金结算（离岸人民币）	现金交割，交易人于最后结算日根据最后结算价的差额，以净额进行人民币现金交付或收受	
适合的投资者	实物交割，尤其适合有换汇需求的产业客户和一次性交易量比较大的客户	现金结算，流动性和市场深度好，适合各类投资者	活跃度相对有限，不适合机构及企业等避险需求较大的投资者，小型合约适合资金相对不太充裕的客户	
各自优势	·离岸人民币存款规模最大，亚洲最大的离岸人民币交易中心 ·实物交割，适合需要人民币的投资者 ·交易时长覆盖欧美主要交易时段 ·大手交易系统为 50 手以上的客户提供单独报价（新交所 20 手）	·全球流动性最好，买卖价差最小，成交量及市场份额远超其他交易所 ·到期时现金交割，无须实物交割 ·交易时间覆盖亚欧美，交易时长最长	合约类型较丰富，活跃合约中小型合约灵活性较高	

（二）外汇期货操作流程及业务示例——以新交所美元兑离岸人民币期货为例

接下来我们以新交所的美元兑离岸人民币期货为例简要介绍一下外汇期货的操作流程。以国内投资者为例，想要参与离岸市场的外汇期货，首先需要在具备相应交易所会员资质的中介机构处开户。

1. 开户流程及开户资料

以境内某期货公司的新加坡子公司为例，客户参与外汇期货首先需要开户，开户流程较为简单，主要包括申请开户→填写表格→信息预览→见证签约→见证完成→完成开户。

（1）个人户开户资料。身份证明文件（身份证或护照等）、地址证明（近三个月的银行、信用卡结单，基金、保险对账单，水/电/煤气费账单/票据等），如已有非中国大陆银行账户，请提供相关银行信息。

（2）法人户开户资料。

①开立账户授权文件（例如董事会议记录）；

②董事及获授权人的身份证或护照；

③公司组织章程；

④公司注册证明书；

⑤商业登记证（如适用）；

⑥最近的股东及董事名册；

⑦最近一年的财务报表（如未能提供财务报表，请提供担保书）；

⑧最近曾与公司注册处记录的法定存档（如周年申报表）；

⑨最近六个月内由公司注册处（或类似如海外）或专业第三者认证的公司查册报告/职权证明书的认证副本；

⑩公司的拥有权及控制权结构详情（如拥有权架构表）；

⑪所有主要股东的身份证或护照；

⑫最终实益拥有人的身份证或护照（如适用）；

⑬最终实益拥有人的个人申报或存续证明的经签名验证的复印本（只

适用于海外公司)；

⑭担保书（所有个人担保人的身份证明文件或法团担保人的注册证明文件，如适用)。

2. 交易及清算流程

开户完成之后，客户就可以参与离岸市场的外汇期货交易了。交易方式是通过交易软件在电子盘下单。

(1) 关于实时行情及报价。对于境外交易所外汇期货的实时行情，投资者一般可以通过相应的中介机构的交易软件获取。

(2) 离岸市场与内盘期货品种以及不同外汇期货之间在交易方式、交易规则和交割制度等方面均存在区别，具体如交易时长、交易指令、涨跌停板以及保证金制度均可能有不同。

以新交所美元兑离岸人民币标准合约为例，其交易市场覆盖亚欧美，在我国内地和香港假期也照常交易。在交易中，外盘大部分期货品种设定大手交易机制。在新交所的美元兑离岸人民币期货交易中，议定大手交易机制是指买卖双方可以通过注册由清算所进行清算，对列出的指定期货及期权以及掉期进行场外交易，不会出现价格和执行不确定性或延迟。对客户而言，大手交易就是直接向对手方（一般是银行）询价，如果合适就直接成交清算。但新交所的美元兑人民币期货因为流动性足够好，因此一般不需要做大手交易。新交所议定的大手交易流程见图 5－17，交易登记流程见图 5－18。

3. 保证金计算与收取方法

新交所采用两级系统（维持保证金和初始保证金）对清算会员和客户的最低保证金要求进行规定。

维持保证金是 SGX－DC 要求清算会员缴纳的最低抵押存款，而初始保证金为清算会员要求其客户在开始建立交易头寸时缴纳的最低抵押存款。只有在存入保证金低于维持保证金水平时，清算会员才有义务向客户收取额外的保证金。如果出现此种情况，则将向客户发出追加保证金通知，并且保证金必须重新恢复至初始保证金水平。

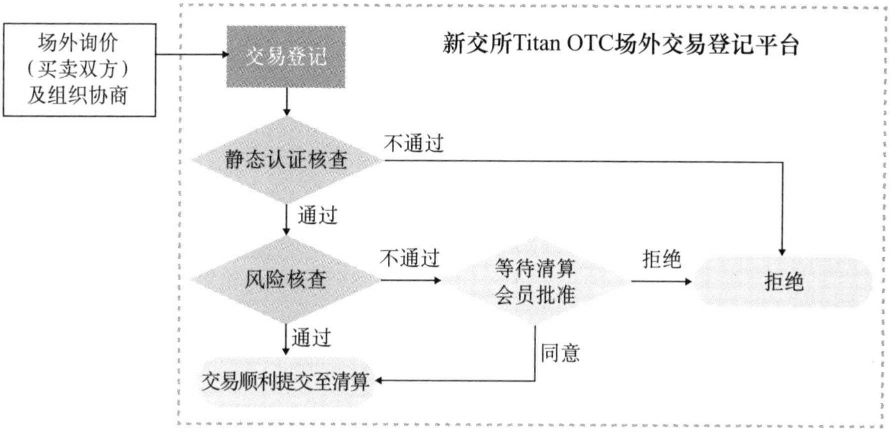

图 5－17 新交所议定大手交易流程

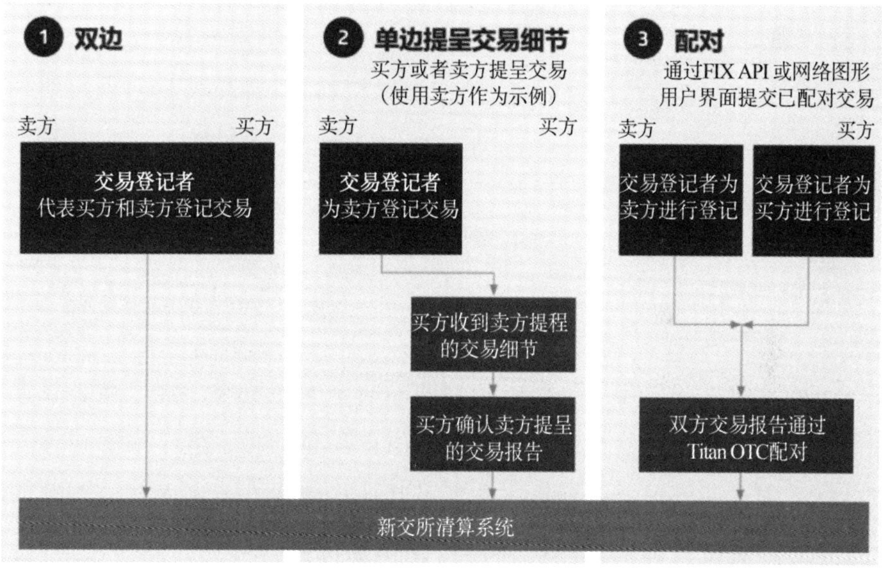

图 5－18 新交所交易登记流程

与国内期货品种不同的是，新交所美元兑离岸人民币期货初始保证金往往是某一数值，一般为合约规模的约 1.7%，具体计算方法如表 5－6 所示。

表 5－6　新交所保证金计算方法

项目	场内交易衍生品和场外商品衍生品	场外金融衍生品（利率互换与无本金交割远期外汇）
计算方法	标准投资组合风险分析（SPAN）	历史风险价值模型（VaR）
模型假设	基于未加权历史数据的单尾置信水平为99%，并受最低保证金要求的限制	
回溯周期	取最近一月、一季度、半年、一年中的最大值	过去5年（最近4年和历史上特选的一年压力测试期）
风险保证期	场内交易衍生品为一天；场外商品衍生品为一到两天不等	5天
评估频率	• 每周评估重要衍生产品保证金（日经、摩台、印度 Nifty、海峡时报指数、铁矿石、海岬型航运合约） • 所有合约每月评估保证金 • 对于市场异常波动，保证金会被即时评估	保证金参数每半年评估一次
保证金计算器	SPAN 软件	在线保证金计算器
其他保证金组件	对于实物交割合约的，收取额外的实物交割保证金	基于流动风险、信用风险、大头寸风险、外汇缺口风险等考虑的额外保证金

一般来说，客户参与离岸市场的外汇期货因为要缴纳保证金，且无法授信使很多企业不愿参与期货市场，但值得注意的是，近年来客户参与期货进行汇率套期保值的流动性成本以及其他劣势也在逐渐弱化。新交所有保证金冲销制度，即除了同产品内跨期初始保证金冲销，新交所美元/离岸人民币期货与其他相互关联的新交所股指衍生产品（如新交所富时中国A50指数期货、新交所MSCI中国自由净总收益指数期货）及大宗商品衍生产品也可享有跨产品保证金冲销，从而大幅降低资金占用成本。

4. 新交所美元兑离岸人民币期货避险示例

【例5－14】某公司为一家棕榈油进口企业，和贸易伙伴约定3个月后交付贸易货款1,000万美元，目前持有人民币，如果未来一段时间内人民币兑美元出现贬值，则该笔贸易的实际成本将会上升。那么，应该如何对冲汇率波动风险呢?

策略：可考虑通过新交所的美元兑人民币期货进行套保，该产品的几项重要参数为：(1) 合约大小：10 万美元/手；(2) 合约保证金：12,100 离岸人民币元/手（保证金变化)；(3) 交易成本：5 美元/手。

由于3个月后需要支付美元，此时进行汇率套保需要买入美元兑人民币期货，买入数量为100手。当美元升值时，客户持有的期货合约将获得利润，此部分利润可以弥补3个月后实际换汇时额外支付的人民币金额；而当美元贬值时，客户持有的期货合约虽然将亏损，但是此部分亏损将由3个月后实际换汇时减少支付的人民币金额弥补（见表5-7)。

表5-7

日期	2019年12月3日	2020年3月2日
汇率	7.0680	6.9623
购买1,000万美元需要支付人民币的金额	7,068万元人民币	6,962.3万元人民币
如果未进行外汇风险管理	企业可以少支付105.7万元人民币（现货端盈利）	
如果签订协议当天立即通过期货对冲汇率风险	开仓保证金 12,100×100=121万元人民币 期货端将亏损105.7万元人民币（期货端亏损，可能需要追加保证金） 成本为交易手续费5×100×2=1,000美元	

第三节 金融衍生工具对比

上述金融衍生工具在适用性、优缺点以及对企业的要求上各有优劣，具体区别见表5-8。

表 5－8　　外汇金融衍生工具的比较

工具	细分项	适用企业	优缺点	有无主观判断
远期		保守型或对避险市场初步了解尝试的企业； 进出口企业； 有外汇负债企业； 有外汇投资收入的企业	优势：方便快捷，锁定当期成本，交易对手信用高，套保期限可灵活定制； 劣势：流动性差，需缴纳保证金（银行可授信），期限固定提前结束合约会有惩罚，交易不便捷等	有风险管理，保值为主； 基本无主观判断
期货		同上	优势：买卖价差小，流动性强，灵活； 劣势：需缴纳保证金（无法授信），可能要进行移仓换月操作及额外成本	有风险管理，保值为主，基本无主观判断； 当采用其他策略时，须有主观判断
掉期	外汇掉期	既有进口业务也有出口业务，且收付款有时间差	优势：全部锁定未来汇率，结构简单； 劣势：需缴纳保证金（银行可授信）、交易不灵活（有固定期限）、场外交易流动性差	有风险管理，保值为主； 基本无主观判断
	货币掉期	适合有外币投融资业务的企业	优势：有效调拨资金，成本低； 劣势：场外交易流动性差	有风险管理，既保值也增值； 基本无主观判断
期权	买期权	对汇率波动有一定判断的企业； 进出口企业； 有外币投融资的企业	优势：风险有限，收益无限，买权不需要追加保证金； 劣势：流动性一般，部分期权费成本较高，需对汇率走势有一定研判能力	有风险管理，保值为主； 有主观判断
	卖期权		优势：得到期权费收入； 劣势：收益有限，风险无限，企业需要缴纳保证金，也需对汇率走势有一定研判能力	有风险管理，可增值； 可在锁定风险的同时保留盈利可能； 有主观判断

续表

工具	细分项	适用企业	优缺点	有无主观判断
组合类产品	价差期权	对汇率波动有一定判断的企业； 进出口企业； 有外币投融资的企业	优势：可以灵活满足各类企业的避险需求； 劣势：部分期权组合结构复杂，专业性强，企业需对汇率走势有一定研判能力	有风险管理，保值为主； 有主观判断
	备兑期权			

第六章　企业外汇风险管理流程

要想管理企业的外汇风险，我们首先需要整合企业的业务情况、财务数据和金融衍生品信息，然后识别出外汇风险的敞口结构，并结合汇率计算出具体的风险值。根据宏观和外汇市场环境，我们可以通过一定的避险规则来得到当前应该进行的避险操作。我们也可以通过情景模拟或压力测试来调整或制定具体的管理方案。企业对于外汇风险的管理，可以分为10个环节，分别是建立规章制度、分析财务数据、识别汇率敞口、研判外汇市场、计算风险数值、制定避险决策、执行交易方案、制作会计报表、流程评估和贯穿整个流程的审核监控（见图6－1）。

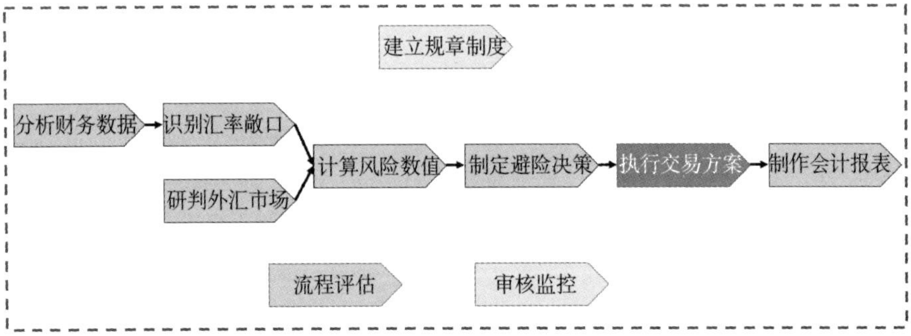

图6－1　企业外汇风险管理的环节

第一节 规章制度

企业需要从上而下地建立一套适合自身企业文化、发展战略、产业链位置、业务类型、财务状况和信息技术水平的外汇风险管理制度，从而更好地管理外汇风险。一套合适的规章制度，不仅能为企业外贸业务的开展和外汇避险决策的制定提供有力的指导，还能作为部门员工绩效考核和工作责任追踪的参考，有效提高运作效率。

企业外汇风险管理制度至少需要包含两个内容：一是偏向交易业务的说明，二是管理制度的规定。交易业务类说明的主要内容，应该包括货币兑换的方式、参考的会计准则、外汇交易的类型、外汇衍生品的风险及针对风险的控制措施等。管理制度类的规定，则应详细说明外汇交易原则、策略操作、审批管理、控制流程、风险报告、紧急处理、监控方式、考核评价、信息隔离与披露等内容。随着外部环境的改变和业务内容的调整，企业也要不断调整和完善自身的外汇风险管理制度。

第二节 财务数据

对于企业而言，外汇风险主要是指由汇率波动导致的外币资产或现金流以人民币计量的价值发生变动。这个风险是建立在企业的外汇资产池之上的，如果企业没有任何外汇现金流和外币资产，那么汇率的波动也不会对企业的资产和利润产生任何影响。管理外汇风险，需要通过业务调整、交易对冲等方式来管理企业的财务状况，进而做到规避、减轻、转移外汇风险，而不只是简单地判断汇率走势和决定结售汇时间点。

出口企业可能期待本币贬值，这样，收到相同的外币就能够兑换成更多单位的本币。而对于进口企业而言，本币贬值会造成要用更多的本币去兑换一定数量的外币资产，所以会更希望汇率能够升值。外贸体量越大的企业，受汇率波动影响的资产或现金流的绝对金额就越大。汇率变化对不同财务类型及特点的企业的影响方向和影响程度都是不同的。要想准确了解企业面临的外汇风险水平，就必须先对外贸相关的业务数据和财务信息进行梳理。

这些数据可以分为两类，一类是和企业自身外贸有关的财务数据，如应收账款、应付账款及其水单、外币的库存现金等，另一类是为了管理外汇风险而承做的金融工具或交易操作，如远期、掉期、期货、期权、即期结售汇、外币贷款等（见图6－2）。

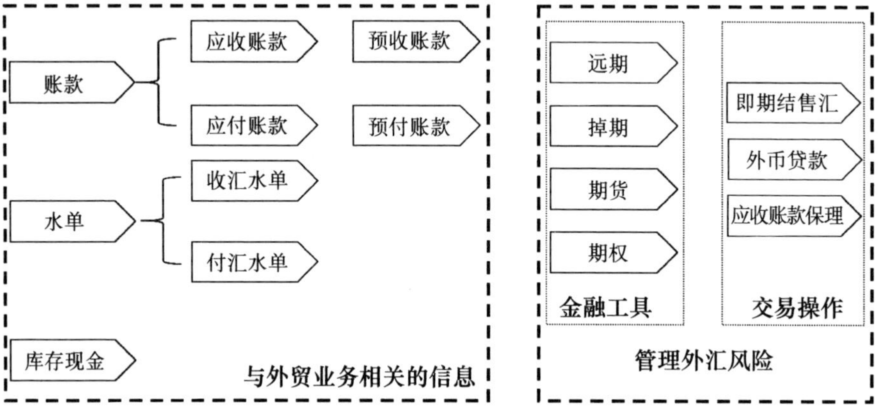

图6－2 管理企业外汇风险需要的数据信息

一、外贸业务

进出口公司开展外贸业务，涉及的财务流程和内容非常多。企业要进行外汇风险管理，至少需要收集并整理三种数据：确定未来能够收到资金或将来需要支付外币资金的账款；实际收到或支付外币金额的回执信息；企业当前的外币现金情况。只有及时、准确、客观、合理地记录这些信息，企业才有可能对当前的外汇财务状况和风险水平有真实精确的了解和认识。

一些大型外贸企业可能还会持有可用于国际结算的债权，如外国政府发行的债券、外国公司的股票或商业票据等。这些用外币来标注价值的债权也是企业外汇资产的重要组成部分，必须进行记录、监控和管理。由于外国股票、债券和票据的类型多样化，企业在管理的时候需要紧紧抓住三个要点：时间、金额和关系。这三点是所有外贸业务数据中最重要的要素，即企业在什么时间点，能够收入多少资金或需要支付多少资金，享有什么权利或必须履行什么义务。

（一）账款

账款，是指企业和其他会计主体之间资金来往的账目和现款。外贸企业中和主营业务相关的账款通常可以用责任主体、账款日期、货物日期、确认日期、发票编号、外币币种、名义金额、收支类型、净收/付汇金额、剩余金额这 10 种要素来表达。

责任主体：该笔账款的责任会计主体。

账款日期：企业预计收到资金或支付资金的日期。对于出口企业来说，现在确定的账款日期很可能是根据确切的出口日期再加上预估的账期得到的，这个日期并不一定就是实际上确认收款的日期。账款也可能存在多个资金来往的收支日期，最需要关注的是最后一笔收款/付款的日期。

货物日期：企业确认货物出口/进口或服务发生的日期。这个日期也有可能是相关货物或服务发票上的日期。

确认日期：确认这笔账款信息有效的日期。它通常是该笔账款信息第一次写入数据库或记载下来的日期，后续不会再变更。

发票编号：企业内部该笔账款的流水编号或发票编号。

外币币种：这笔账款资金涉及的币种，通常指外贸业务中除人民币以外的币种。

名义金额：不考虑关税、手续费等因素的账款金额。对于出口企业，实际上收到的金额很可能要小于名义金额。相反，进口企业实际上支付的金额有可能要高于名义金额。

收支类型：这笔账款是企业需要支付资金给对方，还是企业能够收到对方的资金。

净收/付汇金额：企业当前已收到或已支付的账款金额。这个要素的数值会随着时间的推移而变化。一开始该值可能为零，表示当前企业并没有支付/收到任何资金，过了一段时间，这个值可能会发生变化，表示企业此时已经支付/收到部分或全部的账款资金。最终，这个要素的数值可能和名义金额的数值不相等，可能是受手续费等因素的影响，还可能是因为这笔账款逾期或计提了坏账。

剩余金额：企业还需要支付或还能够收到的账款金额。如果净收/付汇金额大于名义金额，那么剩余金额就等于零，否则剩余金额就等于名义金额减去净收/付汇金额。剩余金额也是一个动态的要素，会随着账款状态的改变而调整。

有时候在敲定货物的出口日期时，我们暂时还不能和对方确定具体的收款日期。又或者，我们实际上已经接受了某项服务，但是还未同对方约定具体的付款日期。这些情况下，我们只能确定账款日期和货物日期中的一个，而暂时无法确定另一个时间点的确切日期。还有一点需要注意的是，确认日期不会晚于账款日期或货物日期。因为在确认账款和货物的具体发生日期时，我们实际上就是在确认账款的相关信息。

外汇账款信息中既包含了不变的要素，也存在可变的要素：主体、编号、确认日期、名义金额、币种和收支类型，在确认后基本不会再变更；账款日期和货物日期在一开始可能只能知其一，未知的另一个需要等确认后才能记录；净收/付汇金额和剩余金额会随着时间的推移和账款状态的变化而改变。账款逾期，则不修改净收/付汇金额和剩余账款，除非发生了新的支付或收款行为。如果确认某笔账款坏账，那么可以将剩余账款修改为零，表示此笔账款后续不会再有资金的流入或流出，此时剩余账款和净收/付汇金额的和不再等于名义金额。

根据收付款日期和商品或服务进出口日期的早晚，以及资金流动的方向，可以将账款分为应收账款、应付账款、预收账款、预付账款这四大类。

应收账款：收款时间晚于商品或服务的进出口日期或发票日期。

应付账款：付款时间晚于商品或服务的进出口日期或发票日期。

预收账款：收款时间早于商品或服务的进出口日期或发票日期。

预付账款：付款时间早于商品或服务的进出口日期或发票日期。

【例 6－1】 表 6－1 是某企业在 2021 年 12 月 6 日的账款信息表格：第一行，账款日期 2021 年 12 月 4 日，早于货物日期 2021 年 12 月 8 日，收支类型为收款，说明编号为“USD1111222334short001”的美元账款是一笔预收账款。该账款在 2021 年 12 月 4 日理应先收到 10 万美元，但实际上直到 2021 年 12 月 6 日还有 2 万美元未收到。该笔账款的头寸为业务部门 A，产品的发货日期为 2021 年 12 月 8 日。确认这笔预收账款的日期为 2021 年 12 月 4 日。

表 6－1　　某企业 2021 年 12 月 6 日账款信息

主体	账款日	货物日	确认日	编号	币种	收支类型	名义金额（万美元）	净金额（万美元）	剩余金额（万美元）
业务团队 A	2021 年 12 月 4 日	2021 年 12 月 8 日	2021 年 12 月 4 日	USD1111222334short001	美元	收款	10	8	2
业务团队 B	2021 年 12 月 4 日	2021 年 10 月 27 日	2021 年 10 月 27 日	USD1111222334short004	美元	收款	8.5	8.5	0

续表

主体	账款日	货物日	确认日	编号	币种	收支类型	名义金额（万美元）	净金额（万美元）	剩余金额（万美元）
业务团队 A	2021 年 12 月 6 日		2021 年 12 月 5 日	USD1111222334short002	美元	收款	10	10	0
业务团队 A	2021 年 12 月 7 日		2021 年 12 月 6 日	USD1111222334short003	美元	收款	12	0	12
业务团队 C	2021 年 12 月 3 日	2021 年 8 月 8 日	2021 年 8 月 8 日	EUR1ac2long78	欧元	付款	9	8	1
业务团队 C	2021 年 12 月 7 日	2022 年 4 月 5 日	2021 年 12 月 6 日	EUR1ac2long221	欧元	付款	1.5	1.5	0
业务团队 C		2021 年 11 月 26 日	2021 年 11 月 26 日	JPY1ac2long02	日元	付款	70	0	70

第二行，账款日期 2021 年 12 月 4 日，早于当日 2021 年 12 月 6 日，但账款日期要晚于货物日期 2021 年 10 月 27 日，收支类型为收款，说明编号为“USD1111222334short004”的美元账款是一笔应收账款。剩余金额为零，说明 2021 年 12 月 6 日，企业收到这笔已经发生了的应收账款的全部 8.5 万美元。确认这笔应收账款的日期为 2021 年 10 月 27 日。

第三行，根据收支类型可知这是一笔收款。货物日期为空值，说明发货日还不确定，因此这是一笔预收账款。剩余金额为零说明这笔预收账款全部金额已经到账。确认这笔账款的日期为 2021 年 12 月 5 日。

第四行，同第三行一样是一笔预收账款。剩余金额为 12 万美元，说明这笔预收账款还有 12 万美元未到账。确认这笔预收账款的日期为 2021 年 12 月 6 日。

第五行，该账款是一笔付款。账款日期 2021 年 12 月 3 日，晚于货物日期 2021 年 8 月 8 日，但账款日期要早于当前日期 2021 年 12 月 6 日，说明这是一笔已经发生了的应付账款。因为剩余金额不为零，说明企业在这笔账款中有 1 万欧元还未支付。确认这笔应付账款的日期为 2021 年 8 月 8 日。

第六行，账款日期 2021 年 12 月 7 日，早于货物日期 2022 年 4 月 5 日，且收支类型为付款，说明这是一笔预付账款。由于剩余金额为零，说明这笔理应在明日付款的账款已经提前全部支付。确认这笔预付账款的日期为 2021 年 12 月 6 日。

第七行，账款日期为空值且收支类型为付款，付款日期未定但是已经收到了货物，说明这是一笔日元应付账款。剩余 70 万日元还未支付。确认这笔应付账款的日期为 2021 年 11 月 26 日。

应收账款和应付账款是企业外汇风险管理中最重要的两个账款类型，因为它们确定了未来会收到或支出一笔资金。汇率波动可能造成未来收到外币资金后兑换成的人民币资产要比现在少，或者未来支付外币资金时要支付比现在更多的人民币去购汇。另外，应收账款属于企业的一项债权，存在坏账的可能性。

至于预付账款和预收账款，它们是已经发生的账款，此时企业的资产结构已经确切地发生了改变。这两种账款后续还未确定的是货物/服务的相关日期，与资金的未来变动无关。因此，预付账款和预收账款对企业的外汇风险管理没有什么影响。

除以上要素之外，企业的外汇账款可能还有一些其他和外汇风险管理有关的特征，比如说预期汇率心理点位。预期汇率心理点位，是指业务员在确认一笔外汇业务的账款时，对未来账款日期时的汇率估计，可以用来判断当前汇率水平和确定锁汇点位。

（二）水单

水单是指企业实际发生资金变动的回执信息。水单可以用日期、金额、币别和编号这4种要素来表示。

日期：收到外币资金或支付外币资金的实际日期。

金额：外币资金的变动。收到资金用正值表示，支付资金用负值表示。

币别：资金的币种。通常不需要记录人民币资金的变动。

编号：资金变动的流程号。

仅从企业管理外汇风险的角度出发，水单的信息主要是用来计算每日企业真实资金的变动情况，不需要划分资金具体收支的结构，因此很多时候可以忽略水单的编号要素。但通过编号要素，水单中的金额要素可以同账款中的净收/付汇金额要素相互对应，是对账款信息的延伸和补充。

【例6-2】 表6-2是某企业在2021年12月3日到2021年12月6日的水单信息表格，这个表格与上面“账款”小节中的账款信息表格相呼应：第一行的金额为负数，表示该企业在2021年12月3日有一笔价值8万欧元的资金流出。这笔水单同上面账款表格中编号为“EUR1ac2short78”的预付账款相对应：水单中“-8万”的金额，同账款中“8万”的净金额以及“付款”的收支类型，都表示企业有8万欧元的资金流出。第二行到第四行的水单信息，都表示美元资金的流入，分别对应编号为“USD1111222334long001”“USD1111222334long004”和“USD1111222334long002”的账款。

表6-2　某企业2021年12月3日—2021年12月6日水单信息

日期	金额	币别
2021年12月3日	-8万	欧元
2021年12月4日	8万	美元
2021年12月4日	8.5万	美元
2021年12月6日	10万	美元

水单只能在资金发生实际变动后才能敲定，因此在确认之后基本不会再修改。在水单生成之后，账款中相应的净收/付汇金额和剩余金额也需要调整。从这点来说，在不同的时间点来看账款，它的信息可能是不同的。可能今天有一笔应收账款还显示有 1 万美元的剩余金额，如果明天收到了 1 万美元，那么明后天去看这笔账款时，它的剩余金额就可能变成了零。相反，水单信息不会随着时间推移而发生改变。在任何时间点去看某条水单记录，它的信息都是相同不变的。

（三）货币资金

货币资金主要分为银行存款和没有存入银行的库存现金。我们可以把企业本身也当作一个银行，这样就可以用银行存款的形式去展现企业的货币资金结构。外汇货币资金可以用日期、金额、币别和机构这 4 个要素来展示。

日期：计量货币资金的日期。

金额：货币资金的数额。如果是负值，则表示负债。

币别：资金的币种。通常不需要记录人民币资金。

机构：存放货币资金的主体。

货币资金是记录当时企业真实的外汇资金情况，它同水单一样不会随着时间推移而发生改变，是可以追溯的。在下文中，“库存现金”或“银行存款”如果不做特殊说明，就是指企业的货币资金。

【例 6-3】 表 6-3 是某企业 2021 年 12 月 6 日的外汇货币资金信息。每一行都展示了这天企业在不同机构的外币存款金额。其中，表格内容的第三行的“机构”是该企业，说明 2021 年 12 月 6 日这天，企业没有存入银行的库存现金有 10 万美元。

表 6-3　　某企业 2021 年 12 月 6 日货币信息

日期	金额	币别	机构
2021 年 12 月 6 日	150, 000	美元	中国银行
2021 年 12 月 6 日	2, 000, 000	美元	工商银行
2021 年 12 月 6 日	100, 000	美元	某企业

续表

日期	金额	币别	机构
2021 年 12 月 6 日	300,000	欧元	建设银行
2021 年 12 月 6 日	4,000,000	日元	中国银行

企业通常都会持有一定数量的货币来维持正常的经营活动，也需要这些高流动性的资金来应对意外事件。但是，持有外币现金会产生汇兑成本、机会成本、管理成本等，而外币资金短缺时又会产生短缺成本，比如造成企业停产、违约、补偿等负面影响。

汇兑成本：因为汇率波动导致外汇资产缩水或换汇成本增加。

机会成本：外汇资金拿去投资可能会取得收益，持有这些外汇资金则丧失了获得收益的机会。

管理成本：管理外币资金和保障货币安全所需的人力、技术和财务成本。

二、交易操作

企业在进行外汇风险管理过程中，通常会选择使用金融工具来降低汇率波动对企业的影响，如远期、掉期、期货和期权等。除此之外，即期结售汇、贷款和保理这 3 种交易行为也和企业的货币汇兑或外汇资金变动有关。此外，福费廷、出口再议付等也是企业用来规避外汇风险的手段，因使用较少，此处不再详细展开。

（一）即期

即期结售汇，是指企业在国家政策允许的条件下，根据商业银行实时即期牌价进行的外汇与人民币资金兑换的业务。即期结售汇中的“即期”，表示结售汇的价格是实时的，牌价会随着当前汇率的变化而调整。即期结售汇可以方便地将外汇资产兑换成本币资金或用本币资产去换成外汇资金，非常适合小额资金的快速货币转换，是企业进行货币汇兑中最常见的一种交易形式。

即期结售汇的最大优点在于企业可以非常简便快捷地进行货币兑换，交易对手是商业银行，交易流程和理念很容易理解。有结售汇需求的外贸企业可以很容易地开办即期结售汇业务。但是，其缺点在于，即期结售汇的牌价和汇率的价差较大，且即期结售汇无法防范未来汇率波动带来的风险。

即期结售汇分为即期结汇和即期售汇。即期结汇是企业将外币资金卖给商业银行并得到本币资金，此时对于银行来说就是买企业的外汇，兑换牌价就是“买价”；即期售汇也称为即期购汇，是企业用本币资金从商业银行买到外币资金，此时对于银行来说就是卖给企业外汇，兑换牌价就是“卖价”。银行买卖牌价也分现汇价和现钞价。现汇是外汇存款等可以在线上流通划账的凭证，而现钞指具体的实体钞票，现汇在持有和流通、转移上比现钞更加便捷，因此银行牌价中现汇价的价格要比现钞价有优势。

【例6－4】 以2021年12月8日上午10点30分中国银行的外汇牌价和中国外汇交易中心的询价报价行情为例（见表6－4），买价总是低于卖价，并且：

现钞卖出价≥现汇卖出价≥卖报价≥买报价≥现汇买入价≥现钞买入价

表6－4　　银行间外汇市场和银行结售汇市场的报价

2021年12月8日 10:30:00（上午）		中国银行				中国外汇交易中心	
货币	货币对	现汇买入价	现钞买入价	现汇卖出价	现钞卖出价	买报价	卖报价
美元	USD/CNY	6.3455	6.2939	6.3724	6.4015	6.3582	6.3583
欧元	EUR/CNY	7.149	6.9268	7.2017	7.2249	7.1764	7.1768
日元	100JPY/CNY	5.5809	5.4075	5.622	5.6307	5.6000	5.6003
港币	HKD/CNY	0.8136	0.8071	0.8168	0.8198	0.8153	0.8155

一般情况下，现汇买入价和现钞买入价之间的价差要远大于现汇卖出价和现钞卖出价之间的价差。比较汇率点位和现汇报价之间的价差，美元

通常在100BP到300BP之间，欧元在200BP到400BP之间，港元在10BP到30BP之间，日元在1BP到4BP之间。其中，BP又称为基点，是用来衡量汇率、利率等金融指标改变量的单位，1个BP等于0.01%，1万个BP等于1。

即期结售汇的交易信息通常可以用责任主体、日期、交易类型、编号、对手方、金额、币种、货币兑换方向和兑换点位这9个要素来表示。

责任主体：该笔交易操作的会计主体，或该笔交易行为的目标对象。比如说这笔交易是为了对冲A部门的外汇风险头寸，并由B部门进行交易操作。如果想记录交易行为的目的对象，则可以认定这笔交易的责任主体是A部门；如果想记录交易行为的操作主体，则可以认定这笔交易的责任主体是B部门。如果需要记录两者信息，则可以细分为操作主体和目标对象两个要素。

日期：交易发生的日期。即期结售汇的交易大部分情况下都在一天内完成，少数情况会在下一个工作日或两个工作日后完成交割。即期结售汇的交易期限最多不会超过2天，如果3个工作日后还不能完成交割，那么这个交易就应该称为“远期结售汇”。如果是提前确定未来某日需要发生即期结售汇的交易行为，则可以另外增加一个确认该笔交易发生的日期。这样就可以把这两个不同的日期分别记录下来。

交易类型：交易的性质。即期结售汇可以认定为现金类型的货币兑换行为。

编号：该笔交易在企业内的流程编号或发票号。

对手方：交易对手。即期结售汇的交易对手方为商业银行。

币种：交易的外币币种。即期结售汇通常只涉及外币和人民币，因此不用特意注明人民币。如果交易涉及两个外币，则需要按照用A货币来兑换B货币的“AB”顺序来排列币种。

金额：交易的外币货币金额。外汇风险管理只关注外币的资金流动情况，因此，在绝大部分只涉及外币和人民币的即期结售汇中，只需要记录外币的兑换金额。如果交易涉及两个外币，则表示第一个货币币种A的金额。

点位：交易的货币兑换汇率。大部分汇率都采用直接报价法，但是另外一些汇率在市场上是间接报价法。直接报价法和间接报价法在汇率数值上互为倒数。为了防止不同报价法可能导致的差异，在记录点位时可以都采用以人民币作为本币来计算一单位外国货币所对应的本币数量的直接标价法。如果是“AB”类型的两个外币交易，则可以把货币B作为本币来定义这个点位数值。

方向：货币兑换的方向。即期结售汇分为结汇和售汇/购汇两种。

【例6-5】 表6-5是某企业2021年11月的即期结售汇交易信息。表头下面的第一行表示2021年11月1日A部门在建设银行以6.3800的价格即期结汇了10万美元，这笔交易在企业内部的编号为“DePA20211101CASHUSDshort001”。可以推算出企业当日支出了10万美元，并通过货币兑换从银行获取到63.8万元人民币（以10万美元从银行兑换了63.8万元人民币）。

表6-5　某企业2021年11月即期结售汇信息

主体	日期	类型	编号	对手	金额	币种	点位	方向
A部门	2021年11月1日	现金	DePA20211101CASHUSDshort001	建设银行	100,000	USD	6.3800	结汇
A部门	2021年11月30日	现金	DePA20211130CASHUSDlong001	中国银行	20,000	USD	6.3900	售汇
C部门	2021年11月10日	现金	DePC20211115CASHEURshort001	建设银行	750,000	EUR	7.4000	结汇
C部门	2021年11月10日	现金	DePC20211115CASHEURUSD001	工商银行	150,000	EURUSD	1.1500	
B部门	2021年11月21日	现金	DePB20211121CASHRUBshort001	中国银行	7,000,000	RUB	0.0905	结汇

第二行，A 部门在 2021 年 11 月 30 日同中国银行进行了一笔 2 万美元的即期售汇交易。

第三行是 C 部门在建设银行的欧元即期结汇行为。

第四行中的“方向”要素是空的，并且“币种”要素中有两个外币币种的简写，可知这是一笔用外币兑换外币的交易。“EURUSD”，表示 C 部门用 15 万欧元以 1.1500 的兑换比例，从工商银行换到了 17.25 万美元。

第五行是一笔俄罗斯卢布结汇交易。市场上通常用间接报价法来表示俄罗斯卢布汇率，如 2021 年 11 月 12 日的 CNY/RUB 为 11.2114。但为了防止产生歧义，“点位”要素中的数值都以直接报价法为准，因此可以看到 2021 年 11 月 21 日 B 部门在中国银行把 700 万俄罗斯卢布以 0.0905 的比例兑换成了 63.35 万元人民币。

（二）远期

远期是企业管理外汇风险最常用的一种金融工具，远期结售汇也是当前中国境内最常见的一种外汇避险方式。

同即期结售汇一样，远期结售汇的交易对手也是商业银行，想要办理远期结售汇业务的企业需要向银行提供能够证明自己结售汇需求以及业务背景的书面材料，并且外汇资金的来源和使用要符合中国外汇的相关管理规定。满足实需原则的企业不仅可以自主确定远期合约的交割货币和金额大小，还能同银行商讨具体的交割日期和锁汇价格。但这也暴露了远期结售汇业务的一个缺点，那就是远期作为一个非标准化的合约，它的价格形成机制是不透明的。在远期交割货币的金额、币种、锁汇期限等条件相同的情况下，不同银行给同一家企业的锁汇报价可能存在一定的差异，并且在保证金授信等方面也存在不同。除此之外，远期结售汇业务虽然能够起到保值作用，但是在某些情况下还是会增加企业的财务费用。

【例 6－6】 当前美元兑人民币汇率为 6.5000，此时企业同银行承做了一笔 100 万美元的远期合约，约定 3 个月后企业能以 6.5000 的锁汇价格将这些美元卖给银行。3 个月后，美元兑人民币汇率贬值到 6.7000，此时

100 万美元价值约 670 万元人民币，但企业在完成美元远期交割后只能收到 650 万元人民币。这种情况下，企业承担了因事先锁定美元汇率所带来的汇兑成本，相当于增加了 20 万元人民币的财务费用。相反，如果 3 个月后美元兑人民币汇率升值到 6.3000，此时 100 万美元的价值仅仅约为 630 万元人民币，但企业能够按照美元远期交割得到 650 万元人民币。这种情况下，企业享受了提前锁定美元汇率所带来的好处，相当于减少了 20 万元人民币的财务费用。

远期中也存在只交割汇率差额的无本金交割方式。这种远期合约减少了货币兑换的绝对金额，不适用于那些希望以远期交割来实现大规模货币兑换行为的企业，但同样可以起到锁定汇率、规避汇率风险的目的。

外汇远期的交易信息通常可以用责任主体[①]、交易类型、确认日期、生效日期、到期日期、编号、对手方、金额、货币兑换、兑换点位、保证金、费用这 12 个要素来表示。

交易类型：远期的类型，一般为普通远期和择期远期。普通远期是指交割日等于合约到期日的合约，交割完成后合约立即失效。而择期远期是指在一段指定的日期内，企业可以主动选择部分资金进行交割，在最后可交割时间点之前完成全部资金的交割。

确认日期：确认这笔外汇远期信息的日期，通常为企业承做远期合约之后，相关人员记录这笔远期合约信息要素的时间。

生效日期：远期合约的生效日期。如果是普通远期，那么这个生效日期就等于确认日期，也就是说，在确认远期有效的那一刻起合约就生效了。如果是择期远期，那么这个生效日期用来代表远期合约的可交割起始日期，此时，这个生效日期就不再是字面意义上该合约的生效日期了。无论是择期远期还是普通远期，合约生效日都是远期的确认日期。

到期日期：远期合约的到期日期。如果是普通远期，那么这个到期日期就等于合约的交割日期，交割完成后合约立即失效。如果是择期远期，

---

① 前文已介绍过责任主体，此处不再赘述。

那么这个生效日期用来代表远期合约的可交割截止日期。无论是择期远期还是普通远期，交割的最后截止时间通常就是远期的到期日期。如果远期的失效日期不等于交割的最后截止日期，则可以再细分为“合约到期日”和“交割截止日”这两个不同的要素。

货币兑换：外汇远期的货币兑换。用 A 货币来兑换 B 货币的“AB”顺序来排列币种，比如，某远期约定了未来把固定数量的美元兑换成固定资产的人民币，就可以用“USDCNY”来表示货币兑换的方向。如果两种货币都不涉及人民币，那么这种交易行为不再是传统意义上的“远期结售汇”业务，而应该算作“远期外汇买卖”业务。

点位：外汇远期约定的货币兑换汇率。将“AB”货币兑换中的 A 货币作为外币，B 货币作为本币，采用计算一个单位 A 货币所对应的 B 货币数量的直接标价法。

金额：外汇远期的货币金额。这里的金额表示“AB”货币兑换中的 A 货币数量。能够兑换到的 B 货币数量，可以用这里的金额乘上点位得到。

保证金：承做远期合约所需的保证金。一般来说，由于银行的授信，企业可以不用缴纳或只需缴纳部分保证金。

费用：远期合约从签约生效至到期失效所需的全部费用。

远期合约的责任主体、交易类型、关键时间点、编号、对手方、货币兑换方向和金额数量要素在确认这笔合约信息有效之后，基本不会再有变动。但随着时间推移，银行可能根据外汇市场变化而要求企业追加保证金，这时候就需要调整远期合约信息中的保证金要素，此时企业可能也需要增加相应的资金调配成本或其余费用，因此也要增加费用要素中的金额。这样来看，远期合约同应收账款一样可能会随着时间的推移及合约状态的变更而发生信息要素的调整。而即期结售汇的交易行为在确认之后基本就不会再变更要素了。

择期类型的远期合约，可以用多笔相同合约编号，但到期日和金额不同的信息来表示多次交割的交易记录。不同的到期日和金额，分别表示不同日期交割的不同金额。而普通远期因为只发生一次交割，所以只需要用一行信息来记录交易行为即可。

【例6－7】 表6－6是某企业2020年11月的外汇远期信息。这家企业的外汇资产由财务部统一管理，因此不划分每笔远期结售汇的锁汇对象。企业只在当地一家银行进行外汇汇兑操作，承做远期时有银行授信，无须缴纳保证金，并且从签订远期到合约结束都没有产生额外的费用。

表头下面的第一行，企业在2020年11月3日确认了一笔编号为“Forward20201103USDCNY001”的美元兑人民币远期合约。这笔远期的对手方为某银行，有效期为2020年11月4日至2020年12月1日，货币金额为10万美元，锁汇点位为6.3850。

第二行，企业在2020年11月18日承做了一笔长约半年、锁汇点位为7.3000的人民币兑欧元远期合约。合约规定，在2021年的4月1日，企业能用146万元人民币从某银行按约定换到20万欧元。这里的锁汇比例是1单位人民币能够兑换0.137单位的欧元，用欧元兑人民币汇率来表示的话就是7.3000。

第三行，企业在2020年11月18日确认了一笔价值30万美元的美元兑人民币远期合约。该笔远期合约的有效期从2020年11月18日起直到2021年的4月1日，企业可在2021年的3月1日至4月1日之间同某银行进行多次美元交割，交割的总金额为30万美元。

表6－6　　　　某企业2020年11月外汇远期信息

类型	确认日期	生效日期	到期日期	编号	对手方	货币对	金额	点位
远期	2020年11月3日	2020年11月4日	2020年12月1日	Forward20201103USDCNY001	某银行	USDCNY	100,000	6.3850
远期	2020年11月18日	2020年11月18日	2021年4月1日	Forward20201118CNYEUR001	某银行	CNYEUR	1,460,000	0.137
择期远期	2020年11月18日	2021年3月1日	2021年4月1日	ForwardEle20201118USDCNY001	某银行	USDCNY	300,000	6.415

等到2021年4月份，这三个外汇远期合约的信息状态如表6－7所示。可以看出，编号为“Forward20201103USDCNY001”和“Forward 20201118 CNYEUR001”的普通远期合约没有改变任何合约要素，而编号为“ForwardEle20201118USDCNY001”的择期远期合约则从一行信息变成了三行信息。表头下面的第三行到第五行都是择期远期的合约信息，不同的要素只是“到期日期”和“金额”。从这三行中可以得知，企业分别在2021年的3月1日、3月15日和4月1日，进行了5万美元、5万美元和20万美元的交割行为。

表6－7　　某企业2021年4月外汇远期信息

类型	确认日期	生效日期	到期日期	编号	对手方	货币对	金额	点位
远期	2020年11月3日	2020年11月4日	2020年12月1日	Forward20201103USDCNY001	某银行	USDCNY	100, 000	6. 385
远期	2020年11月18日	2020年11月18日	2021年4月1日	Forward20201118CNYEUR001	某银行	CNYEUR	1, 460, 000	0. 137
择期远期	2020年11月18日	2021年3月1日	2021年3月1日	ForwardEle20201118USDCNY001	某银行	USDCNY	50, 000	6. 415
择期远期	2020年11月18日	2021年3月1日	2021年3月15日	ForwardEle20201118USDCNY001	某银行	USDCNY	50, 000	6. 415
择期远期	2020年11月18日	2021年3月1日	2021年4月1日	ForwardEle20201118USDCNY001	某银行	USDCNY	200, 000	6. 415

（三）掉期

掉期结售汇通常被企业用来处理外币资金和本币资金的流动转移问题，既能用于企业的汇率风险管理，也能用来应对汇率风险。

同远期一样，尽管掉期合约非标准化的特性能够满足企业自身业务上的定制要求，但掉期合约的银行报价往往不够“实惠”。银行倾向于压低企业结汇方向的锁汇价格，抬高企业购汇方向的锁汇价格。掉期结售汇业务的开展同远期结售汇、即期结售汇一样，都需要企业有实际上的结售汇需求，并且要满足一定的审核条件。在企业的外汇风险管理中，掉期提前锁定资产或负债价值的特点，会导致掉期合约本身成为未来计量汇兑损益时的比较标准。

掉期类型中还包括可以互换不同币种利息的货币掉期。外汇货币掉期可以规定双方定期交换不同货币利息，从而达到既能规避汇率风险，又能管理利率风险的目的。不同货币的利息，可以提前协议为固定利率计息，也能够约定用浮动利率来计算，从而降低双方的融资成本。

因为掉期可以由多笔相关的远期构成，所以可以用类似于记录择期远期信息的方式，分多次记录掉期合约的多笔交易行为。可以用责任主体、交易类型、当前进度、确认日期、交易日期、编号、对手方、货币兑换、金额、兑换点位、保证金、费用这 12 个要素来表示外汇掉期的交易信息。

责任主体：与前面相同，不再赘述。

交易类型：掉期的类型。掉期合约有多种分类方式，按现金流的互换次数可以分为二次互换掉期、三次互换掉期等。

当前进度：当前掉期的交易进度。按现金流的互换时点，可以分为第一次互换、第二次互换、第三次互换等。

确认日期：确认这笔外汇掉期信息的日期，通常为企业承做掉期合约之后，相关人员记录这笔掉期合约信息要素的时间。

交易日期：掉期合约某一现金流互换的日期。绝大部分情况下，掉期合约中某一笔现金流互换中的货币兑换行为通常都发生在同一天内，不会存在隔夜风险。

编号：该笔掉期在企业内的流程编号或发票号。

对手方：企业承做掉期合约的交易对手。外汇掉期的对手方通常为商业银行。

货币兑换：外汇掉期中以企业为主体的货币兑换方向。在外汇掉期中，涉及多笔货币兑换方向相反的现金流互换行为。为了防止造成混乱，可以统一以企业作为操作的主体来记录货币的兑换方向。比如某掉期合约的第一笔交易是把固定数量的美元兑换成人民币，就用“USDCNY”来表示货币兑换的方向；第二笔交易是用一定数量的人民币来兑换固定数量的美元，这时用“CNYUSD”来表示企业的交易行为。币种的排列顺序为“AB”，表示作为主体的企业用A货币来兑换B货币。

点位：外汇掉期约定的货币兑换汇率。将“AB”货币兑换中的A货币作为外币，B货币作为本币，采用计算一个单位A货币所对应的B货币数量的直接标价法。

金额：外汇掉期的货币金额。这里的金额表示“AB”货币兑换中的A货币数量。能够兑换到的B货币数量可以用这里的金额乘上点位得到。

保证金：承做掉期合约所需的保证金。一般来说，由于银行的授信，企业可以不用缴纳或只需缴纳部分保证金。

费用：掉期合约在某一个环节的成本或费用。签订合约或掉期失效时的成本可以加在第一笔交易环节或最后一笔交易环节的费用中。

同远期合约一样，掉期合约中的保证金和费用要素会随着时间推移及合约状态变更而变化。除此之外，掉期合约中可能规定其互换行为可以在某几个时间段内，由企业自主决定何时进行操作。这样就难以确定未来具体的互换交易发生日期。一种解决方案就是将规定的最后可交易日期填入“交易日期”要素中，当该交易实际发生后再将该日期修改为真实的交易日期。

【例6－8】表6－8是某企业2020年11月的外汇掉期交易信息。这家企业的外汇资产由财务部统一管理，因此不划分每笔掉期交易的锁汇对象。企业只在当地一家银行进行外汇汇兑操作，承做掉期时有银行授信，无须缴纳保证金，并且从签订掉期到合约结束都没有产生额外的费用。

表头下面的第一行和第二行，表示2020年11月5日确认的编号为“SwapTwo20201105USDCNY001”的外汇掉期合约。2021年12月5日，企业用10万美元从某银行以6.3850的兑换比例换到63.85万元人民币。等到 2021 年 1 月 5 日，企业将 64 万元人民币交给某银行并拿回 10 万美元。第二行中的 0.1563 点位用美元兑人民币汇率来表示就是 6.4000 的数值。

第三行到第五行，是编号为“SwapThree20201121USDCNY001”的外汇掉期合约。该掉期分别在 2020 年 12 月 31 日、2021 年 1 月 31 日和 2021 年 2 月 28 日进行了三笔美元和人民币资金的互换行为。第一次互换，企业支出 38.325 万元人民币，收到 6 万美元，美元兑人民币比例为 6.3875；第二次互换，企业支出 25.62 万元人民币，收到 4 万美元，美元兑人民币比例为 6.405；第三次互换，企业支出 10 万美元并收到 64 万元人民币，美元兑人民币比例为 6.4000。

表 6-8　　某企业 2020 年 11 月外汇掉期信息

类型	次数	确认日期	生效日期	编号	对手方	货币对	金额	点位
二次互换掉期	第一次	2020 年 11 月 5 日	2020 年 12 月 5 日	SwapTwo20201105USDCNY001	某银行	USDCNY	100, 000	6.3850
二次互换掉期	第二次	2020 年 11 月 5 日	2021 年 1 月 5 日	SwapTwo20201105USDCNY001	某银行	CNYUSD	640, 000	0.1563
三次互换掉期	第一次	2020 年 11 月 21 日	2020 年 12 月 31 日	SwapThree20201121USDCNY001	某银行	CNYUSD	383, 250	0.1566
三次互换掉期	第二次	2020 年 11 月 21 日	2021 年 1 月 31 日	SwapThree20201121USDCNY001	某银行	CNYUSD	256, 200	0.1561
三次互换掉期	第三次	2020 年 11 月 21 日	2021 年 2 月 28 日	SwapThree20201121USDCNY001	某银行	USDCNY	100, 000	6.4000

（四）期货

期货是市场中对资产进行套期保值最常见和最有效的金融工具之一，它将资产价格波动的风险转化成了基差风险。基差是指现货和期货之间的价格之差，它的波动在绝大部分情况下要远远小于现货价格的波动。倘若期货入场时的基差等于期货平仓出场时的基差，那么就可以达到100%的保值效果。

【例6-9】 当前美元兑人民币汇率为6.5000，美元兑人民币期货的价格为6.5100，企业在期货市场上以6.5100的价格卖出了1手标的资产为10万美元的期货合约。3个月后，人民币汇率贬值到6.7000，美元兑人民币期货的价格为6.7100，企业在期货市场上以6.7100的价格买入1手期货合约来平仓出场。此时期货上的亏损达到了2万元人民币，刚好与这3个月内10万美元的汇兑收益相等。相反，如果3个月后人民币汇率升值到6.3000，美元兑人民币期货的价格为6.3100，企业在期货市场上以6.3100的价格买入1手期货合约来平仓出场。此时期货上的收益达到了2万元人民币，刚好与这3个月内10万美元的汇兑亏损相等。无论3个月后汇率有多大变化，企业都会将10万美元结汇。假设结汇点位就等于当前汇率，并且基差没有变化，那么结合期货端的盈亏之后企业就能锁定10万美元价值65万元人民币的金额。

不同于远期合约和掉期合约，期货是一种标准化的合约，所有的规则和信息都是公开透明的，所有交易都在规范的期货市场中进行。但正因为期货是标准化的合约，它的有效期限、交易时间、每单位数量等内容都是不能调整的，可能难以完美地对应企业的外汇避险需求。但是期货合约的流动性要远高于远期合约，期货市场上可以很方便地对合约进行移仓，而远期的提前终止或展期通常需要企业付出较大成本。同时，在期限相同的条件下，期货合约的价格通常都要优于银行外汇远期的报价。比较2021年12月8日新加坡交易所的美元离岸人民币期货价格和中国银行远期的买价，可以发现，不同期限内期货价格要高于远期报价，期货价格相比远期报价对需要结汇的企业更具吸引力（见图6-3）。

进行期货交易需要占用保证金，这些保证金无法像远期一样通过银行授信来免除。当前，中国境内还没有上市汇率期货，因此一些在港澳台或境外其他地方有分支机构的外贸企业会选择香港交易所或境外的新加坡交

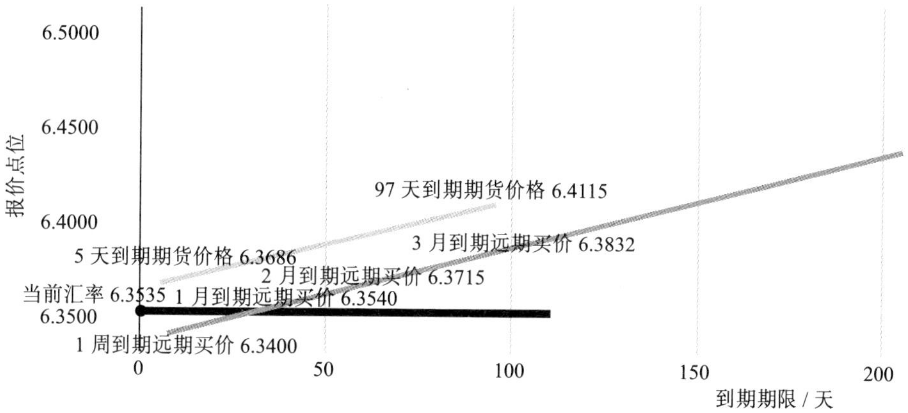

图 6－3　2021 年 12 月 8 日不同期限的新交所美元兑离岸人民币期货价格与中国银行远期买价

易所的汇率期货来开展套期保值业务。随着《期货和衍生品法》的实施，境内企业未来也可以在一些特定的期货公司开户直接参与境外市场，从而为境内企业利用汇率期货规避风险打通了道路。

企业在操作期货时除了通过平仓的方式来终止套期保值活动外，还可选择进行期货交割，按照期货的结算价兑换所需标的。可见，期货的交易要比远期和掉期更加灵活，因此需要记录的交易信息也要比远期和掉期合约更多。企业出于管理外汇风险和监控期货状态的目的，至少需要记录责任主体、交易类型、交易所、期货合约、到期日、持有手数、市值金额、开仓方向、开仓时间、开仓均价、出场方式、平仓时间、平仓价格、结算价格、交割时间、占用金额、账户金额、风险度、当前价格、持仓盈亏、费用、流程编号等 22 个要素。

责任主体：同前文。

交易类型：期货。期货是标准化的合约，不存在企业可以协议调整合约要素的情况。

交易所：外汇期货的交易场所。比如新加坡交易所、香港交易所等。

期货合约：期货的交易合约。为了交易上的方便，期货合约都拥有不同的代码，比如“UC”就表示新加坡交易所的美元兑离岸人民币期货，

“CUS”表示香港交易所的美元兑人民币期货。期货存在多个不同到期日的合约，并且不同期货品种的到期日并不一定相同。新交所的美元兑离岸人民币期货的合约月份共有 21 种，分别是之后的 13 个月加上接下来的 8 个季度月份，并用“F”等大写字母来表示月份。“UCH22. SG”可以用来表示新交所的 2022 年 3 月到期的美元兑离岸人民币期货合约，由“‘期货品种代码’＋‘月份代码’＋‘两位数字表示的年份’＋‘.’＋‘交易所简写’”构成。港交所的美元兑人民币期货的合约月份有 10 个，分别是当月、下 3 个月及之后的 6 个季月。“CUS2203. HK”可以用来表示港交所的 2022 年 3 月到期的美元兑人民币期货合约，由“‘期货品种英文简写’＋‘两位数字表示的年份’＋‘两位数字表示的到期月份’＋‘.’＋‘交易所简写’”构成（见表 6－9、表 6－10）。

表 6－9　外盘期货的通用月份代码

月份	代码	月份	代码
1 月	F	7 月	N
2 月	G	8 月	Q
3 月	H	9 月	U
4 月	J	10 月	V
5 月	K	11 月	X
6 月	M	12 月	Z

表 6－10　2021 年 12 月 14 日的外汇期货合约代码

新加坡交易所		香港交易所	
时间	代码	时间	代码
2022 年 1 月	UCF22. SG	2022 年 1 月	CUS2201. HK
2022 年 2 月	UCG22. SG	2022 年 2 月	CUS2202. HK
2022 年 3 月	UCH22. SG	2022 年 3 月	CUS2203. HK
2022 年 4 月	UCJ22. SG	2022 年 4 月	CUS2204. HK
2022 年 5 月	UCK22. SG	2022 年 6 月	CUS2206. HK
2022 年 6 月	UCM22. SG	2022 年 9 月	CUS2209. HK
2022 年 7 月	UCN22. SG	2022 年 12 月	CUS2212. HK
2022 年 8 月	UCQ22. SG	2023 年 3 月	CUS2303. HK
2022 年 9 月	UCU22. SG	2023 年 6 月	CUS2306. HK

续表

新加坡交易所		香港交易所	
时间	代码	时间	代码
2022 年 10 月	UCV22. SG	2023 年 9 月	CUS2309. HK
2022 年 11 月	UCX22. SG		
2022 年 12 月	UCZ22. SG		
2023 年 1 月	UCF23. SG		
2023 年 3 月	UCH23. SG		
2023 年 6 月	UCM23. SG		
2023 年 9 月	UCU23. SG		
2023 年 12 月	UCZ23. SG		
2024 年 3 月	UCH24. SG		
2024 年 6 月	UCM24. SG		
2024 年 9 月	UCU24. SG		
2024 年 12 月	UCZ24. SG		

到期日：期货合约的最后交易日。期货不像股票一样能够一直持有，合约在最后交易日后就会停止交易。新交所的美元兑离岸人民币期货的最后交易日是该期货合约到期当月的第三个周三之前的两个香港工作日，并且最后交易日上午 11 点之后就不能再进行交易了。港交所的美元兑人民币期货的最后交易日是该合约月份的第三个星期三之前的第二个工作日。

持有手数：持有期货合约的数量。期货合约是标准化的协议，它的合约规模都是固定的，只能通过增减持有合约的数量来调整期货端的头寸金额。

市值金额：期货端的头寸金额。市值金额等于持有手数与合约规模之间的乘积。新交所美元兑离岸人民币期货和港交所美元兑人民币期货的合约规模都是 10 万美元。

开仓方向：期货入场的方向。如果是买入期货合约，就是多头；如果是卖出期货合约，就是空头。

开仓时间：期货入场的时间。期货市场的交易时间是固定的，只能在规定的时间段内进行期货交易。

开仓均价：期货入场开仓的平均价格。

出场方式：期货出场的方式。企业可以选择在最后交易日前择机平仓出场，也可以持有合约到期并进行资金交割。

平仓时间：期货平仓的时间，只适用于企业以平掉期货头寸的方式来出场的情况。如果企业持有到期并进入交割环节，那么这个时间就等于期货合约的到期日。

平仓价格：如果企业以平掉期货头寸的方式出场，那么平仓价格就是期货平仓出场的平均价格；如果企业持有到期并进入交割环节，那么平仓价格就是指最后交易日的收盘价。

结算价格：期货的最后结算价，用于企业持有到期进行交割的情形。新交所美元兑离岸人民币期货和港交所美元兑人民币期货的最后结算价，都是香港财资市场公会在最后交易日香港时间的上午 11 点 30 分左右公布的美元兑人民币（香港）即期汇率。这个汇率就是我们经常讲的美元兑离岸人民币汇率。

交割时间：期货合约进行资金交割的时间。

占用金额：期货合约当前占用的保证金。

账号金额：期货账户中的总资金。

风险度：期货账户的风险水平。参考风险度等于账户占用的保证金除以账户的总资金后得到的数值。参考风险度过高，企业需要追加保证金，否则可能会被期货公司强平掉对应的期货头寸。

当前价格：期货合约当前最新的成交价格。

持仓盈亏：持有期货头寸的盈亏金额。如果持有期货多头，盈亏等于当前价格减去开仓均价后的数值再乘以报价单位；如果持有期货空头，盈亏等于开仓均价减去当前价格后的数值再乘以报价单位。新交所美元兑离岸人民币期货和港交所美元兑人民币期货的报价单位都是每美元兑（离岸）人民币。

费用：期货交易在当前状态时已支付的费用。期货交易在开仓、平仓和交割环节通常都存在手续费。外汇兑换的环节可能会存在清算费用。

流程编号：这笔期货交易在企业内部的流程编号。

主流美元兑人民币外汇期货信息比较参见第五章表 5 - 5。

显而易见，随着期货市场上合约价格的变化，期货合约中的持仓盈亏、占用金额、风险度等信息都会发生变化。期货出场后，合约中的出场方式、平仓时间等要素也能得到确认。在实际交易中，期货合约占用的保证金只是企业期货账户中的一部分资金。企业要留一部分资金来应对市场往不利方向运行时，期货合约可能出现的保证金追加问题。期货账户中的资金不能随意转移和使用，因此这部分资金在真实环境中通常不归在高流动性的货币资金中。期货账户中的外币资金和远期、掉期中的保证金都可以当作企业的“冻结”外汇资产，并且“冻结”的金额会随着行情的变化而发生变动。

【例6－10】表6－11是某企业2021年2月6日的外汇期货交易信息。企业在新加坡交易所和香港交易所均开有期货交易账户，两者账户的资金额为20万元人民币。2021年2月6日，企业分别在新交所和港交所进行期货交易。企业在新交所以6.4250的价格卖出10手一个月后到期的美元兑离岸人民币期货合约。这次交易的开仓保证金为13万元，占新交所账户总资金的65%，因此新交所期货账户的参考风险度为65%。每卖出1手美元兑离岸人民币期货合约需要缴付1美元的手续费，因此以当日6.4582的美元兑（在岸）人民币汇率收盘价计算，这次交易的手续费为64.6元。同一天，企业在港交所以6.4590的平均成交价格买入10手2021年12月份到期的美元兑人民币期货合约。10手期货合约占用的保证金为12万元人民币。这次交易的手续费总共为80元人民币。此时新交所和港交所的期货头寸尚未出场，因此出场方式、平仓时间、平仓价格、计算价格和交割时间这5个要素还是空值。

2021年2月26日，期货合约“UCH21.SG”的价格上涨到了6.4860，此时10手空头的持仓盈亏为－6.1万元人民币，即［10×（6.4250－6.4860）×100,000］。账户的权益减少61,000元人民币至13.9万元人民币。在保证金依旧为约13万元人民币的水平下，企业期货账户的参考风险度达到了93.5%。在收到期货公司的账户风险提示和追加保证金通知后，企业选择以6.4860的价格平仓6手“UCH21.SG”合约。由于还剩4手“UCH21.SG”的空头合约，因此，在记录时将原先的一笔外汇期货信息拆分成两笔信息。

在2021年2月27日的外汇期货交易信息表（见表6－12）中，表头下面的第一行表示已经平仓出场的6手期货空单。由于是以平仓方式出

表 6－11　　某企业 2021 年 2 月 6 日的外汇期货信息

交易所	合约	到期日	持有手数（手）	市值金额（元）	开仓方向	开仓时间	开仓均价	出场方式	平仓时间	平仓价格	结算价格	交割时间	占用金额（元）	账户金额（元）	风险度（%）	当前价格	持仓盈亏（元）	手续费（元）
新交所	UCH21. SG	2021 年 3 月 15 日	10	1, 000, 000	卖	2021 年 2 月 16 日	6. 425						130, 000	200, 000	65	6. 4250	0	64. 6
港交所	CUS2112. HK	2021 年 12 月 13 日	10	1, 000, 000	买	2021 年 2 月 16 日	6. 459						120, 000	200, 000	60	6. 4590	0	80

表 6－12　　某企业 2021 年 2 月 27 日的外汇期货信息

交易所	合约	到期日	持有手数（手）	市值金额（元）	开仓方向	开仓时间	开仓均价	出场方式	平仓时间	平仓价格	结算价格	交割时间	占用金额	账户金额	风险度（%）	当前价格	持仓盈亏（元）	手续费（元）
新交所	UCH21. SG	2021 年 3 月 15 日	6	600, 000	卖	2021 年 2 月 16 日	6. 4250	平仓	2021 年 2 月 27 日	6. 4860							－36, 600	77. 6
新交所	UCH21. SG	2021 年 3 月 15 日	4	400, 000	卖	2021 年 2 月 16 日	6. 4250						117. 000	139. 000	84. 20	6. 4860	－24, 400	25. 8
港交所	CUS2112. HK	2021 年 12 月 13 日	10	1, 000, 000	买	2021 年 2 月 16 日	6. 4590						120, 000	336, 000	35. 70	6. 5950	136, 000	80

场，不需要填写第一行中的结算价格和交割时间这两个要素。因为已经出场，所以也不需要再填写账户金额、占用金额、风险度和当前价格。此时持仓盈亏则表示这笔已经结束的期货交易的损益情况，不考虑手续费的平仓盈亏为 -3.66 万元。平仓 6 手空头的手续费为 6 美元，以当日 6.4769 的美元兑（在岸）人民币汇率收盘价计算约等于 38.9 元人民币。之前开仓 10 手的 64.6 元手续费中 60% 再加上此次平仓 6 手的费用就是 77.66 元（即 38.9 + 64.6 ×60% =77.66）。64.6 元开仓手续费中剩余的四成则列示在第二行还未出场的 4 手"UCH21.SG"空头中，为 25.8 元。这 4 手空头的持仓盈亏为 -2.44 万元，此时新交所期货账户中的权益仅为 13.9 万元。账户的参考风险度为 84.2%，相比于平仓之前下降了约 10 个百分点。相比之下，由于"CUS2112.HK"合约的价格上涨到了 6.5950，持有 10 手该合约多头的盈亏为 13.6 万元。港交所的账户权益变成了 33.6 万元，参考风险度下降至 35.7%。

企业持有 5 手"UCH21.SG"空头到期，并于 2021 年 3 月 17 日进行交割兑换货币。在 2021 年 3 月 17 日的外汇期货交易信息表（见表 6 - 13）中，平仓时间就是持有的"UCH21.SG"合约到期的时间，平仓价格就是该合约最后交易日的收盘价。最后交割环节的清算费用为 0.5 美元/手，按当日 6.5041 的美元兑（在岸）人民币汇率收盘价计算等于 13 元人民币。加上开仓 4 手的 25.8 元，这笔已经结束的期货交易的总费用为 38.8 元。由于新交所采用现金交割的方式，企业可以用 40 万美元换到 257.64 万元人民币，这是由 40 万美元按 6.5150 的结算价格计算出的 260.6 万元，再减去 2.96 万元的持仓亏损得到的数值。释放这 4 手空头合约的保证金后，新交所期货账户的权益资金为 16.34 万元人民币［即 20 - 3.66 = 16.34（万元），手续费可以忽略不计］。

2021 年 3 月 17 日"CUS2112.HK"合约的价格上涨到了 6.6331，此时持仓盈亏达到了 17.41 万元，港交所期货账户权益达到 37.41 万元，参考风险度为 32.1%①。企业准备长期持有该合约，因此往期货账户中入金

① 账户原有 20 万元，再加上 17.41 万元的持仓盈利，总权益变为 37.41 万元。持仓保证金占用为 12 万元，用 12/37.41 = 32.1% 为参考风险度。

10 万元人民币。港交所期货账户资金变成 47.41 万元，参考风险度下降约 7 个百分点，至 25.3%（见表 6－13）。

企业持有这 10 手“CUS2112.HK”多头到期，并于 2021 年 12 月 15 日进行交割（见表 6－14）。由于港交所采用实物交割的方式，期货合约的持仓收益和货币兑换比例分开计算。10 手多头的合约持仓收益为 －9.2 万元，因此港交所期货账户的权益资金为 20.8 万元人民币［即 20＋10－9.2＝20.8（万元），手续费可以忽略不计］。在交割环节，企业需要用 637.04 万元人民币来换取 100 万美元。

（五）期权

同汇率期货一样，当前我国境内还没有场内汇率期权，国内企业只能同商业银行承做非标准化的期权合约。这些非标期权的定价是非透明的，相比于其他类型的避险工具在价格上可能并不具有优势，并且可能蕴含着较大的风险。从最简单的基础期权出发，企业至少需要记录责任主体、交易类型、对手方、标的资产、到期日、标的价格、行权价、期权合约、持有手数、市值金额、开仓方向、开仓时间、开仓均价、出场方式、平仓时间、平仓价格、结算价格、行权时间、交割时间、占用金额、权利金、账户金额、风险度、当前价格、持仓盈亏、内在价值、时间价值、费用、流程编号等多个要素。

交易类型：期权的类型。按照执行日期可以将期权分为欧式期权和美式期权等。按照结算价格或执行价格的价格构成类型可以分为标准期权和亚式期权等。按照行权的判定方向可以分为看涨期权和看跌期权。按照交易市场和合约的标准化可以分为场内期权和场外期权。一些可以拆分为多个简单期权的期权组合，如蝶式期权，则可以考虑拆分为多个简单期权来记录合约的信息。

对手方：企业进行期权交易的对手方。场内期权只在统一的期权市场中交易，交易对手是市场中的其他交易者或做市商。而场外期权的交易对手通常都是商业银行。

表 6-13　某企业 2021 年 3 月 17 日的外汇期货信息

交易所	合约	到期日	持有手数	市值金额（元）	开仓方向	开仓时间	开仓均价	出场方式	平仓时间	平仓价格	结算价格	交割时间	占用金额（元）	账户金额（元）	风险度（%）	当前价格	持仓盈亏（元）	手续费（元）
新交所	UCH21.SG	2021 年 3 月 15 日	4	400,000	卖	2021 年 2 月 16 日	6.4250	交割	2021 年 3 月 15 日	6.499	6.515	2021 年 3 月 17 日					-29,600	38.8
港交所	CUS2112.HK	2021 年 12 月 13 日	10	1,000,000	买	2021 年 2 月 16 日	6.4590						120,000	474,100	25.3	6.6331	174,100	80

表 6-14　某企业 2021 年 12 月 15 日的外汇期货信息

交易所	合约	到期日	持有手数	市值金额（元）	开仓方向	开仓时间	开仓均价	出场方式	平仓时间	平仓价格	结算价格	交割时间	占用金额（元）	账户金额（元）	风险度（%）	当前价格	持仓盈亏（元）	手续费（元）
港交所	CUS2112.HK	2021 年 12 月 13 日	10	1,000,000	买	2021 年 2 月 16 日	6.4590	交割	2021 年 12 月 13 日	6.3670	6.3704	2021 年 12 月 15 日					-92,000	80

标的资产：期权合约中规定的参与方可以购买或出售的资产。场内期权的标的通常是对应的期货合约，而场外期权的标的资产通常都是外汇资产。

到期日：期权合约的最后交易日。场内期权的到期日通常都要早于对应期货合约的到期日，而场外期权的到期日可以由交易双方商讨制定。

标的价格：标的资产的当前价格。

行权价：期权合约中约定的期权买方可以行使权利的标的资产价格，即期权买方有权利按该价格买卖标的资产。对于看涨期权，当标的资产价格不低于行权价时，买方才会行使以行权价买入标的资产的权利；对于看跌期权，当标的资产价格不高于行权价时，买方才会行使以行权价卖出标的资产的权利。

期权合约：即期权合约的英文简写，比如可以用“USDCNY2112C6.4500”来表示2021年12月份到期，标的为美元兑人民币，执行价为6.4500的看涨期权。“CUS2112P6.5000.HK”可以用来表示香港交易所执行价为6.5000的美元兑人民币看跌期权。需要注意的是，对于某个标准化期权在不同的资讯商中可能用不同的合约代码来表示。对于企业而言，由数字和英文组成的期权合约简写只要能够快速准确地区分不同的期权合约即可。一种参考的简写方式是：标的资产或标准合约+两位数字表示的年份+两位数字表示的月份+C（看涨类型）或P（看跌类型）+执行价。

持有手数：持有期权合约的数量。场内的期权合约是标准化的合约，它的合约规模都是固定的，只能通过增减持有合约的数量来调整期权端的头寸金额。而场外期权的合约规模可以由交易参与方协商定义，因此通常每次只交易一笔金额特定的期权合约。

市值金额：期权端对应标的资产的头寸金额。场内期权的市值金额就等于相同手数的期货端金额，而场外期权的市值金额等于持有手数与标的资产金额的乘积。

开仓方向：期权入场的方向，分为买入期权合约的多头方和卖出期权合约的空头方。

开仓时间：期权入场的时间。场内期权只能在规定的时间段内进行期权交易。

开仓均价：期权入场的价格。买入或卖出期权合约的初始价格。

出场方式：期权出场的方式。企业可以在可行权的条件下选择行权，也可以放弃行权。如果是场内期权，则可以选择在交易时段内平仓出场。

平仓时间：期权平仓的时间，只适用于企业以平掉期权头寸的方式来出场的情况。如果企业选择行权或持有到期，那么这个时间就等于行权日期或合约到期日。

平仓价格：如果企业以平掉期权头寸的方式出场，那么平仓价格就是期权平仓出场的平均价格；如果企业持有到期并进入交割环节，那么平仓价格就是指最后交易日的期权合约收盘价。

结算价格：期权的最后结算价，用于企业持有到期选择行权的情景。

即期汇率：这个汇率就是我们经常讲的美元兑离岸人民币的汇率。

行权时间：期权合约行权或被行权的时间。

交割时间：期权合约进行资产交割的时间。场内期权的真实资产交割时间可能会晚于行权时间。

占用金额：期权合约当前占用的保证金。只有期权卖方或一些期权组合才需要缴纳保证金，期权买方不需要缴纳保证金。

权利金：买卖期权合约的价格。买入期权需要支付权利金，卖出期权可以收到权利金。

账户金额：期权账户中的静态权益，用于场内期权的情况。通常情况下，可以用一个期货账户同时进行期货和期权交易。

风险度：期权账户的风险水平。参考风险度等于账户占用的保证金除以账户的静态权益后得到的数值。参考风险度过高，企业需要追加保证金，否则可能会被期货公司强平掉对应的期权或期货头寸。

当前价格：期权合约当前最新的成交价格，主要用于场内期权。流动性不高的期权合约可能没有报价，此时企业想要了解该期权合约的合理价格，就需要向期权做市商发起询价。

持仓盈亏：持有期权头寸的盈亏金额，不包含权利金和手续费。对于期权买方，持仓盈亏为期权合约的当前价格减去开仓价格；对于期权卖方，持仓盈亏为期权合约的开仓价格减去当前价格。

内在价值：假如期权当前能够立即行权时的价值。对于看涨期权，只有标的资产价格超过执行价时才会产生内在价值，否则内在价值即为零；对于看跌期权，只有标的资产价格不超过执行价时才会产生内在价值，否则内在价值即为零。

时间价值：期权合约权利金减去内在价值后的金额。

费用：期权交易在当前状态时已支付的费用，不包括权利金。期权交易在开仓、平仓和行权环节通常都要交手续费（见表6-15）。

表6-15　香港交易所的美元兑人民币（香港）期权的合约概要

<table>
<tr><th>项目</th><th colspan="3">合约细则</th></tr>
<tr><td>交易代码</td><td colspan="3">CUS</td></tr>
<tr><td>合约金额</td><td colspan="3">100,000美元</td></tr>
<tr><td>报价</td><td colspan="3">1美元兑人民币</td></tr>
<tr><td>权利金</td><td colspan="3">以4个小数位报价（如0.0001）</td></tr>
<tr><td>价位值</td><td colspan="3">人民币10元</td></tr>
<tr><td>行权价</td><td colspan="3">行权价间距设定为0.05元人民币</td></tr>
<tr><td>正式结算价</td><td colspan="3">由香港财资市场公会在到期日上午11时30分左右公布的美元兑人民币（香港）即期汇率</td></tr>
<tr><td rowspan="4">行权时的结算</td><td colspan="3">行权时实物交收</td></tr>
<tr><td>类型</td><td>买方</td><td>卖方</td></tr>
<tr><td>认购期权/看涨期权</td><td>以最后结算价值计算的人民币支付</td><td>美元交付</td></tr>
<tr><td>认沽期权/看跌期权</td><td>美元交付</td><td>以最后结算价值计算的人民币支付</td></tr>
<tr><td>行权方式</td><td colspan="3">欧式</td></tr>
<tr><td>合约月份</td><td colspan="3">当月、下3个月及之后的六个季月（即3月、6月、9月及12月）</td></tr>
<tr><td>最后结算日</td><td colspan="3">合约月份的第三个星期三</td></tr>
<tr><td>到期日</td><td colspan="3">最后结算日之前2个香港工作日</td></tr>
<tr><td>交易时间（香港时间）</td><td colspan="3">8:30—18:30（到期日：8:30—11:00）</td></tr>
<tr><td>交易费</td><td colspan="3">人民币8.00元</td></tr>
<tr><td>行权费用</td><td colspan="3">每张合约8元人民币</td></tr>
</table>

同期货合约的记录信息一样，期权的一些要素也会随着时间的推移和合约状态的改变而发生变化。尤其需要注意的是，首先需要区分期权合约是场内的标准化合约还是同银行签订的一对一合约。如果是场内期权，那么可以很方便地在合约有效期内以平仓头寸的方式出场。场内期权的保证金或持仓盈亏都是在期权期货账户中变动，这个账户中的资金处于“冻结”状态，不能随意挪用。

除了上面提到的要素，其实期权合约还有很多可以记录的参数，比如隐含波动率和期权的希腊字母等，这里不进行展开。如果企业想要和银行承做汇率期权，那么银行提供的期权合约通常不是简单的普通看涨结构或看跌结构，可能包含多个关键的价格点位，也可能有敲入、敲出等特殊设置。理论上，这些期权组合有可能可以用几个不同执行价的看涨期权或看跌期权构成，这样就可以套用上面的参考模板，用分解后的几笔简单期权去表示这个期权组合的信息。但在实操中，绝大部分企业的管理者或财务人员不具备这种专业能力，无法准确分析并拆分期权合约的结构。那么，在记录合约信息时，就只能再增加一些特定的特征要素来记录期权信息，比如价差雪球期权就需要新增敲入价格、敲出价格和保底价格这三个关键的价格要素。

【例6－11】表6－16是某企业2021年2月16日的外汇期权交易信息。企业在香港交易所买进了10手价格为0.0005、执行价为6.5000、到期期限为1个月的美元兑人民币看涨期权，支付了500元的权利金（即10×0.0005×100,000）。当日，该期权合约对应的美元兑人民币期货合约的价格为6.4290。

等到2021年2月26日，美元兑人民币期货合约的价格最高上涨到了6.5150，高于期权合约6.5000的执行价，“CUS2103C6.5000.HK”期权合约从虚值变为实值状态。由于港交所的美元兑人民币期权是欧式期权，只能在固定的日期行权，企业担心未来几天期货价格下跌，期权到期时无法行权，因此当日以0.0175的价格平仓6手，并收到1.05万元人民币的权利金（即6×0.0175×100,000）。平仓同开仓一样，也需要支付每手8元的手续费。因此表6－17中表头下面的第一行中，费用为6手期权合约开

表 6－16　某企业 2021 年 2 月 16 日的外汇期权信息

对手方	交易类型	合约	到期日	标的价格	行权价	持有手数	市值金额（元）	开仓方向	开仓时间	开仓均价	出场方式	平仓时间	平仓价格	结算价格	交割时间	占用金额（元）	权利金（元）	当前价格	持仓盈亏（元）	内在价值（元）	时间价值（元）	费用（元）
港交所参与者	标准看涨期权	CUS 2103C6.5000.HK	2021 年 3 月 15 日	6.429	6.5	10	1,000,000	买	2021 年 2 月 16 日	0.0005						0	-500	0.0005	0	0	500	80

表 6－17　某企业 2021 年 2 月 26 日的外汇期权信息

对手方	交易类型	合约	到期日	标的价格	行权价	持有手数	市值金额（元）	开仓方向	开仓时间	开仓均价	出场方式	平仓时间	平仓价格	结算价格	交割时间	占用金额（元）	权利金（元）	当前价格	持仓盈亏（元）	内在价值（元）	时间价值（元）	费用（元）
港交所参与者	标准看涨期权	CUS 2103C6.5000.HK	2021 年 3 月 15 日	6.4743	6.5	6	600,000	买	2021 年 2 月 16 日	0.0005	平仓	2021 年 2 月 26 日	0.0175			0	10,200	0.0175	10,200	0	10,500	96
港交所参与者	标准看涨期权	CUS 2103C6.5000.HK	2021 年 3 月 15 日	6.4743	6.5	4	400,000	买	2021 年 2 月 16 日	0.0005						0	-200	0.0175	6,800	0	7,000	32

仓和平仓的总费用96元，持仓盈亏等于净权利金收支1.02万元［即6×(0.0175－0.0005)×100,000］。表6－17中标的价格记录的是当日美元兑人民币期货合约6.4743的收盘价。因此，期权的内在价值为零，时间价值就等于期权权利金1.05万元。剩余依旧持有的4笔期权合约，在表6－17表头下的第二行展示信息。

企业持有4手美元兑人民币看涨期权到期。2021年3月15日，港交所当月到期的美元兑人民币期货的收盘价为6.5070，高于期权合约6.5000的行权价。此时期权到期，时间价值归零，期权收益就等于内在价值2,800元［即4×(6.5070－6.5000)×100,000］。企业申请行权，在缴纳8万元人民币的交割保证金后，2天后可以用252.28万元人民币来兑换40万美元。这里的252.28万元人民币，是由4手合约的合约规模乘上6.5000的交割结算价，再减去先前已经缴纳8万元的保证金和期权最终2,800元的收益之间的差值，最后得到的金额，即［4×100,000×6.5000－(80,000－2,800)］。

（六）贷款

贷款，是指企业从银行等机构获取资金，并约定在未来还本付息的一种交易行为。贷款是企业非常常见的一种行为。贷款并不能用来避免、减轻或转移汇率风险，但贷款外汇资金可以用来应对短期内的外币资金缺口，因此贷款也算是企业管理外汇风险中的一种交易行为。

因为外汇贷款会涉及企业外币资金的流动，所以也需要记录贷款行为的财务信息。可以用责任主体、交易类型、编号、进度、确认日期、借款金额、借款币别、借款日期、还款金额、还款币别、还款日期这11种要素来记录外汇贷款的信息。

责任主体：略。

交易类型：融资的类型，这里是贷款。

编号：这笔贷款或其某次还款在企业内的流程编号或发票号。

进度：当前贷款的还款进度，可以用已还款次数或已还款金额占比来表示。

确认日期：确认这笔贷款信息的日期。

借款金额：贷款的金额。

借款币别：贷款资金的币种。通常仅记录外币的贷款信息。

借款日期：企业收到贷款资金的日期。

还款金额：企业某次还款的金额。

还款币别：企业还款资金的币种。

还款日期：企业支付还款资金的日期。

如果能够大致确定未来每次还款的日期和金额，就可以将这些数据写入记录贷款信息的表格。等到将来完成还款时，可以再来调整这次还款的具体内容。及时将实际上并没有发生，但未来大概率会发生的外汇现金收支信息记录下来，有利于企业预测和控制未来现金流的收支，进而制定和调整当前的外汇避险方案，最终对外汇资产做出合理的规划和管理。

【例6－12】 某企业在2019年12月16日同银行签订了一份100万美元的贷款协议。协议中企业可以于下一日收到银行汇来的100万美元的资金，并约定企业每年年底需向银行归还50万美元本金再加5万美元的利息。截至2021年底前，企业总共应该支付110万美元给银行。表6－18是该企业在2021年12月31日对该笔贷款信息的记录。表6－18中的进度要素指企业已还款金额占应还款金额的比例。

表6－18　　某企业2021年12月31日的外汇贷款信息

确认日期	进度（%）	借款金额	借款币别	借款日期	还款金额	还款币别	还款日期
2019年12月16日	0	1,000,000	美元	2019年12月17日			
2020年12月1日	50	1,000,000	美元	2019年12月17日	550,000	美元	2020年12月1日
2020年12月31日	100	1,000,000	美元	2019年12月17日	550,000	美元	2020年12月31日

（七）保理

保理，是指企业将自己的应收账款等合同转让给保理商，企业失去该笔合同的债权并从保理商处获取部分资金。保理行为会涉及应收账款的状态变更，也有可能会产生外汇资金的流入，因此，如果存在保理行为，也需要对其财务特征进行记录。可以用责任主体、交易类型、编号、流程号、确认日期、金额、币别、收支日期这8种要素来记录保理交易的信息。

责任主体：略。

交易类型：交易类型，这里一般是应收账款保理。

编号：债权的编号。这里的编号是应收账款的编号信息。

流程号：是指这笔交易在企业内部的流程号。

确认日期：确认保理信息有效的日期。

金额：保理现金流的金额。

币别：保理现金流的货币种类。通常只需要记录外币的现金流。

收支日期：保理现金流发生的真实日期。

保理是与应收账款相对应的。在信息的记录上，应收账款保理行为不仅应该记录企业外币资金的流入情况，也需要更改与之对应的应收账款状态信息。比如说直接将应收账款删除，或者将应收账款的剩余金额调整为零，来表示这笔账款已经失效，不再是企业的一项债权。

【例6－13】某企业有一笔编号为“USD1111222334short001”的美元预收账款。该账款在2021年12月4日理应先收到100,000美元，但实际上直到2021年12月6日还有20,000美元未收到。12月7日，企业将该应收账款折价转卖给了保理机构，并于次日收到15,000美元。表6－19就是该企业在2021年12月7日进行保理交易的记录。

表6－19　　某企业2021年12月7日的应收账款保理信息

交易类型	编号	确认日期	金额	币别	收支日期
应收账款保理	USD1111222334short001	2021年12月7日	15,000	美元	2021年12月8日

在确认保理的交易行为后，企业在记录账款信息的表格中将这笔编号为“USD1111222334short001”应收账款的剩余金额从20,000美元调整为零。

三、数据管理

前文对账款、远期等财务数据的重要特征要素做了通俗的解释。这些要素中，有些要素从字面意思上很难理解，或者说经常被认为是无关紧要、没有意义的。比如说“责任主体”这个要素，有些企业可能觉得无关紧要，因为他们是从上而下去分析整个企业的财务状况和外汇风险，并进行避险对冲。但有些外贸企业是由各业务单元自行进行避险决策，这种情况下，记录每笔交易的责任主体就有利于各部门进行绩效考核。

又比如说“确认日期”这个要素，可能很多企业不理解这个日期有什么意义。实际上，只要我们确认了这笔账款或合约的有效性，那么在计算未来的现金流或资产价值时就要将这个信息考虑进去。如果我们要回溯某个时刻企业的资产结构和站在那个时刻的企业的未来现金流情况，那么“确认日期”就是判断信息有效性的关键要素。如果没有“确认日期”这个要素，我们就分辨不出哪些记录是在什么时候被写入表格的，也分辨不出某一时刻应该将哪些历史记录考虑在内，不能囊括哪些当时还未发生的信息。“确认日期”要素可用于历史交易的总结。

实际中，企业通常还需要记录更多更复杂的信息，尤其是一些非标准的期权合约、掉期合约等金融衍生品。一些复杂的要素如果直接体现在一个表格中难免过于臃肿，最好是将这些信息用几个不同的表格来记录，每个表格都只记录某几项特征要素。比如说，期权合约都会有一个最后的行权日期，那么就可以将这个通用的要素都列示在一个期权通用的表格中，用其余表格来表示奇异期权的要素。这些表格需要有相同的关键要素，比如说账款的发票编号或是企业内部的流水号来互相连通，从而能够让用户检索到这笔交易的完整信息。

多个相关联的表格不仅可以用来记录一组交易的全部信息，也可以用来展示交易的具体步骤和盈亏变化。比如说，期货作为一个流通性很强的标准化合约，是逐日结算账户盈亏的。如果持有期货合约，那么企业期货账户的权益、占用的保证金以及持有合约的盈亏状态都会时刻变化并且需要实时、准确地展现出来。这种情况下，企业就可以用两个表格来记录期货交易的信息，一个是企业实际的期货成交记录，它是写入后就不会更改的确定性信息；另一个可以是企业持有期货合约随着市场行情变化而需要调整的信息。

如果企业的IT技术足够支持，那么这些财务数据最好都能以数据库的形式进行记录和管理。相比于Excel文件，数据库可以容纳更多的记录，并且数据库明确定义了字段类型，在写入和维护过程中可以及时发现和修改数据格式上的问题，方便后续的数据提取和处理。数据库也能支持多个人同时写入或读取，适用于多人共同维护数据和信息共享的情况。另外，在数据库中修改数据不像在Excel文件中那么简便，可以降低人为因素导致数据差错的概率。

财务数据需要及时写入数据库中，这样才能够让管理者更加准确地把握企业当前的财务状况。即使这些数据中还有些信息不能精准确定，比如应收账款的收款日，我们可以根据相似账款的账期来预估出一个大致的日期，也可以用一个空白值来表示未知的状态。等到后续确认具体的收款日期时，再来更新相关的数据表格。在修改数据库时，我们可以直接修改原有数据，但最好的方式是新增一行最新的交易信息，然后将原本的那行数据更改为“失效”的状态。比如说，我们可以新增一个用阿拉伯数字来表示的“序号”字段要素。一个相同编号或流程号的财务信息可能有多个“序号”数值，最大的数值就表示这笔记录最新的信息。这尤其适合用在记录像期货这种需要逐日盯市、定时更新的交易记录上。

水单可以呈现出企业外汇现金流的变动情况，进而影响企业货币资金的变化。水单是由账款、即期、远期、掉期、期货、期权、贷款和保理等涉及外币资金变动的财务信息推算得到的，和这些交易记录能够互相验证数据的准确性（见图6-4）。

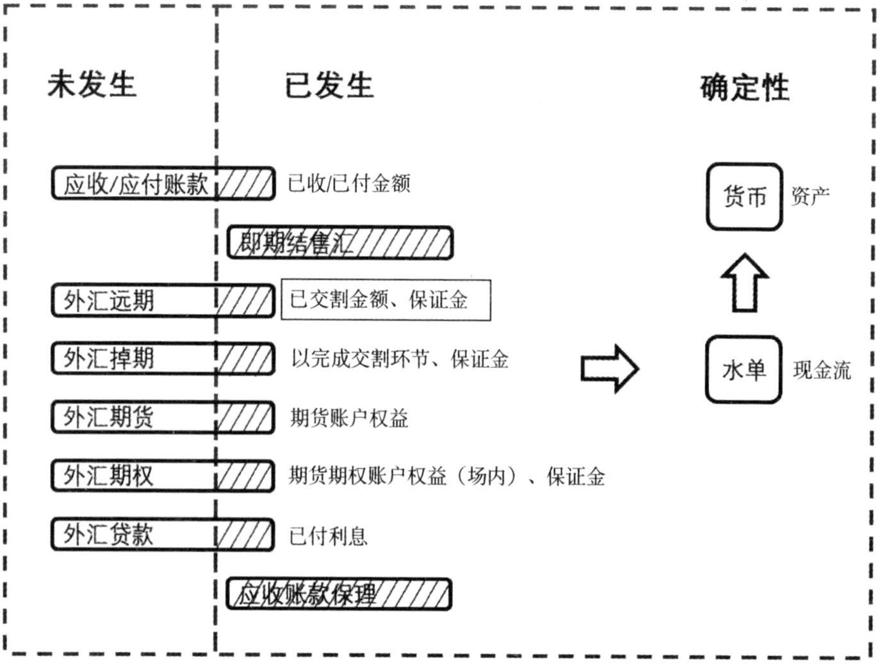

图6-4　不同类型财务信息之间的联系

第三节　汇率敞口

对记录的财务数据进行整合和分析后，我们可以识别出企业的外币资产结构，进而计量出具体的资金头寸、避险头寸、汇率敞口和避险比例。

一、外汇风险

外汇风险，是指企业在外汇市场中可能遭受资产价值损失或增值的不确定性。这种不确定性不仅仅是指汇率波动导致外币资产价值的变化，还有企业财务报表使用的会计方式、汇率对企业经营战略的影响以及国家外汇政策方面的调整等。可以将外汇风险分为汇率风险（又称交易风险）、经济风险、折算风险和政策风险这四种，这四种风险在第二章中已有介绍，本章不再赘述。

绝大部分外贸企业常常提到的外汇风险就是指汇率风险，它会对企业的营业利润产生很大影响，是这些企业非常关注的一种市场风险。企业可以通过及时的即期结售汇来消除或部分消除汇率风险，可以通过远期结售汇或掉期结售汇来规避汇率风险，可以通过期货交易来对冲汇率风险，也可以通过承做期权来转移汇率风险。

二、资产结构

不考虑坏账和逾期，外币应收账款能够让企业在未来某个特定日期收到一笔外币资金。未来能够收到外汇资金，这在当前是一件已经确定的事项，并且能给企业带来经济利益，因此，这个外币应收账款就是企业的一笔外汇资产。未收账款，既可以是还存在应收金额的应收账款，也可以指预收账款中的剩余未收金额，还没有全部收到资金的账款都是企业的资产。

相对于应收账款，外汇应付账款需要企业在未来某个特定的日期支付一笔外币资金。这个支付资金的承诺在现在已经形成，并且会导致未来确定的经济利益减少，因此，外币应付账款就是企业的一笔外汇负债。未付账款，既可以是还存在应付金额的应付账款，也可以指预付账款中的剩余未付金额。还没有全部支付资金的账款，都是企业的负债。

同企业的未收账款一样，货币资金也是企业的资产。货币资金通常指那些流动性强的、可随时用来支付企业日常营业过程中的外汇成本或费用的那部分资金。这里的货币资金不包括期货账户权益、保证金等被冻结的资金，尽管这些资金都属于企业的资产。在某些情况下，可以把冻结资金当作一种特殊的应收账款，因为这笔资金在未来是可用的。比如平掉期货账户中的持仓来释放保证金，进而从账户中提取出相应的资金来应对流动性风险。

企业持有的外国债券、公司股票或票据等，可以依照流动性和关键日期归类到账款、货币资金或冻结资金中。如果债权的流动性高，那么可以将该项债权贴现为库存现金，即按照一定的比率将债权的价值换算成具体的金额；如果债权的流动性低，那么该项债权应该贴现归入冻结资金中；如果债权的资金收支日期是固定的，那么可以将该项债权拆分成多笔时间、金额等要素不同的应收账款。

资产减去负债，就是企业的所有者权益。如果企业的外汇资产大于外汇负债，那么从账面上看，汇率预期贬值，即本币走弱、外币走强，对于企业在货币兑换上是有利的，因为企业能将固定数量的外币资产兑换成更多数量的本币资产；相反，如果企业的外汇资产小于外汇负债，那么汇率预期贬值就对企业不利，因为企业要用更多的本币资产去兑换固定数量的外币资金（见图6－5）。

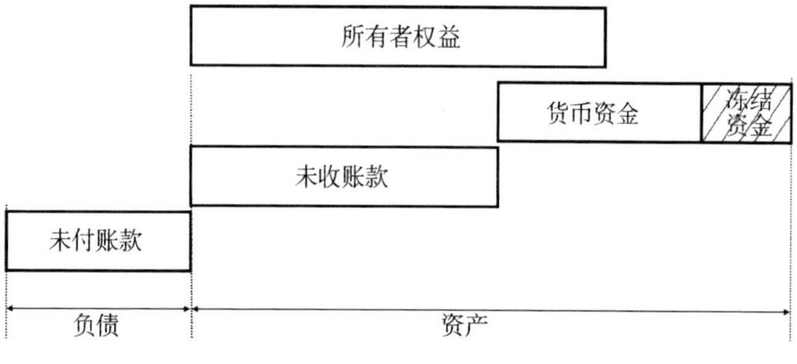

图6－5　外币资产结构

三、敞口结构

汇率风险敞口，是指那些会随着汇率的波动而在价值上发生变化的、未受保护的资金。要想计算出企业的汇率敞口，就先得识别出企业的外汇资金头寸和避险保护头寸。企业的外币资产结构可以分为未付账款、未收账款、货币资金加上冻结资金这三种。根据这三种类型，我们可以组合出五种资金头寸、避险头寸和汇率敞口。

（一）资金头寸

我们把未收账款的全部金额作为总未收账款资金头寸，它从债权方向上来说属于企业的资产。未收账款加上货币资金和冻结资金的金额就是资产头寸或正向头寸，也属于企业的资产。同时，可定义未付账款的全部金额作为总未付账款资金头寸，它在类型上属于企业的负债。未付账款减去货币资金和冻结资金的金额就是负债头寸或负向头寸。如果企业的货币资金与冻结资金的和大于未付账款的金额，那么企业的负债头寸就等于零。相反，如果企业货币资金和冻结资金的加总金额不及未付账款的金额，那么企业的负债头寸就大于零。因此，负债头寸在类型上也是企业的负债。总头寸则同时考虑了企业负债端的未付账款和资产端的未收账款、货币资金和冻结资金。如果企业的所有者权益为正，那么总头寸就等于未收账款、货币资金和冻结资金的和再减去未付账款的资产端金额；相反，如果企业的所有者权益为负，那么总头寸就等于未付账款减去未收账款、货币资金和冻结资金之和的负债端金额。

（二）避险头寸

识别避险头寸要比识别资金头寸困难。避险头寸是指远期、掉期、期货和期权这四种金融衍生品工具的有效保值金额。总未付账款避险头寸和负债避险头寸只需要考虑本币兑换成外币方向上的避险合约。总未收账款避险头寸和资产避险头寸就考虑外币兑换成本币方向上的避险合约。净避险头寸则考虑同一种货币在不同兑换方向上的净锁汇金额。

【例6－14】一家企业在境外市场持有新交所的1手美元兑离岸人民币期货多头，企业可以持有该合约到期后进行“用美元换人民币”的交割，也可以平仓出场，那么这笔期货多头就可以用作负债端的避险头寸。同时，这家企业又和银行承做了一笔美元兑人民币远期合约，约定未来企业能将30万美元从银行换取一定数量的人民币。这笔美元远期合约则用于资产端的避险头寸。负债端1手新交所美元兑离岸人民币期货的名义金额为10万美元，资产端远期合约的交割资产为30万美元，那么企业的净避险头寸就是资产端的20万美元。

总未收账款避险头寸其实就是资产避险头寸，同样，总未付账款避险头寸就是负债避险头寸。这里，为了计算敞口时，避险头寸能够一一对应资金头寸，才特意采用了不同的名称。唯一不同的是净避险头寸，它同时考量了资产避险头寸和负债避险头寸。但倘若企业只有外币兑换成本币方向上的避险合约，那么净避险头寸就等于总未收账款避险头寸和资产避险头寸。同样，企业只有本币兑换成外币方向上的避险合约时，净避险头寸就相当于总未付账款避险头寸和负债避险头寸。

通过交易的目的、货币兑换的方向以及汇率变化对交易损益的影响，可以判断避险合约应该是计入资产端还是负债端的避险头寸中。对于远期合约，可以看最后交割环节时是将什么货币兑换成什么货币。如果是外币兑换成本币，那么就应该计入资产端避险头寸；如果是本币兑换成外币，就应该计入负债端避险头寸。掉期合约可以拆分为多笔不同货币兑换方向的远期合约，因此一笔掉期交易会同时涉及资产端和负债端的避险头寸。期货和期权则需要从交易的目的和汇率对交易的影响来判断合约应该计入哪个类型的避险头寸。如果本币贬值外币升值有利于期货或期权交易的获利，也就是说，期货或期权是为了对冲本币贬值外币升值对企业的不利影响，那么就可以把这里的期货或期权计入负债端的避险头寸。这里需要注意的是，期货合约的价格通常和相关汇率的数值差异不大，汇率涨期货就涨，汇率跌期货也跌。但期权合约的价格不仅仅和汇率变化的方向有关，也和汇率波动程度及期权合约到期日有很大关系。当判断一些复杂的、难以拆分的奇异期权或期权组合时，我们可以只关注汇率方向上的变化对期权造成的影响（见表6-20）。

表 6－20 避险合约归类的判断标准（美元代表外币，人民币代表本币）

类型	合约	合约拆分	交易目的	货币兑换	汇率影响	避险头寸
远期	美元兑人民币远期	—	避免未来汇率升值给美元资产带来的不利影响	把固定数量的美元兑换成一定数量的人民币	汇率升值，远期端获利；汇率贬值，远期端亏损	资产端
远期	人民币兑美元远期	—	避免未来汇率贬值给美元资产带来的不利影响	用一定数量的人民币去兑换固定数量的美元	汇率升值，远期端亏损；汇率贬值，远期端获利	负债端
掉期	第一笔互换是人民币兑美元，第二笔互换是美元兑人民币	人民币兑美元远期	避免未来汇率贬值给美元资产带来的不利影响	用一定数量的人民币去兑换固定数量的美元	汇率升值，远期端亏损；汇率贬值，远期端获利	负债端
		美元兑人民币远期	避免未来汇率升值给美元资产带来的不利影响	把固定数量的美元兑换成一定数量的人民币	汇率升值，远期端获利；汇率贬值，远期端亏损	资产端
期货	美元兑人民币期货多头	—	对冲未来汇率贬值给美元资产带来的不利影响	交割环节可以用一定数量的人民币去兑换固定数量的美元	汇率升值，期货端亏损；汇率贬值，期货端获利	负债端
	美元兑人民币期货空头	—	对冲未来汇率升值给美元资产带来的不利影响	交割环节可以把固定数量的美元兑换成一定数量的人民币	汇率升值，期货端获利；汇率贬值，期货端亏损	资产端
期权	美元兑人民币看涨期权多头	—	避免汇率大幅贬值后给美元负债带来的不利影响	行权后能够以固定价格买入期货合约，或行权后能够以固定比例将一定数量美元兑换成人民币	汇率升值，期权端不会亏损；汇率贬值超过一定水平后，期权端大概率获利	负债端
	美元兑人民币看涨期权空头	—	汇率不会大幅贬值的情况下获取固定的收益	被行权后需要以固定价格买入期货合约，或被行权后需要以固定比例将一定数量美元兑换成人民币	汇率升值，期权端不会亏损；汇率贬值超过一定水平后，期权端大概率亏损	没有避险效果
	美元兑人民币看跌期权多头	—	避免汇率大幅升值后给美元资产带来的不利影响	行权后能够以固定价格卖出期货合约，或行权后能够以固定比例将人民币兑换成一定数量的美元	汇率升值超过一定水平后，期权端大概率获利；汇率贬值，期权端不会亏损	资产端
	美元兑人民币看跌期权空头	—	汇率不会大幅升值的情况下获取固定的收益	被行权后需要以固定价格卖出期货合约，或被行权后需要以固定比例将人民币兑换成一定数量的美元	汇率升值超过一定水平后，期权端大概率亏损；汇率贬值，期权端不会亏损	没有避险效果

企业进行外汇避险的目的，主要在于消除或减小汇率波动对企业外汇资产的不确定性影响。换句话说，企业希望无论汇率怎么变化，企业外币资产的人民币价值都是可以确定的。远期就能够很好地实现这个目标，它能在当前就确定外币资产在未来的本币价值。期货的套期保值业务将汇率的波动风险转化成基差风险。期货端的收益或亏损总是对应着现货端的亏损或收益，期货端加上现货端就能实现稳定资产价值的目的。但是，期权交易在某些情况下并不能起到“保值”的目的。

期权的损益同标的价格的变化之间并不是线性关系，因此，要从汇率变化对期权价格的影响上来判断期权能否起到避险的作用。期权有四种最基础的交易类型，分别是做多看涨外汇期权、做空看涨外汇期权、做多看跌外汇期权和做空看跌外汇期权。买入看涨期权和买入看跌期权比较好理解，企业需要在购买期权合约时支付一笔费用来获取相应的权利，将来汇率往不利方向变化并超过一个特定的价格时，企业能够能以事先约定好的价格买入或卖出标的资产，买卖价格同市场价格之间的差距可以弥补企业部分因汇率贬值而增加的负债成本或因汇率升值而减少的资产价值。但是，当汇率价格没有达到行权条件时，企业在期权上是没有任何收益或亏损的，此时企业的外币资产在账面上会随着汇率波动而发生变化。此时期权加上现货的价值是不确定的，也就是说，期权端加上现货端的整体价值是随着汇率变化而改变的，期权并没有起到对冲亏损或收益的“保值”效果。

通过期权损益图，可以让读者更好地理解“期权只有在进入实值状态后，才能起到保值效果”这个特点。期权在虚值状态时，期权加现货的总价值还是会随汇率变化而波动，在图 6－6 中表现为倾斜的实体线条。而期权变为实值状态后，图 6－6 中期权加上现货的总价值就是一条实体水平线。期权不总是能起到“保值”的效果，但不能因此就说期权不适合被企业用来管理外汇风险。合理使用期权或期权组合，能够让企业实现“保本并保留潜在无限收益”的管理目标，汇率朝不利方向变化时企业能够确定外汇资产的最低价值或外汇负债的最高成本，而汇率朝有利方向变化时企业可以享受外汇资产的价值上升或外汇负债的成本降低所带来的收益。当然，期权交易需要有一定的主观判断，适合那些对外汇市场比较熟悉、外汇风险管理水平较高，且对期权工具应用得比较熟练的企业。

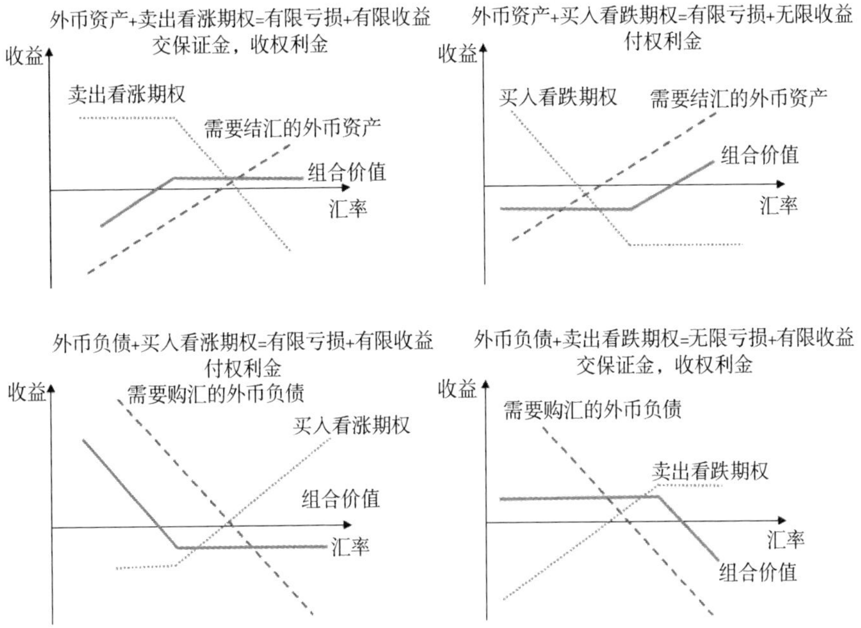

图 6－6 四种基础的期权套保损益情况

避险工具的名义金额并不一定就等于避险头寸的有效保值头寸。远期和掉期合约需要进行具体的货币兑换或差额交割，因此它们的合约名义金额可以 1:1 计入避险头寸中。期货套期保值业务通常都选择平仓的方式出场，当然也可以进入具体的货币交割清算环节。如果期货最终进入交割环节，那么期货避险头寸就等于持有期货合约的总合约名义金额。如果期货最终平仓出场，那么受基差的影响，最终的对冲损益可能不会刚好等于名义金额的汇兑损益。但基差的波动要远小于汇率的波动，因此在起初确认期货的避险头寸时，不用纠结最终是要交割出场还是平仓出场，一开始都可以把期货合约的总名义金额当作避险头寸。

至于期权的有效锁汇金额，则需要考虑不同的出场方式。如果是场内期权，则可以方便地选择中途平仓出场的方式。在这种情况下，期权交易的损益完全来自两次权利金的差额。这里的权利金就是买卖期权需要支付或能够收到的金额，也就是期权的买卖价格。首先，因为期权杠杆的存在，所以权利金的金额要远小于期权合约对应的市值金额。其次，因为期权的价格不仅受汇率数值高低的影响，还会受到汇率预估波动情况、合约到期时长的影响，所以权利金的变化不是汇率数值之差的某个固定比例。期权中有一个希腊字母“Delta”，表示期权标的价格，如汇率或汇率期货，每一单位的变动对应多少期权价格的变化。期权的 Delta 会经常改变，实值期权的 Delta 接近 1 或 -1，虚值期权的 Delta 接近 0，即价格上达到行权标准的实值期权的有效避险金额是接近于期权合约的名义金额的。也就是说，我们只能在事后计算期权平仓出场的有效避险头寸，在事前并不能准确估计将来要平仓出场的那部分期权合约的避险头寸。但实际上，绝大部分企业通常都会以行权或持有到期的方式来进行期权交易。同时，大部分企业同银行承做的特定期权合约，通常只能以选择行权、放弃行权和持有到期来结束交易。从狭义上来说，虚值状态的期权通常并不具备“保值”的效果。但从广义上来说，不管当前期权是虚值状态还是实值状态，期权都潜藏着避险功能。

所以我们的建议是，如果企业确定不是以平仓出场的方式来进行避险操作，那么就应当将期权合约的名义金额以 1∶1 的比例计入避险头寸中。如果想要更加准确地计量避险头寸，那么当期权合约处于无法有效保值的虚值状态时，期权避险头寸可以只计部分名义金额或不计金额。而当期权合约处于能够有效保值的实值或平值状态时，可以按名义金额 1∶1 计算避险头寸。

除了金融衍生品的有效避险金额，还需要考虑避险头寸的有效期限。当企业确认了一笔避险交易的有效性时，就可以将这笔客观真实的金融合约纳入避险头寸的范围中。因为此时企业已经确认了这笔合约将来能够让企业完成货币兑换或对冲汇兑损益，那么应该从现在就开始计量避险头寸，不用等到合约生效或进入交割日期再计算避险头寸。如果合约修改或取消了，那么再及时计算合约的有效避险金额，并调整避险头寸。这也是我们在之前的财务数据中，特意强调需要记录交易操作和金融合约“确认日期”的意义所在。当完成最后一笔货币兑换或合约出场、行权交割后，就可以在避险头寸中去除这些合约的有效避险金额，不用等到合约在法律意义上的失效日期，因为对于企业而言，这些合约此时已经完成了它们的避险功能。

这里需要特别注意一点，那就是资产端和避险端的避险头寸并不能直接抵消。

【例6－15】 某企业同时承做了两笔除了货币金额和货币兑换方向不同，其他到期日、交易对手等要素完全相同的远期合约。其中一个约定，未来企业可以用100万美元兑换成650万元人民币，另一个则约定，未来企业可以用660万元人民币兑换成100万美元。从美元的角度看，这是两笔有效锁汇金额都是100万美元的资产端和负债端的避险头寸。我们第一反应有可能是这两笔方向相反的避险头寸刚好互相抵消锁汇金额，相当于没有进行避险一样。但是，美元兑人民币远期是企业支出美元收入人民币，人民币兑美元远期是企业支出人民币收入美元，两者之间的兑换比例是完全确定的，不会存在因为汇率波动而调整货币兑换比例的情况，消除了汇率波动的风险。也就是说，无论从哪个货币的兑换方向来看，或从企业资产和负债的角度出发，这两笔货币兑换方向相反的远期合约都能够有效起到锁汇保值的避险功能。金额上的抵消，体现在了我们定义的“净避险头寸”上。按上面的定义来说，此时企业的美元净避险头寸刚好等于零。净避险头寸主要用来体现企业在资产端和负债端避险意愿的强弱。

（三）敞口

在计算出资金头寸和避险头寸后，就可以得到各个币种的敞口和避险比例。外汇敞口，是指那些未受金融工具保护，直接暴露在汇率风险下的外币金额。敞口会随着汇率的波动而发生价值上的变化。同资金头寸一样，敞口也可以分为总未收账款敞口、总未付账款敞口、资产/正向敞口、负债/负向敞口和总敞口五类。避险比例也同样有这五种类型。

对于总未收账款敞口、总未付账款敞口、资产敞口和负债敞口，它们等于相应的资金头寸减去避险头寸。这四种避险比例就等于相应的避险头寸除以资金头寸得到的数值。我们定义总敞口为资金总头寸减去和资金总头寸相同方向的净避险头寸，如果资金总头寸和净避险头寸不同方向那么总敞口就等于资金总头寸。总避险比例为和资金总头寸相同方向的净避险头寸除以资金总头寸，如果资金总头寸和净避险头寸不同方向，那么总避险比例就等于零（见表6－21）。

表6－21　　资金头寸、避险头寸、敞口和避险比例

概念	类型	定义	方向
资金头寸	总未收账款资金头寸	未收账款的全部金额	资产端
	总未付账款资金头寸	未付账款的全部金额	负债端
	资产/正向资金头寸	未收账款的全部金额＋货币资金＋冻结资金	资产端
	负债/负向资金头寸	max［未收账款的全部金额－（货币资金＋冻结资金），0］	负债端
	总资金头寸	货币资金＋冻结资金＋未收账款的全部金额－未付账款的全部金额	资产端或负债端
避险头寸	总未收账款避险头寸	对冲汇率升值方向的有效锁汇保值金额	资产端
	总未付账款避险头寸	对冲汇率贬值方向的有效锁汇保值金额	负债端
	资产/正向避险头寸	对冲汇率升值方向的有效锁汇保值金额	资产端
	负债/负向避险头寸	对冲汇率贬值方向的有效锁汇保值金额	负债端
	净避险头寸	对冲汇率升值方向的有效锁汇保值金额－对冲汇率贬值方向的有效锁汇保值金额	资产端或负债端
敞口	总未收账款敞口	总未收账款资金头寸－总未收账款避险头寸	资产端
	总未付账款敞口	总未付账款资金头寸－总未付账款避险头寸	负债端
	资产/正向敞口	资产/正向资金头寸－资产/正向避险头寸	资产端
	负债/负向敞口	负债/负向资金头寸－负债/负向避险头寸	负债端
	总敞口	{ 总资金头寸－净避险头寸，总资金头寸和净避险头寸同方向 总资金头寸，总资金头寸和净避险头寸不同方向	资产端或负债端

续表

概念	类型	定义	方向
避险比例	总未收账款避险比例	总未收账款避险头寸/总未收账款资金头寸	资产端
	总未付账款避险比例	总未付账款避险头寸/总未付账款资金头寸	负债端
	资产/正向避险比例	资产避险头寸/资产资金头寸	资产端
	负债/负向避险比例	负债避险头寸/负债资金头寸	负债端
	总避险比例	净避险头寸/总资金头寸，总资金头寸和净避险头寸同方向 0，总资金头寸和净避险头寸不同方向	资产端或负债端

通常来说，总未收账款敞口和正向/资产敞口都是资金端的资金金额，总未付账款敞口和负向/负债敞口都是负债端的资金金额，总敞口既可能是资产端，也可能是负债端。但也存在敞口为负的情况，此时说明避险头寸的大小超过了资金头寸的大小。因此原本资产端的负敞口就变成了负债端的正敞口，或从负债端的负敞口变成了资产端的正敞口。因为汇率是两种货币强弱比较的数值表现，如果我们调换一下货币比较的方向，对应在企业操作上就是两种货币的不同兑换方向，即资产端和负债端的互换。

【例 6-16】 某企业有 100 万美元却避了 150 万美元的汇率风险，此时按照定义正向敞口就等于资产端的 -50 万美元。这个负数表示，如果未来企业要进行货币兑换，那么还缺少 50 万美元来进行交割，所以到时候需要进行购汇或贷款。那时企业需要用人民币来计量美元的价值，如果未来人民币贬值美元升值，那么要用更多的人民币去兑换这 50 万美元，即企业面临负债端的汇率波动风险。也就是说，资产端的 -50 万美元就等于负债端的 50 万美元。这里的避险比例就等于 150%，大于 100%。

在计算避险比例时，避险头寸必须同资金头寸都是负债端或资产端的正值。如果避险头寸和资金头寸不同方向，那么避险头寸就按零来考虑，避险比例就等于零。也就是说，避险比例通常不会出现负数。如果真要用负数来表示避险比例，就表示避险头寸在避险方向上与资金头寸的方向错配，即避险操作加大了资金头寸方向上受汇率影响的风险。资金头寸为零，但避险头寸不为零，说明企业有可能进行了没有必要的避险操作。

在实操中，我们会发现很多企业都会出现负敞口的情况。一个原因是企业进行了预避险操作，即企业相信未来会有大量的应收账款或应付账款，并根据预估金额承做了超过当前资产或负债头寸的金融衍生品，即使这些账款信息还未得到有效的确定。除了预避险，还有一个原因是企业可能进行了没有必要的避险操作。

【例6-17】 某企业的总未收账款资金头寸为100万美元，总未付账款的资金头寸为50万美元，货币资金加上冻结资金有200万美元。企业还同银行承做了一笔50万美元的人民币兑美元远期合约，约定未来企业能用325万元人民币从银行换来50万美元。那么企业的资产资金头寸为300万美元，负债资金头寸为0，总资金头寸为资产端的250万美元。资产避险头寸为0，负债避险头寸为50万美元。净避险头寸就等于负债避险头寸，为负债端的50万美元。因此，总未收账款、总未付账款、正向和负向的敞口分别为资产端的100万美元、0、资产端的250万美元和资产端的50万美元（负债端的-50万美元），避险比例分别为0、100%、0和无法计算的50:0。不考虑企业特殊的资金调用方式和运作目的，50万美元的负债其实可以从200万美元的货币资金和冻结资金中来，并不存在受汇率影响的负债端头寸，所以没有必要进行负债端的锁汇操作。这家企业的总敞口为资产端的250万美元，总避险比例为0。

第四节　外汇研判方法论

汇率风险中性，是2021年外汇管理局和其他国家政府机构在各个场合和会议中经常提到的一个概念。“企业一定要树立汇率风险中性理念，要立足主业，理性地来对待汇率的涨跌，要非常审慎地安排自己的资产、负债的币种和期限，要选择适合自身的套保策略。”相比于预测汇率涨跌，管理好汇率敞口是企业更需要也是更可能做到的一件事。只要企业合理开展外汇衍生品套期保值业务，就能从容地应对汇率波动给企业带来的影响。

外贸企业既然涉及货币兑换和外汇衍生品业务，就必须要对外汇市场有一定的认识，需要了解一些基本的市场行情、汇率资讯和相关政策等信息。有些企业在完成大部分外汇资金的套期保值后，愿意保留一小部分敞口尝试用期权等金融衍生品来获取投资收益，这个时候，企业必须要对外汇市场和汇率走势做出一定的判断。

一、需要关注的信息

企业想要接触和理解外汇市场，可以从行情数据、指标信息、市场资讯和政策规定这四个方面入手。行情数据可以让企业直观地了解当前汇率的水平，也是企业进行避险交易肯定会接触到的内容。汇率的一些重要指标，可以辅助企业理解和判断当前的汇率状态和未来可能的变化。市场资讯能够让企业快速地学习外汇市场中的一些基础知识和市场看法。国家的政策规定不仅会影响汇率走势，还和企业外汇资金的流动和兑换息息相关，企业必须了解一些必要的外汇制度和国家政策。

（一）行情数据

汇率的点位是最基础也是最重要的行情数据。汇率的实时变化，可以从不同的信息平台或资讯网站上看到。但数据更新最快最准确的是官方渠道，比如说中国外汇交易中心公布的外汇市场行情和人民币市场行情数据。

中国外汇交易中心网站上展示了实时更新的人民币外汇即期报价、人民币外汇远掉期报价和外币对即期报价，还有每日定时给出的人民币汇率中间价、每周计算的人民币汇率指数和每周统计的人民币外汇月报等数据。除了外汇市场，中国外汇交易中心网站上也提供了货币市场和债券市场的行情数据，有贷款市场报价利率、Shibor 等基准数据。因此，对外贸企业而言，中国外汇交易中心是一个很好的获取外汇市场行情数据的信息平台。

需要结售汇的企业会非常关心不同货币对的掉期点和远期报价。不同期限的掉期和远期价格不仅可以参考中国外汇交易中心网站上实时更新的银行间外汇市场的询价报价行情，也可以参考中国银行网站上每天更新的远期结售汇牌价。这两者的价格通常有差异，这是因为中国外汇交易中心系统 CFETS 中的行情是金融机构买卖的批发市场，而银行公布的报价是银行对企业或个人买卖外汇的零售市场。

一些企业还想了解期货和期权的信息。期货是标准化的金融合约，只在交易所场内交易。期货的行情信息由期货交易所进行发布。期权分为标准化的场内期权和非标准的场外期权。场外期权的信息只能从提供期权合约的银行来获取。

（二）指标信息

除了中间价、远期报价和掉期点等一些基础的行情信息外，企业也会参考两国无风险利率、美元指数、公开市场操作等具有一定参考意义的指标。这些指标对企业理解当前汇率所处的价值水平，以及判断汇率的未来走势可能有所帮助。这些常见的指标通常都能在信息平台、资讯网站以及中国外汇交易中心网站上找到。除此之外，各个国家地区的宏观经济指标也值得关注，因为汇率会受到经济基本面的驱动。

（三）市场资讯

企业需要通过持续地接收和分析市场资讯，来保持对外汇市场和汇率变化的敏感性。比较重要的资讯有美联储的演讲，它可以显著地影响市场预期和美元的价值。美元作为当前全世界最重要的定价之锚，是汇率分析中必不可少的一个影响因素。除了美国与其他国家的货币政策、财政政策，一些外交沟通、贸易摩擦也值得企业重视。

（四）政策规定

影响汇率的政策不仅包括当前政府实施的货币政策和财政政策，还包括国家层面的汇率制度和管理措施。

汇率制度，是指国家确定货币的汇率、汇率波动的程度和维持汇率规则的制度。全世界的汇率制度大致可以分为固定汇率制和浮动汇率制两类。固定汇率制是指政府把本国货币兑其他货币的汇率加以固定并限制波动程度，而浮动汇率制是指由外汇市场的供求状况来决定汇率的变化。中国实行以市场供求为基础、参考一篮子货币、有管理的浮动汇率制度。

出于逆周期调节和稳汇率的目的，国家可能会调整跨境资本流动的管理措施，这可能会制约企业的结汇或售汇计划，进而对企业经营业务的正常开展产生影响。央行的一系列政策调整，会向公众释放预期，进而可能会改变汇率的顺周期走势。比如，央行上调了外汇存款准备金率，就是通过收紧外币来达到对冲人民币升值预期和稳定汇率的目的。

二、汇率研判方法

大部分企业都不会对外汇敞口进行百分之百的避险。在这些非全额避险的企业中，有少部分企业会“故意”留一部分敞口来做汇率涨跌的投资。对于这些企业，研判未来汇率走势非常重要。对于汇率的预测，不仅是能涨多少或会跌多快，还可以是未来一段时间的波动程度有多大，以及汇率能否突破或达到重要的心理点位等。

（一）分析师观点

外汇同股票、商品、债券等大类资产一样，经济增长、流动性、政策等都是非常重要的影响因素。分析师通常会从国家的经济基本面、跨境资本流动以及财政和货币政策出发，判断汇率未来的走势情况。

判断汇率的基本依据在于外汇的供求关系。当一个国家的收支整体呈现顺差时，该国的外汇供给增加，本国货币面临升值；如果收支整体呈现逆差，那么该国的外汇供给减少，本国货币面临贬值。国家收支包括经常项目和资本项目，覆盖货物贸易、服务贸易和资本流动。国家实施的财政政策或货币政策通常通过调整资本流动来影响外汇的供求关系。

（二）金融工程模型

预测汇率的金融工程模型，多是基于国际借贷理论、购买力平价理论和利率平价理论等学术理论。它们只考虑利率或几个核心要素对汇率的影响，并没有考虑太多其他因素的制约。

国际借贷理论认为，汇率是由外汇市场上的供求关系决定的，而外汇供求又源自国际借贷，因此国际借贷关系是影响汇率变动的主要因素。购买力平价理论认为，两种货币间的汇率决定于两国货币各自具有的购买力之比，汇率的变动也取决于两国货币购买力的变动。利率平价理论认为，两国之间的即期汇率与远期汇率的关系与两国的利率有密切的联系。远期汇率的升贴水应该与两国无风险利率的差距相对应，否则将存在套利行为，套利行为将使汇率恢复至均衡水平。

我们详细介绍一下利率平价理论：以美元兑人民币汇率为例，假设当前中国的无风险利率为 r ，美国的无风险利率为 r_f ，1 美元能够兑换到 S 元人民币。交易员同时投资了美国的 1 美元无风险资产和中国的 S 元无风险资产。按单利计算，一年后美国的 1 美元增长至 $1+r_f$ 美元，中国的 S 元增长至 $S(1+r)$ 元，美元兑人民币汇率为 F 。如果人民币资金和美元资金可以自由流通，并且在流通交易环节中不存在费用，那么应该存在 $F(1+r_f) = S(1+r)$ ，即美元兑人民币汇率 F 为：

$$F = \frac{S(1+r)}{(1+r_f)}$$

如果按复利计算，美元兑人民币汇率 F 应该为：

$$F = S\,e^{(r-r_f)t}$$

其中，t 为投资时间。

利率平价公式之所以能够成立，是因为如果 $F(1+r_f)$ 不等于 $S(1+r)$，那么逐利的交易员就会不断买价值更低的那份资产并卖出另一个国家的资产，导致两国资产兑换的比例不断向理论上的 F 靠拢，直至套利机会消失才停止交易。也就是说，只要两国不满足利率平价，那么投资者的跨境套利行为就会促使汇率发生变动。按照公式，无风险利率较大的国家的币种会有贬值预期，体现为远期汇率和即期汇率的差价，即掉期点。

根据该理论，我们可以计算出 2016 年到 2021 年的美元兑人民币预期汇率。但利率平价公式推导出来的汇率和真实的汇率水平差距非常大，预测 1 年的平均差异有 1785BP，最大差异有 9781BP。1 个月的平均预测差异虽然降低到了 123BP，但最大差异也有 9108BP（见图 6 – 7）。

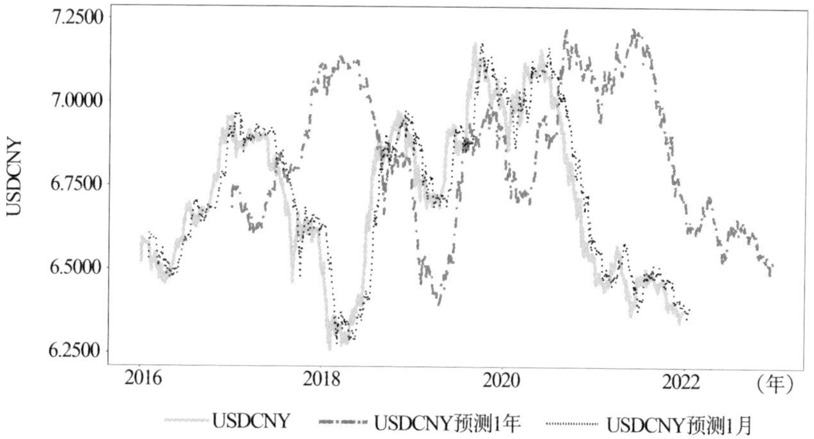

图 6 – 7　基于利率平价理论的美元兑人民币汇率预测

之所以出现这么大的差异，在于理论对跨境资本流动和交易成本做出了不切实际的假设。实际中，交易环节总是存在各种费用和成本，更重要的是，中国实行的是有管理的浮动汇率制度，中国的跨境资本流动还没有完全市场化。

如果企业想要做得更加精细化，比如说预测汇率在一段时间内触及某个点位的概率，那么就可以运用期权定价模型、贝叶斯公式和条件概率来计算，因这三种方法涉及较为复杂的数学处理，此处不作展开，仅举一个简单的例子加以说明。

【例 6-18】目前，美元兑人民币汇率为 6.3714，用 2.501% 的 Shibor 值作为中国的无风险利率，用 0.21788% 的 Libor 值作为美国的无风险利率，用 0.1798% 的近一年的美元兑人民币汇率收盘价的对数收益率的标准差作为汇率的日波动率，可以计算 30 天后美元兑人民币汇率触及 6.4700 的概率为多大。

运用上述方法，我们可以通过测算多个连续的不同执行价，绘制出未来一段时间内汇率触及某个点位的概率分布曲线（见图 6-8）。

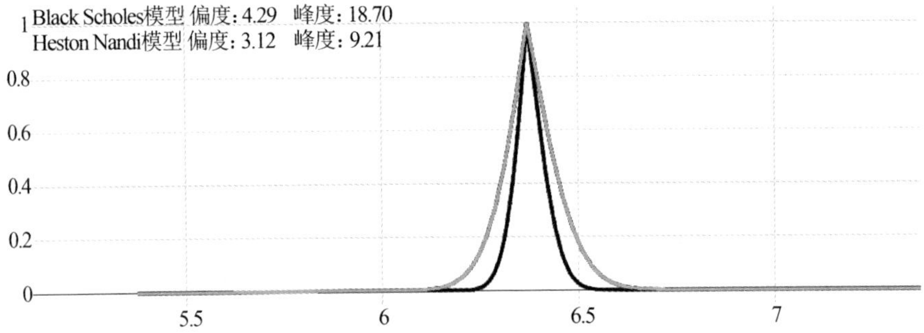

图 6-8 不同金融工程模型测算未来汇率触及点位的概率曲线

其实，除了最基础的 Black Scholes 模型，我们还可以用 Heston Nandi 和 Garch 等定价模型来计算汇率升贬值的概率。这里就不再进行深入展开，只简单比较一下 Black Scholes 和 Heston Nandi 这两个测算模型的差异。这两个模型最大的不同在于对汇率波动率的估计上，Black Scholes 模型中假定了未来汇率的波动同过去观测期的完全相同，即忽略了汇率的波动可能会发生变化。而 Heston Nandi 模型则考虑了汇率在不同时刻的波动情况，即汇率波动不是固定的。从图形中我们也能看出，Black Scholes 模型得出的概率结果要比 Heston Nandi 模型的结果更加保守。

不过无论什么金融工程模型，几乎都是基于利率平价理论，根据两国利差来进行汇率变动方向的判断和升贬值速率的估计。这些模型做出了太多不切实际的假设，并且考虑因素过少，因此得出的结论往往和现实大相径庭。学术上的模型测算，仅可作为我们研判汇率走势的一个参考角度。

（三）量化模型

金融工程模型是先假定汇率的变化会服从某个特定的连续分布，而量化模型则是根据汇率的历史数据来估计汇率的变化情况并做出预测。我们可以选用深度神经网络、决策树等机器学习来预测汇率，本节不具体展开（见图6－9）。

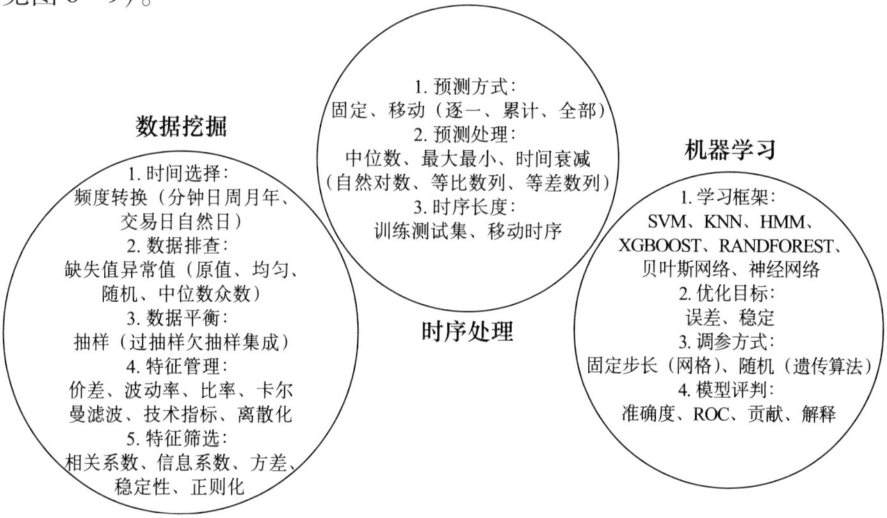

图6－9　量化模型的开发过程

量化模型的一个缺点就是它的推理过程通常是一个难以解释的“黑匣子”，我们很难轻松地向他人解释量化模型会得出这样一个结果的原因。此外，量化模型最大的问题在于它只能根据历史记录来揣度未来，它不太可能给出一个从未在历史中出现过的现象，比如人民币兑美元汇率持续升值到5。

中国的汇率是有管理的汇率，并没有完全实现市场化。当汇率出现很强的单边预期时，政府往往会进行逆周期调节，来平抑市场的顺周期力量。因此，政策因素也会对量化模型的稳定性和准确性产生明显的影响，增加汇率预测的难度。

第五节 风险指标

汇率敞口，是指会随着汇率波动而发生价值变化的外币资金，企业可能会认为这些外币金额就是自身在外汇市场中的最大损失。但理论上，一段时间内汇率的波动是有限的，企业在这段时间内最多只会损失汇率敞口的一部分资金。因此，计算出一定期限内企业的损失水平，将汇率波动风险对企业外汇资金的具体影响数值量化出来就很有必要，可以让企业对资金面临的损失水平有更加准确的把握。

一、VaR 和 ES

我们可以用 VaR 和 ES 这两个风险指标来衡量企业的外汇风险，得到一个具体的损失金额。VaR，即“Value at Risk”，指一定概率水平下未来一段时间内外汇资产的最大可能损失。比如，95% 的置信水平下，企业 1 天内美元资产的 VaR 为 100 万美元，表示的意思就是，未来 1 天内企业美元资产损失超过 100 万美元的概率不会超过 5%，或者说未来 1 天内美元资产损失不会超过 100 万美元的概率是 95%。

从上面的描述可以看出来，影响 VaR 的因素有很多，具体包括：(1) 企业的外汇资产越多，可能的绝对损失金额就越大。(2) 外汇资产暴露在汇率风险下的时间越长，汇率往不利方向走的潜在可能性就越大，企业的外汇资产就越有可能产生损失。(3) 不同汇率的波动情况可能并不相同，波动越大的就越有可能遭遇损失。(4) 还有一个因素就是我们对风险计算的严格程度。计算出来的损失风险其实是一个估计值，如果我们要求严格，那么可以认为将来的最大损失要参考过去历史中最不利的行情。相反，如果在计算汇率风险时不那么严格，就没有必要将历史极端行情当作未来的常态来计算风险。因此，我们对风险计算的严格程度越高，最后测算得到的风险值就越大。这个严格程度在统计上被称为“置信度”。

综上，置信度、汇率敞口、持有时间以及波动程度就是 VaR 的四个关键参数。

置信度：可以简单理解为我们有多大的把握觉得某件事是真实的。置信度越大，越接近 100%，就表示把握性越高。

汇率敞口：暴露在汇率波动风险下的外汇资金。

持有时间：准确地说是指汇率敞口存在的交易日时长。例如，持有 7 天美元风险敞口和 5 天美元风险敞口的实际 VaR 可能相等，因为汇率在非交易日的周末不会发生变化。

波动程度：最关键的参数，可以理解为从长周期的角度来观察，会发现汇率的变化存在可以归纳的规律，因此估计未来汇率变化就可以用这个规律去推导，即假设未来持有时间内汇率的变动同历史的波动情况相同。

按照波动程度的确定方法，可以将 VaR 的计算方式主要分成两大类。第一类就是事先假定汇率的波动服从某个分布，称作参数法。最典型的就是假设汇率的变动服从正态分布的正态分布法，又可称为蒙特卡洛模拟法。另一类则是非参数法，不需要假设汇率服从某个特殊的分布，而是用汇率的历史数据作为未来汇率波动的参考，又称为历史模拟法。其实，还有一类不怎么常见的，介于参数法和非参数法之间的计算方法。这种方式既有概率分布的假设，又使用了历史数据，被称为半参数法。

用 2016 年初到 2021 年底的欧元、日元和美元中间价的对数日收益率的标准差来考察这三种汇率的波动情况，可以发现：这三种币别在绝大部分的时间段内都不符合正态分布。因此，用参数法来估计受汇率波动影响的外汇敞口的 VaR 可能并不合适。选用非参数方法来计算 VaR 或许比参数法更合适。

历史模拟法的计算过程，主要是抽出一段时间的历史数据，对汇率价格的收益率变化情况进行排序，最后根据置信水平选择具体的损失情况。如果置信水平为 100%，那么就选择这段时间收益率最低的情况作为相对损失水平；如果置信水平为95%，那么就选择收益率从小到大排序中的第五个百分位数作为相对损失水平。需要格外注意的是，这里的低收益率针对的是汇率敞口为资产端的情况。因为资产端敞口担忧未来本币升值导致以人民币计价的外币资产的价值缩水，而价格的收益率越低表示汇率的升值幅度越大，即资产端汇率敞口的损失程度越大。相反，如果汇率敞口为负债端，那么在计算损失水平时，收益率要从大到小排序。因为此时本币贬值，人民币相对外币走弱，收益率越大，对企业越不利。

更进一步，如果是直接从负收益率中选取损失水平，那么这个概念就是ES，又称为CVaR，可以和VaR一样作为汇率风险的计量指标。可以这么理解ES：未来一段时间内如果资产发生了巨大损失（即超过VaR），那么资产的预期损失水平就是ES。ES通常都要大于VaR，ES和VaR之间的关系可以用图6-10来表示。

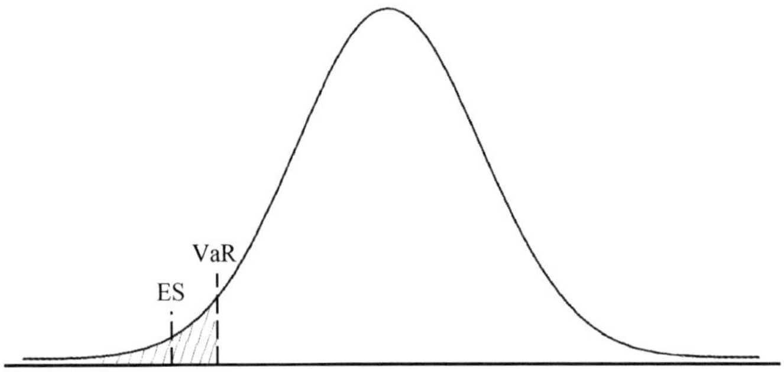

图6-10　VaR与ES的关系

图6-10中的横坐标可以理解为收益/损失情况，越靠左表示损失越大。纵坐标可以理解为概率情况，越低表示发生的概率越小。ES测量了VaR分位点左侧的信息，即损失超过VaR的情况。

二、多币种汇率风险

单币种的VaR或ES可以用来精确计量汇率波动可能对企业造成的损失水平，但多币种组合的汇率风险并不等同于这些币种风险的简单加总。

汇率是一个相对值，汇率数值的变化是货币强弱的博弈体现。如果人民币相对美元更加强势，那么美元兑人民币汇率的数值就会减小；人民币相对美元偏弱的话，美元兑人民币汇率的数值就会增大。升值与贬值存在一个比较的对象，一个币种的升值，必然对应着另一个币种的贬值。

如果将多个币种的风险值全部加总，把其作为企业面临的汇率风险，其实就是表示这些币种相对于人民币在相同的时间内都发生了大幅升值或贬值。理论上，在短时间内这是完全有可能发生的，但在实际中这种现象并不常见。

美元、欧元和日元是中国外贸中使用较多的三种货币。我们可以比较一下当某个币种相对人民币价格大涨或大跌时，在相同时段内另外两个币种的变化情况。图 6－11 中列出了 2016 年初到 2021 年底，美元、欧元和日元相对于人民币的价格在 30 天内涨幅或跌幅最大的那 1% 的历史情境下，另外两个币种的变化情况。横坐标表示日期，纵坐标表示币种相对于人民币的价格变动情况。纵坐标越高，表示该币种在 30 天中相对于人民币的升值幅度越大。每张图下方的短线表示 30 天中欧元、日元和美元全都相对于人民币走弱的日期分布，在 6 年中共占 15.4%。上方的短线则表示 30 天中这三个币种全都走强的日期分布，占总数的 8.3%。

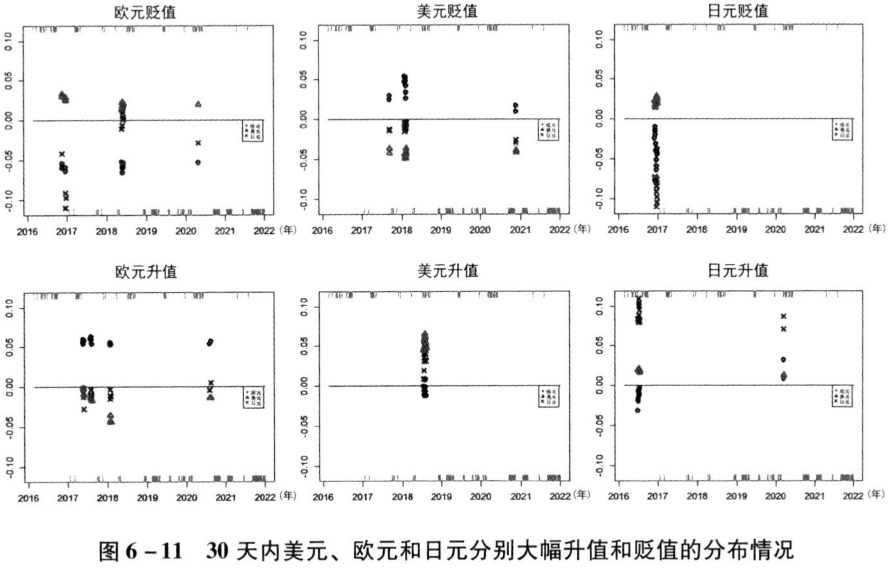

图 6－11　30 天内美元、欧元和日元分别大幅升值和贬值的分布情况

欧元在30天的时长内大幅贬值时，美元都是升的，日元则多数情况下表现为贬值；当欧元大幅升值时，日元和美元都倾向于轻微贬值。当美元在30天内大幅贬值时，欧元都表现为较大程度的升值，日元则倾向于轻微贬值；美元大幅升值时，欧元倾向于轻微贬值，日元倾向于升值。日元大幅贬值时，欧元同样贬值而美元则升值；日元大幅升值时，美元都为升值，欧元既可能升值也可能贬值。

将币种强弱变化比较的时间尺度从30天缩窄至1天。三个币种相对人民币全部走强的日期占比增加了4%至12.4%，全部走弱的日期占比同样为12.4%，币种全部分布在0值下方或上方的情况比较少见。观察1天的币种强弱变化，可以发现某个币种的大幅走强并不一定就表示另外币种的大幅走弱。假设未来汇率的波动情况同历史的走势相差不大，我们就可以得出这样一个结论：在短时间内，美元、欧元以及日元这三种常见的货币，相对于人民币同时发生大幅贬值或大幅升值的概率还是较低的。尽管在理论上这种极端的情况是完全有可能发生的（见图6－12）。

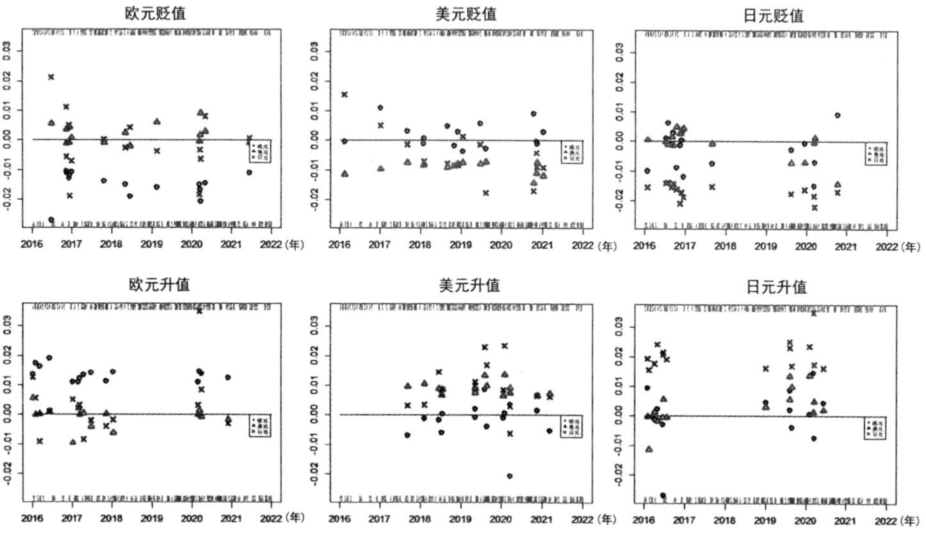

图6－12　1天内美元、欧元和日元分别大幅升值和贬值的分布情况

【例6－19】2020年12月28日，一家外贸企业有10万美元、7万欧元、850万日元和13万港元库存现金，并且没有进行避险。因此，这家企业的汇率敞口就等于10万美元、7万欧元、850万日元和13万港元。根据2020年的汇率波动情况，用历史模拟法估计出美元、欧元、日元和港元在一天内的最大损失（100%置信水平）分别为1,436美元（9,383元人民币）、817欧元（6,537元人民币）、187,824日元（11,874元人民币）、1,857港元（1,566元人民币）。由于是100%的置信水平，估计出的最大损失比例就等于过去这一年中汇率的最大日跌幅。根据定义，此时各个币种ES的数值就等于VaR（见图6－13）。

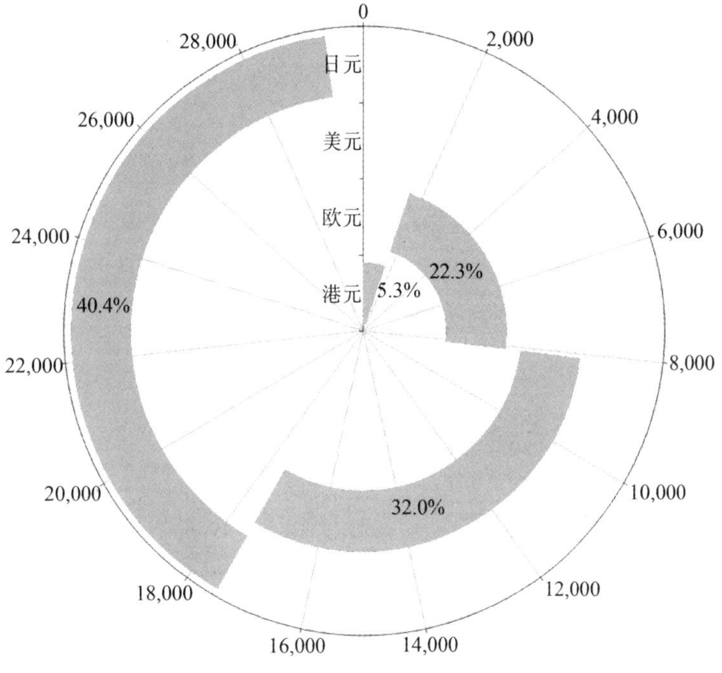

图6－13　汇率风险的币种构成结构

如果直接加总这四个VaR值，用29,360元人民币作为企业的总体汇率VaR，那么就隐含了企业对未来的预测：未来一天内四种汇率都发生了理论上的最差收益情况，即人民币相对所有其他币种都明显走强，走强幅度无一例外都等于历史上的单日最大升值幅度。也就是说，未来一天内JPYCNY、USDCNY、EURCNY和HKDCNY全都升值，升值幅度等于2020年各自汇率在某一天内的最大升值幅度。这种情况只在理论上才会出现，实际中很难发生如此极端的状况。因此，我们可以用更加“冷静理性”的方式来计算企业一天的汇率VaR：通过历史模拟法，综合考虑不同币种间的强弱相关性以及币种的资产价值比例，给出一个合理的总体汇率VaR值。

首先，分别计算出USDCNY、EURCNY、JPYCNY、HKDCNY收盘价相对于各自上个交易日收盘价的比值，然后取对数。选择的历史区间为2020年1月1日至2020年12月28日，共计239个交易日。

其次，将资产端的外币敞口根据当日2020年12月28日最新的汇率水平换算成本币价值，即653,750元人民币（10万美元）、559,741元人民币（7万欧元）、537,361.5元人民币（850万日元）和109,638.1元人民币（13万港元）。

再次，将换算后以人民币计价的资产价值与各自汇率的对数收益率相乘，这样就能得到四组资产的价值变化金额。把这四组金额相加，就是239个资产组合价值的变化情况，然后按值的大小进行排序。

最后，因为是100%置信度，所以从大到小排序后选择第一位的损失金额作为VaR值，即25,057元（见图6-14）。

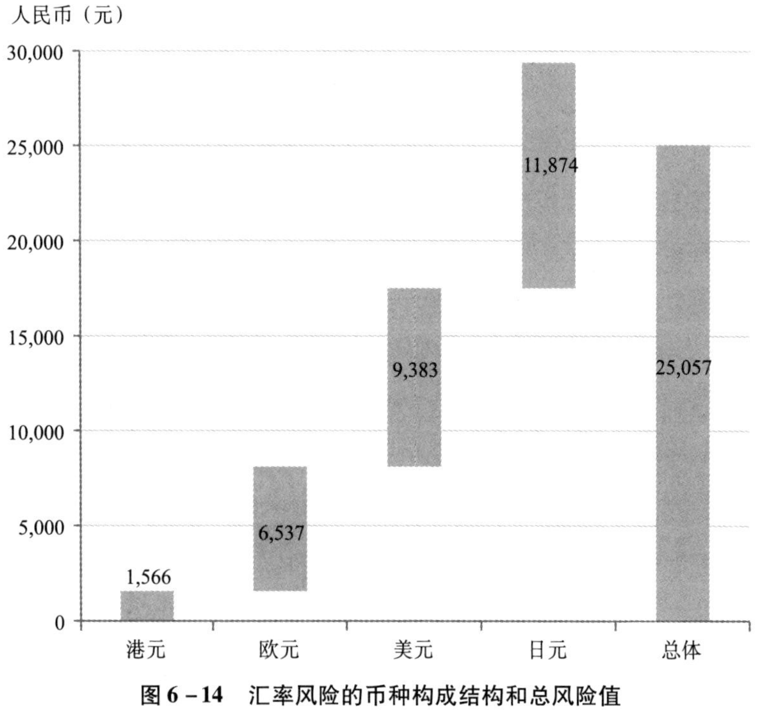

图6-14　汇率风险的币种构成结构和总风险值

根据历史模拟法，最后得到的25,057元要比直接加总单个VaR的29,360元少了4,303元（14.7%）。

总汇率风险要低于单币种风险的加总。这给我们带来一个启示，那就是如果一个资产组合中，某个币种资产的价值占比特别高，那么肯定要特别关注该货币兑人民币的走势情况。如果该货币兑人民币大幅贬值，那么即使其他的币种同时兑人民币大幅升值，也很有可能造成总体外币资产价值缩水。也就是说，外币资产的价值比例会影响总体资产损失风险的评定。

合理计算外币敞口的总体汇率VaR值，可以避免过度对冲外汇风险头寸。这正体现了ERM（企业风险管理）一体化的核心思想。一个风险在单个业务条线来看可能非常小，但在公司层面来看有可能会带来毁灭性的潜在破坏；从单个业务条线来看是非常大的风险，站在公司的角度，这个风险又可能被分散对冲而变得微不足道。

第六节 避险决策

制定具体的规避、转移和消除汇率风险的交易方案是企业管理外汇风险的重要环节，直接关系到企业后续的现金流变化，进而对企业的经营活动和业务开展造成影响。如何制订一个合理的避险方案，如何选择避险工具，避险工具要怎么使用，遇到意外情况又该如何应对，这些问题都实实在在地困扰着众多企业。本节介绍了三种制定避险决策的方法。

一、规则逻辑

大部分企业的外汇避险交易，多是管理者通过自身的汇率研判，然后择机进行外汇衍生品交易或汇兑操作，并没有形成一套书面化的、制度化的交易规则或判断逻辑。对于他们而言，外汇市场上的因素相较于企业自身的汇率敞口更加重要。这种方式的确有可能会从汇率的波动中获取汇兑收益，但也有可能因为看错方向而遭受巨额损失。

有些企业会将避险决策的权利下放至各业务部门，业务部门可以自行确定是否需要避险，但是业务人员对于汇率避险的认识参差不齐。从公司的角度来看，让非专业的人去做专业的事，不但从整体上很有可能达不到较好的汇率风险规避效果，而且增加了很多内部的沟通成本。尽管有时候这种管理方式可能便于对业务员的绩效进行考核，但并不利于控制企业的现金流变动和管理汇率风险。

还有一些企业会进行群体决策，通过大家投票决策来确定外汇的避险方案。在羊群效应下，群体决策的结果很可能在实质上就是基于汇率研判的投机交易，只不过将投机的后果和责任从少数人分摊到了多数人身上。

相比于预测外汇市场上的汇率，管理好企业自身的汇率敞口是一件更容易，也更有必要去做的事。不同于诡谲多变的外汇市场，财务结构是企业更加了解、熟悉和能够把握的东西。企业可以根据自身的财务特点，制定出书面化的、规范化的避险决策流程。比如，在及时记录业务信息和财务数据的基础上，出口企业会定期计算外汇资产结构和汇率敞口大小，并持续监控风险指标。当企业资产端的汇率敞口达到某个数值，或者企业的避险比例降到某一比例之下时，企业需要选择避险操作。锁汇避险的有效金额为当前敞口的某一比例。这个比例不仅要参考应收账款的坏账率和逾期率，还要考虑企业支付外汇资金时的现金流充裕程度。避险工具按照企业偏好来选择，锁汇期限可以参考外汇账款的平均账期。

无论是偏向汇率研判的避险交易还是基于汇率敞口的交易方式，企业要尽可能形成一套书面化、规范化的避险决策制定流程和逻辑，并无缝融入自身的外汇风险管理框架和制度中。只有这样，才能让管理者更快地制定锁汇决策，交易员更加精确地执行交易方案，公司更加客观地评价避险效果。

二、情景模拟

情景模拟是用来测试不同避险方案对企业的预期影响，从而评估这些方案的不同和优劣。如果企业没有形成一套规范化的避险决策流程和逻辑，那么情景模拟就是一种非常重要的制订汇率避险方案的方法。

企业通常会先确定避险工具。目前，中国境内外贸企业最常用的外汇避险工具为外汇远期，比如企业选定了外汇远期作为自己的避险工具，那么接下来就该确定与哪家银行承做，要承做哪些币种的远期合约，合约的有效期限和锁汇金额是多少。企业可以先确定一组币种、期限和金额参数，然后计算出承做这笔远期合约之后对企业资产结构、敞口结构的预期影响，然后估算出具体的风险指标值。接着企业可以不断地调整参数组合，查看并比较不同方案对企业的预期影响。最终从所有方案中找出一个可以接受的最优方案。这个过程就是情景模拟。

情景模拟也可以用来比较多个不同避险工具之间的锁汇效果。远期、掉期、期货和期权的交易流程并不相同，对于企业的预期影响也不尽相同。情景模拟中，期货和期权还要多增加合约价格等需要预估的参数，会一定程度上降低模拟的准确性。除此之外，情景模拟也可以用来比较不同避险工具在交易的前后顺序上对企业的影响。比如说，企业可以先承做一笔锁汇期限较长的远期合约，然后根据承做这笔远期合约之后企业的资产结构、敞口状况和风险水平来进行期货交易。因为期货合约的流动性要远高于场外的远期合约，所以期货合约更适合用来微调企业的敞口结构和风险水平。相反，如果企业先进入期货市场，然后在期货套期保值的基础上再进行远期交易，可能在操作上的灵活性不够高。一个原因是期货合约的基差风险导致期货的套期保值效果不如远期合约那么精准；另一个原因是“期货+远期”的避险组合中一般通过调整期货来改变交易方案，而这会影响以期货合约为基础的预期保值效果。

当然，情景模拟也可以用来模拟一些意外的情况，比如说，应收账款大规模逾期，导致远期合约进入交割环节时企业缺少外币资金的特殊情景。理论上来说，情景模拟可以提供无限种特殊的场景来评判不同避险决策的预期效果，但这需要技术上的大力支持。企业最好是通过专业的信息系统，来模拟不同工具以及交易的顺序、搭配对企业资金结构、未来现金流收支和风险水平的影响。

三、压力测试

情景模拟的重点在于“模拟”，而压力测试的重点则在于“测试”。压力测试是用来测试各种极端情景下企业的表现的，比如，汇率或者企业现金流、负债比等指标达到某一临界值的状态。

【例 6－20】 最常见的一种压力测试，就是当企业达到某一特殊状态时汇率的数值为多少。比如说，企业的一款热销产品定价 100 美元。按照 6.5000 的美元兑人民币汇率，100 美元等于 650 元人民币。去除 600 元的营业成本后，企业还能有 50 元的毛利润。那么当企业的毛利润为 0 时，即营业成本等于营业收入时，美元对人民币的比例应该为 6∶1。这样，企业就能知道，“6”对自身而言是美元兑人民币汇率的一个关键点位，当汇率不断升值甚至破“6”后，自己每卖出一单都是在亏钱。

我们也可以试算出避险操作的损益两平汇率。这个汇率点位，就是在一定的利润水平下，企业外汇经营业务的毛利润金额刚好等于锁汇操作上的亏损金额时的汇率水平。具体而言，对于出口型企业来说，需要将主营业务收到的美元兑换成人民币。结汇时，人民币越弱对企业越有利，即用相同的美元现金能换更多的人民币。当出口型企业运用远期等避险工具进行避险操作时，若一段时间内人民币走弱导致汇率点位高于避险点位，那么企业在避险工具上会有亏损。当汇率达到某个点位，企业业务的利润金额刚好覆盖避险操作上的亏损金额，即此时该业务既不盈利也不亏损，这个点位就是出口型企业的损益两平汇率。

以远期合约为例，出口企业承做的外币兑本币远期合约的损益两平汇率 f_{out} 等于：

$$f_{out} = bid\left(1 + \frac{P_{out}}{1 - P_{out}}\right)$$

其中，bid 为远期合约的买报价，即外币兑本币的锁汇点位。P_{out} 为企业出口业务的毛利率。毛利率就是毛利与营业收入的比值，它大体反映了一个企业的出口盈利能力。毛利等于营业收入减去营业支出。

进口企业承做的本币兑外币远期合约的损益两平汇率f_{in}等于：

$$f_{in} = ask\left(1 - \frac{P_{in}}{1 - P_{in}}\right)$$

其中，ask为远期合约的卖报价，即本币兑外币的锁汇点位。P_{in}为企业进口业务的毛利率。

以2022年1月5日的远期参考报价为例，在8%的毛利润水平下，我们可以计算出买卖远期合约的损益两平汇率（见表6－22）。

表6－22　　　　远期合约的损益两平汇率

日期	类型	币种	到期期限	进口		出口	
				卖报价	损益两平汇率	买报价	损益两平汇率
2022年1月5日	远期	美元兑人民币	1周	6.3925	5.8366	6.3613	6.9144
			1月	6.4064	5.8493	6.3735	6.9277
			2月	6.4177	5.8596	6.3848	6.9400
			3月	6.4310	5.8718	6.3976	6.9540
			4月	6.4452	5.8848	6.4118	6.9694
			5月	6.4562	5.8947	6.4228	6.9813
			6月	6.4674	5.9051	6.4340	6.9935
			7月	6.4810	5.9174	6.4456	7.0061
			8月	6.4928	5.9282	6.4574	7.0189
			9月	6.5061	5.9404	6.4707	7.0334
			10月	6.5159	5.9493	6.4795	7.0429
			11月	6.5262	5.9587	6.4898	7.0541
			1年	6.5374	5.9690	6.5011	7.0664

压力测试可以让管理者对当前的汇率点位以及企业当前面临的风险水平有更加深刻的认识和了解，增加对外汇市场变化的敏感度。

第七节　交易操作

执行具体的交易，是企业汇率避险方案的落地。负责交易操作的部门或员工必须按照规定的制度和流程，准确执行最终的避险决策方案。

如果企业决定承做远期或掉期，则需要同银行接触。不同银行通常会评判企业的资质，并给出各自的买卖报价和授信程度。企业可以同多家银行商讨，并选择报价最优或授信程度最高的一家银行来承做外汇远期合约。

如果企业决定进行期货交易，因为当前中国金融期货交易所还没有上市外汇品种的期货，而目前汇率品种完善、流动性较高的两个交易所是新加坡交易所和香港交易所，企业可以选择在这两个交易所进行汇率避险操作。企业需要先在具备相应资质的期货经营机构处开户，然后才能参与期货市场，用汇率期货为企业的进出口业务保“价”护航。

如果企业想要开展期权业务，首先要确定是使用标准化的场内期权还是非标准化的场外期权。如果是场内期权，则流程与期货类似，场外期权业务则要同有资质的大型商业银行开展。期权交易也需要密切关注盈亏情况和实值/虚值状况。需要缴纳保证金的情况下，交易者更要注意账户的风险水平，防止因为流动性资金不足导致持仓合约被强平（见图6－15）。

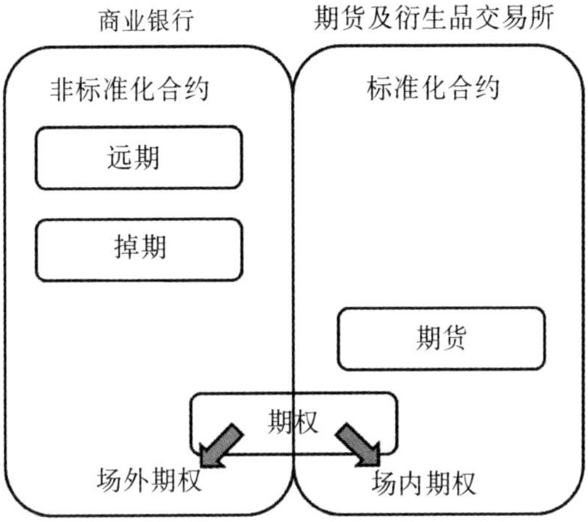

图 6－15　四种常见汇率避险工具的交易场所

第八节　流程评估

企业需要对外汇风险管理的 10 个过程分别进行流程评估，评价是否有做得不到位的地方，并做出改进的建议。其中最重要的一点，在于企业对最终避险方案实施效果的评估。交易方案是否执行到位，效果是否达到了管理者下达决策指令时的预期，是判断一家企业外汇风险管理是否成功的关键要点。

一般来讲，评估企业的外汇风险管理效果，可以从以下几个角度来切入：

（1）企业的实际现金流或资产/负债价值的变动是否与事前的估计存在巨大差异。判断一个避险方案的实施效果，不能执着于金融合约自身的盈亏情况，还要结合企业自身的外币资产/负债的汇兑损益情况。如果“避险工具＋现实资产/负债”的价值稳定，在管理者预估的范围内波动，那么可以说避险方案没有失败。

（2）企业的交易是否按照流程规范操作，是否存在投机行为。如果存在投机行为，则可能出现预期之外的盈亏波动。企业避险的目的在于平稳外币资产的价值波动，不规范的交易行为，反而会增加现金流和资产价值的不确定性，因此一定要避免这种行为。

（3）企业是否合理披露套期保值业务、避险交易操作的信息。倘若在公告中只讲外汇衍生品交易的盈利，不提外币资产的汇兑损失，难免会有“只报喜不报忧”、吸引投资和推高股价的嫌疑。同样，只展示亏损的交易，却不提因为汇率往有利方向变化带来的资产增值或负债稀释，也会引发利益相关者的恐慌，从而造成不必要的动乱。

（4）企业在管理过程中是否遭遇意外情况，比如繁琐的交易步骤导致的操作失误，或其他情况导致财务成本或管理费用增加。操作是否便利、规章流程是否人性化、意外状况的处置是否有效都是企业评判外汇风险管理过程需要考虑的地方。

第九节　会计报表

企业汇率避险交易方案的执行结果最终要以财务报表上数值的形式展现出来。企业内部人员、外部的投资者以及其他相关者最终都可能会从会计报表中获知企业外汇风险管理的成果。

在绝大部分情况下，因为不同日期汇率不同导致的外币资产/负债折算差异，即汇兑损益，通常都会计入财务费用中。财务费用属于期间费用，它是指企业为了筹集生产经营所需资金而需付出的代价。汇率朝有利方向变化带来的资产增值或负债稀释，我们可以称汇兑收益减少了财务费用；汇率朝不利方向变化带来的资产稀释或负债增加，我们可以称汇兑损失增加了财务费用。

外汇风险管理，如果是通过金融衍生品来对冲、规避或转移汇率风险，就可以用套期会计的方式来处理会计报表。但在实操中，企业想要运用套期会计会遇到很多问题和挑战。最主要的一个问题就是企业往往会进行一些长周期的战略性质的套保交易，比如，在期货市场上用多头持仓作为预售汇的手段来建立虚拟外币资金库存，用空头持仓作为预结汇的手段来实现外币资金兑换的目的。这种不是一对一挂钩业务订单或应收账款的套保模式，导致金融衍生品和现货的头寸很难精准对应和测量。因此，企业往往会把金融衍生品的盈亏计入公允价值波动或投资损益中去。

如果企业信息披露不当，就会造成社会舆论及市场情绪的变化，进而会对企业的公众形象以及经营战略产生影响。如何将企业外汇风险管理的结果展示在会计报表中，也是管理者需要关注和思考的一个内容。

第十节 审核监控

企业需要在外汇风险管理的每个环节都进行内部审核和监控。外汇价格波动风险属于市场风险，企业可以规避、对冲或转移，操作风险等人为因素造成的不利影响也可以通过内部控制来降低。

审核监控，不仅要监控货币兑换、外汇交易或报表制作等实操行为，还要关注财务数据处理、风险信息分析等企业外汇风险管理的其他几个主要过程。除此之外，上级对下级、总部对本部、风控对业务的重要行为以及关键步骤都要进行审核。相关负责人必须及时了解当前事物的发展状况和面临的风险的大小，做到各个环节都有迹可循。

企业可以设置多个不同类型的审核监控机制，比如，风控部门负责对每笔外汇衍生品的交易行为进行审查和监控，审计部门负责定期审查一段时间内的套期保值业务。企业也可以聘请外部的专业机构来对企业的外汇风险管理进行指导、监督和改进。

第七章　企业外汇风险管理案例

古人曾说，“不以规矩，不能成方圆”，指的是做事一定要遵循一定的法则。对于外汇风险的管理，企业一定要从上而下地制定一套完整、规范、科学、人性化的管理制度。这套制度必须要因地制宜，因为每家企业都有自己独特的规章制度、战略目标、文化价值和事业环境。以下便详细介绍几个外贸企业进行外汇风险管理的具体案例。

第一节　没有避险经验的出口企业进行外汇风险管理

A 企业是一家成立于2010 年的外贸企业，经营范围主要是出口低端制造品。A 企业的出口地区是北美洲，贸易币种只涉及美元，年出口额稳步增长。

A 企业的出口账款都是应收账款，统一由财务部门进行管理。出口日期和收款日期之间通常相差 30 ~ 45 天，但存在不少账款逾期现象，曾出现过某些月份逾期率和坏账率都高达 15% 的情况。财务部门将收到的账款都存放在一家银行的外汇账户中，每年年底统一将全部美元通过银行即期外汇交易的方式兑换成人民币（见表 7 – 1）。

表 7－1　　A 企业美元账款金额　　（单位：万美元）

时间	当月总收款	时间	当月总收款	时间	当月总收款
2019 年 1 月	70	2020 年 1 月	160	2021 年 1 月	300
2019 年 2 月	0	2020 年 2 月	30	2021 年 2 月	110
2019 年 3 月	240	2020 年 3 月	340	2021 年 3 月	510
2019 年 4 月	80	2020 年 4 月	210	2021 年 4 月	390
2019 年 5 月	90	2020 年 5 月	290	2021 年 5 月	430
2019 年 6 月	100	2020 年 6 月	340	2021 年 6 月	510
2019 年 7 月	170	2020 年 7 月	470	2021 年 7 月	680
2019 年 8 月	190	2020 年 8 月	410	2021 年 8 月	590
2019 年 9 月	210	2020 年 9 月	420	2021 年 9 月	610
2019 年 10 月	190	2020 年 10 月	400		
2019 年 11 月	200	2020 年 11 月	380		
2019 年 12 月	180	2020 年 12 月	380		

一、识别汇率风险

A 企业只通过银行即期结汇的方式将收到的美元资产兑换成人民币资产，而即期结汇点位是随美元兑人民币汇率波动而变化的，因此 A 企业的美元资产用人民币计价是不确定的，企业承受着汇率变化导致的美元资产波动的风险。

2019 年以来，美元兑人民币汇率的变化较大，一年的升值幅度可以达到 6000BP 之多（见图 7－1），这造成一年内美元资产的人民币价值可能会产生很大的差异。A 企业由于没有进行任何外汇避险操作，所有美元资产的人民币价值都随美元兑人民币汇率波动而变化，美元资产都暴露在汇率波动风险中，因此，企业的美元资产金额就等于外汇风险敞口的大小。近年来，A 企业的出口额度稳步增长，而外汇风险敞口值也不断增大（见图 7－2）。

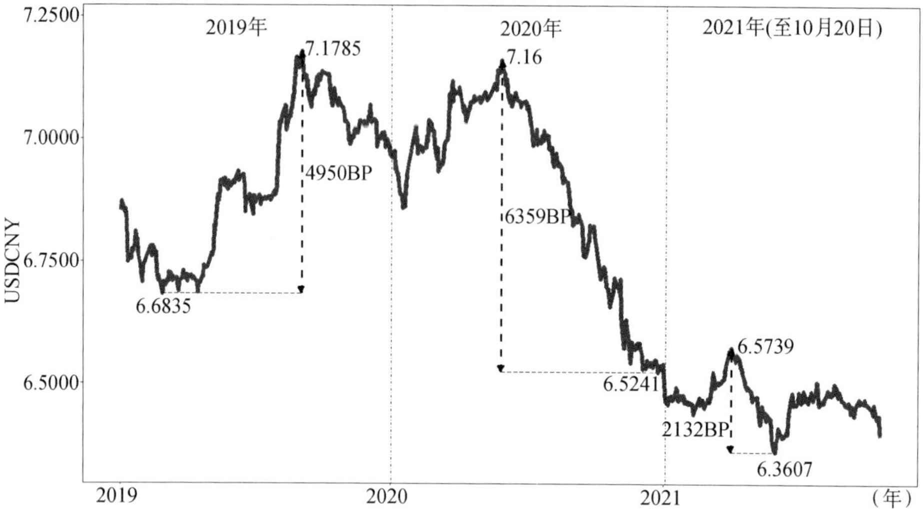

图 7-1　美元兑在岸人民币汇率自 2019 年起变化较大

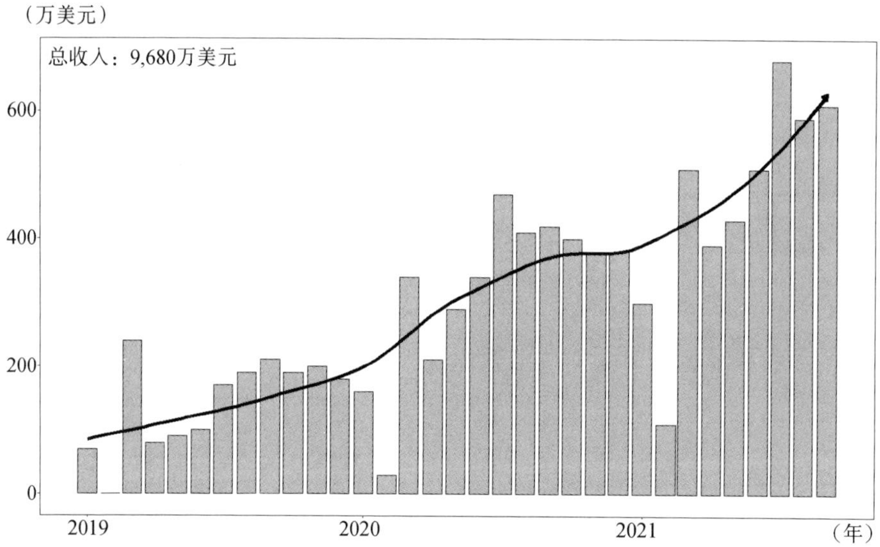

图 7-2　A 企业出口额稳步增长

A 企业每年年底都会通过银行即期结汇的方式将当年收到的美元账款全部兑换成人民币资产，因此我们可以通过计算当年收到的总美元账款金额与当年最后一日的即期结汇价格的乘积，来得到当年收入的人民币资产价值（见表 7-2）。

表 7－2　　　　　　美元兑人民币汇率中间价

日期	中间价	日期	中间价	日期	中间价
2019 年 1 月 31 日	6.7025	2020 年 1 月 23 日	6.8876	2021 年 1 月 29 日	6.4709
2019 年 2 月 28 日	6.6901	2020 年 2 月 28 日	7.0066	2021 年 2 月 26 日	6.4713
2019 年 3 月 29 日	6.7335	2020 年 3 月 31 日	7.0851	2021 年 3 月 31 日	6.5713
2019 年 4 月 30 日	6.7286	2020 年 4 月 30 日	7.0571	2021 年 4 月 30 日	6.4672
2019 年 5 月 31 日	6.8992	2020 年 5 月 29 日	7.1316	2021 年 5 月 31 日	6.3682
2019 年 6 月 28 日	6.8747	2020 年 6 月 30 日	7.0795	2021 年 6 月 30 日	6.4601
2019 年 7 月 31 日	6.8841	2020 年 7 月 31 日	6.9848	2021 年 7 月 30 日	6.4602
2019 年 8 月 30 日	7.0879	2020 年 8 月 31 日	6.8605	2021 年 8 月 31 日	6.4679
2019 年 9 月 30 日	7.0729	2020 年 9 月 30 日	6.8101	2021 年 9 月 30 日	6.4854
2019 年 10 月 31 日	7.0533	2020 年 10 月 30 日	6.7232		
2019 年 11 月 29 日	7.0298	2020 年 11 月 30 日	6.5782		
2019 年 12 月 31 日	6.9762	2020 年 12 月 31 日	6.5249		

假设 A 企业每月底将当月收到的全部账款入账，并以当时最新的美元兑人民币汇率中间价作为外币换算成记账本位币的单位数值。在年底统一结汇前，再把全年美元收入换算为以人民币为记账本位币的金额。将当年每月的加总金额和年底总金额进行比较，可以得到汇兑换算损益分别为 63 万元、－1,312 万元和 60 万元。2019 年人民币汇率以贬值为主，因此 A 企业享受了美元资产“增值”带来的好处。而 2020 年人民币汇率一路升值，导致 A 企业遭受了巨大的汇兑损失，财务费用增加。2021 年的前三个季度中，美元兑人民币汇率的波动较前两年不大，A 企业在汇兑换算中稍有“收益”（见图 7－3）。

美元越强，人民币越弱，这种情况下，一单位美元就能换到更多数量的人民币，因此，对于需要将美元兑换成人民币的 A 企业而言，肯定是希望人民币汇率贬值。

估算 A 企业在银行进行即期结汇的价格等于当时最新的美元兑人民币汇率中间价减去 200BP，那么可以得到 A 企业每年收入的人民币资产。更进一步，如果 A 企业每季度末、每月末都进行美元即期结汇，那么就可以比较这三种结汇方式对企业收入的影响（见图 7－4）。

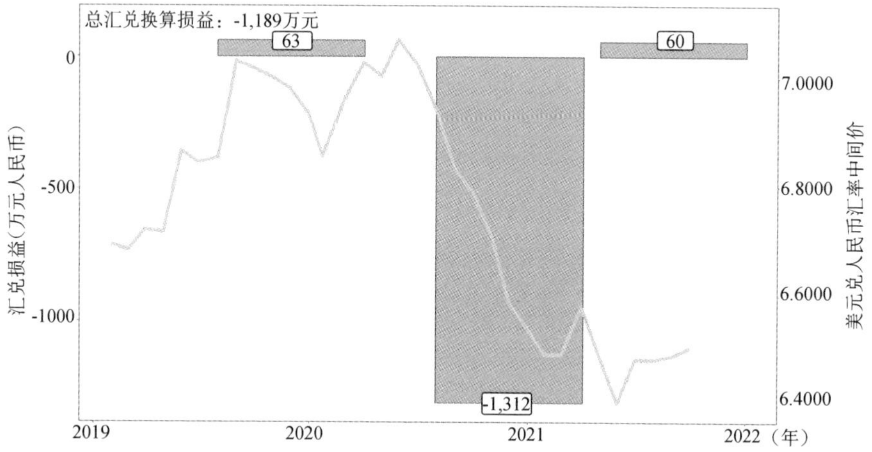

图7－3　A企业的汇兑换算损益

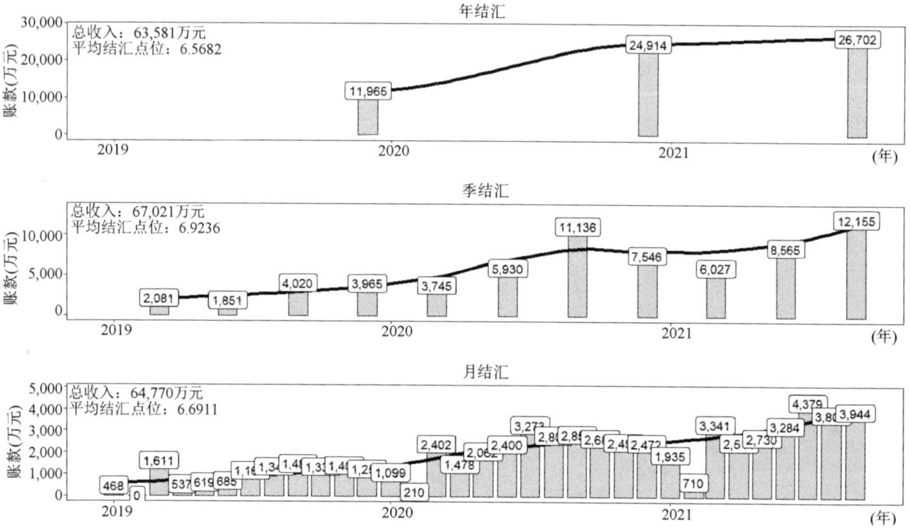

图7－4　不同即期结汇频率下的人民币收入

从2019年初至2021年9月，A企业所有美元账款的总金额为9,680万美元。通过历史汇率数据，可以计算出每年结汇、每季结汇、每月结汇兑换成的总金额分别为63,581万元、67,021万元和64,770万元，平均结汇点位分别为6.5682、6.9236和6.69111。在这两年多的时间内，从人民币收入的角度来看，每季度结汇最好，每年结汇最差，两者之间的金额差达到了3,440万元。换算到年，不同结汇方式对A企业营业收入的影响可能会达到2%，这已经是一个不小的数值了。从其他角度来说，每季度结汇不需要每月结汇那么频繁操作，而且每季度都能补充人民币资产，在资金运转上比每年结汇一次的方式更加灵活合理。

但是，以上“每季度结汇要好于每月结汇或每年结汇”的结论是站在事后的角度得出的，而站在当下，我们并不能保证未来每季度结汇会优于每月结汇或每年结汇。如果将来人民币汇率一路贬值，那么每年结汇可能表现最好；如果将来人民币汇率持续升值，那么每月结汇的表现可能最好。正因为汇率是无法准确估算的，如果不对汇率波动的风险加以规避或转移，那么企业以人民币计价的营业收入是无法准确估算的，净利润存在较大波动风险。

二、拟定避险方式

A企业在回顾2020年因美元兑人民币汇率大幅升值导致的巨大汇兑损失后，充分认识到了汇率变化对企业财务的重大影响以及外汇避险的必要性。于是企业在2021年2月1日召开会议，决定将采取措施来减少汇率波动对企业营业收入的影响，并由财务部负责制订具体的避险方案。

可以对汇率波动风险进行对冲、转移的工具主要有期货、期权、远期、互换这四种。这四种避险工具中，期货需要在交易所开户交易，期权比较复杂，互换（掉期）可以理解为多个远期合约的组合，远期则是其中最简单和最易理解的工具。考虑到A企业之前从未接触过这四种避险工具，财务部决定选择远期工具来进行汇率避险。

要用远期合约对A企业的美元资产进行保值锁定，财务部需要同银行确定远期合约的标的、交割日期、锁汇价格以及保证金。由于A企业应收账款的账期普遍在一个月到一个半月之间，财务部拟每月底承做一笔期限为1个月的远期合约，在下个月底进行该远期合约的交割并于当日再新做一笔期限依旧为1个月的远期合约。远期合约的标的是A企业当月收到的全部美元账款，约定未来A企业将该美元资产卖给银行并从银行换回对应的人民币。锁汇价格参考当日中国银行交易期限为 1 个月的美元远期买入价。由于 A 企业此前从未在银行进行远期交易，假设银行的保证金要求为远期标的资产的 10%。

根据此方案，财务部进行了 2019 年 7 月到 2021 年 1 月的远期避险方案回测：在 2019 年 7 月 31 日，A 企业同 W 银行承做一笔期限为 1 个月、金额为 170 万美元、锁汇点位为 6.867190 的远期合约，并于当日向 W 银行的特定账户中存入 17 万美元的保证金。等到 2019 年 8 月 30 日，A 企业将 170 万美元转给 W 银行，并从 W 银行收到 1,167.424 万元人民币，同时收回 17 万美元。8 月 A 企业收到的美元账款共有 190 万美元，因此当日跟 W 银行新做一笔期限为 1 个月、金额为 190 万美元、锁汇点位为 7.139778 的远期合约，并向 W 银行的特定账户存入 19 万美元的保证金。按月滚动新做美元远期合约，直到 2021 年 1 月 29 日完成 1 月远期合约的交割为止。

将该避险方案与每月即期结汇、每季度即期结汇和每年年底即期结汇进行比较，可以发现尽管该方案将对应美元兑换成人民币的时间要比每月结汇日期晚 1 个月，但远期避险方案的平均兑换点位最大，即相等美元能够兑换到更多的人民币（见表 7－3）。

表 7－3　　远期避险方案与即期结汇方案比较

美元换汇方案	总人民币收入（万元）	平均兑换点位
每月远期锁汇	34, 307. 15	6. 9028
每月即期结汇	34, 207. 4	6. 8828
每季即期结汇	34, 032. 48	6. 8476
每年即期结汇	32, 843. 83	6. 6084

从图 7－5 可以看出，期限为 1 个月的美元远期合约的锁汇点位通常都要大于当时的即期点位。2019 年年中到 2021 年初，美元兑人民币汇率以升值为主，因此 1 个月美元远期锁汇点位通常都要高于该远期合约到期交割日的美元兑人民币汇率中间价。也就是说，在这段时间内通过每月连续承做期限为 1 个月美元远期合约来进行交割的方式，要比即期结汇的方式能把相等的美元兑换成价值更多的人民币。

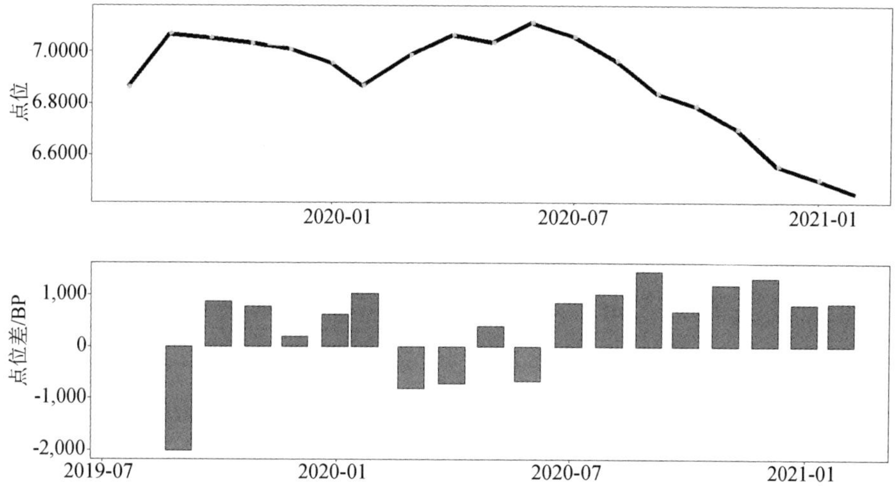

图7-5 美元兑人民币汇率中间价与1个月美元远期锁汇点位比较

在这次回测中，财务部发现运用远期工具要比即期结汇的方式给A企业带来更高的以人民币计价的营业收入，于是决定以每月连续承做1个月美元远期合约的方式来进行交割结汇，设计了如下避险方案：

每个月底的最后一个工作日，A企业都同W银行承做一笔期限为1个月、标的金额为A企业当月收到的全部账款的美元、锁汇点位由W银行提供报价的美元远期合约，并于当日向W银行的特定账户存入该远期合约标的金额10%的美元保证金。等到下个月底，A企业收回美元保证金并与W银行进行美元远期合约的交割，把上个月收到的全部美元按照事先约定好的价格兑换成固定数量的人民币。结束交割环节后，上月承做的美元远期合约到期失效，A企业于当日与W银行再承做一笔新的远期合约。

财务部设想该方案能够每月将上个月留存的美元兑换成人民币，并且根据回测结果，这种方式很有可能会比即期结汇的方式更好，因此应该是一个不错的避险方案，2021年2月5日，财务部将该方案文件提交给企业高层。

三、确定避险方案

2021年2月8日，A企业召开外汇避险方案评审会议，对财务部提交的避险方案进行评审，主要评审建议如下：

（1）通过远期合约来锁定未来确定的以人民币计价的营业收入是一种可行的避险方案。远期是国内最常见的一种外汇避险工具，简单、易操作，可以和银行方便地进行交易。

（2）承做远期合约的思路不正确。进行避险是为了规避未来汇率升值造成的以人民币计价的美元资产价值缩水的风险，避险方案的实施应达到“能有效确定未来收到的美元账款以人民币计价的价值”的目标，消除或降低汇率变化对企业未来营业收入的影响。按照财务部提交的避险方案，A 企业当月收到的全部美元账款要等到下个月底再统一交割，那为什么不直接在当月的月底进行即期结汇呢？这样直接消除了汇率风险，根本就不需要远期合约来锁定汇率。

（3）A 企业是第一次使用远期工具来进行外汇避险，需要谨慎交易，所以不要进行全额避险。要经过一段时间的观察后才能逐步提高避险比例。

原方案的不足之处在于：原方案是通过确定最大收益的角度来进行方案制订的，但避险方案的出发点是稳定未来的收益。原方案中外汇远期合约的标的金额是当月已经确定收到的美元账款金额，但实际上标的金额应该由未来收到的美元资产来确定。因此应该从应收账款的角度出发，根据坏账率和逾期率估算出未来一段时间内 A 企业能够收到的美元，据此再确定具体的避险金额。除了标的要素，远期合约的有效期限、对手方和价格不需要调整。

A 企业的收支账款全是应收账款，账期大致在 1 个月到 1 个半月之间。A 企业在月底都会记录并整理当前还未收到的应收账款金额。财务部决定每月承做的外汇远期合约的标的金额为该金额的八成。等到下个月，该月收到的总美元资产中除去交割后的剩余部分，都通过即期结汇的方式全部换成人民币。

最终修改后的外汇避险方案如下：

每个月底的最后一个非工作日，A 企业都同 W 银行承做一笔期限为 1

个月、标的金额为A企业当前确认还未收款的应收美元金额的80%、锁汇点位为W银行提供报价的美元远期合约，并于当日向W银行的特定账户存入该远期合约标的金额10%的美元保证金。到下个月底，A企业收回美元保证金并与W银行进行美元远期合约的交割，将美元按照事先约定好的价格兑换成固定数量的人民币。A企业的美元库存现金在远期交割后若还有剩余，就在当日将剩余的全部美元在W银行进行即期结汇。结束交割环节后，A企业于当日与W银行再承做一笔新的远期合约。

四、分析执行效果

2021年2月12日，A企业投票通过了财务部修订过的避险方案，决定即日起进行该方案的实施，并设置了半年的观察期。

A企业在2020年底将所有的库存美元现金通过即期结汇的方式兑换成了人民币，截至2021年2月12日没有做过任何结汇操作（见表7-4）。

表7-4 A企业月实收账款金额与日未收账款金额 （单位：万美元）

日期	当日总未收金额	当月实收总金额
2021年1月29日	189	300
2021年2月26日	523	110
2021年3月31日	435	510
2021年4月30日	590	390
2021年5月31日	739	430
2021年6月30日	1,204	510
2021年7月30日	755	680
2021年8月31日	962	590
2021年9月30日	1,067	610

根据避险方案，每月底都可以确定新做远期合约的美元金额，并对当日到期的远期合约进行交割，然后根据当日美元库存现金和交割金额的差值来进行即期结汇等操作（见表7-5）。

表 7－5　　A 企业月底换汇操作

日期	新做远期合约金额（万美元）	到期远期交割金额（万美元）	库存现金余额（万美元）	其余操作
2021 年 1 月 29 日			300	
2021 年 2 月 26 日	418.4（523×80%）		410，即（300＋110）	
2021 年 3 月 31 日	348（435×80%）	418.4	501.6，即（410＋510－418.4）	同 W 银行即期结汇 501.6 万美元
2021 年 4 月 30 日	472（590×80%）	348	42，即（390－348）	同 W 银行即期结汇 42 万美元
2021 年 5 月 31 日	591.2（739×80%）	472	－42，即（430－472）	同 Y 银行即期购汇 42 万美元
2021 年 6 月 30 日	963.2（1,204×80%）	591.2	－81.2，即（510－591.2）	同 Y 银行贷款 1 个月的 81.2 万美元
2021 年 7 月 30 日		963.2	－364.4，即（680－81.2－963.2）	偿还 Y 银行 81.2 万美元，同 W 银行约定将当日到期远期合约进行分批交割，当日交割 598.8 万美元，剩余 364.4 万美元下个月底交割
2021 年 8 月 31 日	769.6（962×0.8）		225.6，即（590－364.4）	同 W 银行完成 364.4 万美元的远期分批交割
2021 年 9 月 30 日		769.6	－159.6，即（610－769.6）	同 W 银行约定将当日到期远期合约进行展期，下个月再统一交割 769.6 万美元

在长达 7 个月的避险方案实施过程中，A 企业遇到了很多问题，避险并没有达到预期效果。其中最主要的原因是避险方案中对未收账款的避险比例过高。由于 A 企业应收账款的账期为 1 个月到 1 个半月，因此月底时统计的未收账款金额不一定都能在未来 1 个月内收到。另外，A 企业的坏账率和逾期率较高，因此在账款到期日之前能收到的美元金额要低于月底的统计值。在应收账款平均账期和远期合约期限不匹配、逾期坏账现象严

重的情况下，将月底时统计的总未收账款 80% 的金额作为期限为 1 个月的远期合约的标的金额偏高了。

按照避险方案中的设想，每个月底在进行美元远期合约交割后，库存美元现金应该还有剩余。但实际上 A 企业在 2021 年 5 月底、6 月底、7 月底和 9 月底都遇到了库存美元不够远期交割金额的困境，美元资金缺口最多时在 7 月底，有 300 多万美元。也正是在资金缺口过大的 7 月底，财务部在估计未来 1 个月的预计收款情况下，决定将到期的远期合约分批交割，并且当日不再新做远期合约。由于这不符合原定的避险方案，财务部向公司提交了拟定交易方案并取得了批准和支持。

在不违约的前提下，A 企业采取了即期购汇、贷款、远期分批交割和远期展期这四种不同的方式来应对美元资金不足以交割的困境。这种困境通常有两种解决方式：增加当期美元资金（即期购汇和贷款）和减少当期交割金额（远期分批交割和展期）。当然，这四种方式无一例外都会给 A 企业增加直接的财务费用和隐形的沟通成本、时间成本。除了 A 企业采取的这四种方式，应收账款保理则是从管理应收账款角度出发获取融资的一种方式。

即期购汇：A 企业用人民币资产向银行按照即期报价购买相应的美元。银行的美元现汇买入价和现汇卖出价可能相差 200BP 到 400BP。现钞买入卖出价差甚至能达到 800 多 BP。

贷款：A 企业向银行借了一定数量的美元，并约定在未来还本付息。我国外币贷款利率由各金融机构根据国际金融市场利率的变动情况以及资金成本、风险差异等因素自行确定。

远期分批交割：A 企业和远期合约的对手方约定将原定交割金额拆分成几笔，并分别在不同的日期进行交割。由于对原本的远期合约进行了调整，A 企业通常要向 W 银行额外支付该合约的变动费用或在交割价格上做出让步。

远期展期：A 企业和远期合约的对手方约定延迟原定的交割日期，但对交割金额不进行调整。由于对原本的远期合约进行了调整，A 企业通常要向 W 银行额外支付该合约的变动费用或在交割价格上做出让步。

应收账款保理：A 企业将未到期应收账款转让给金融机构，并获得相应资金。应收账款转让需满足一定条件，并且转让通常有折扣（见表 7－6）。

表 7－6　远期交割资金不足的解决方式

方式	参与方	成本	优点	缺点
即期购汇	银行	价差	操作简单方便	损失价差大
贷款	银行为主的金融机构	利息	操作简单	贷款利率差异大
远期分批交割	银行	合约费用；交割价差	灵活设置交割金额和交割日期	额外支付合约变动成本
远期展期	银行	合约费用；交割价差	当期不涉及交割资金流转	额外支付合约变动成本
应收账款保理	银行为主的金融机构	账款折扣	成本通常低于贷款利息	不够完善，存在折扣率和审核条件

在这半年多的避险方案观察期内，A 企业经常遇到外汇资金不足的情况，认为当前的避险方案还不够完善，因此在 2021 年 9 月停止了远期交易和避险操作。A 企业希望能够建立一个符合自身企业特点的外汇避险体系。

五、建立保值制度

2021 年 10 月 11 日，A 企业召开了高层会议，讨论评估了原避险方案的可取之处和有待改进的方面，并拟定了企业外汇避险流程制度草案。2021 年 10 月 18 日，A 企业高层会议投票通过了企业外汇避险流程制度，并即日起生效。同日，A 企业公布《关于开展外汇衍生品交易业务的议案》和《外汇套期保值业务管理制度》。

《关于开展外汇衍生品交易业务的议案》的主要内容包括外汇衍生品的开展种类、外汇衍生品交易、会计准则、外汇衍生品风险及针对风险的控制措施。

（一）开展外汇衍生品交易的目的

外汇衍生品交易必须以规避汇率风险为目的，不能开展投机活动。外汇衍生品交易可以提前锁定汇率水平，降低汇率波动对企业现金流或公允价值的影响。

（二）开展的外汇衍生品种类

为规避企业出口业务面临的汇率风险，公司拟开展的外汇衍生品以远期结售汇为主，外币币种为美元。

（三）开展的外汇衍生品金额

外汇衍生品在任何时点的金额都不应该超过当时未收账款总额的70%。当外汇衍生品的金额超过500万美元时，须由企业高层会议审议批准后方可实施。开展外汇套期保值业务的期限是自审议通过之日起12个月。

（四）开展外汇衍生品交易的风险

市场风险：汇率走势和企业预期有很大偏离时，通过外汇衍生品锁定汇率带来的成本支出可能会超过不进行避险操作时的成本支出，造成财务费用增加。

内控风险：外汇衍生品交易复杂且专业，可能会出现由于内部控制机制不完善导致的风险。

操作风险：交易员操作失误导致的风险。

法律风险：因法律条规变化给企业带来的损失。

违约风险：远期等合同无法正常执行造成的损失。

账款风险：客户应收账款逾期等造成货款无法及时回收，资金出现缺口的风险。

（五）针对衍生品交易风险的控制措施

外汇衍生品交易的时点、金额和方向都应该以企业经营业务为依托。

企业法律部密切关注相关领域的法律法规。

企业仅选择具有合法资质的大型商业银行作为外汇衍生品交易对手方。

明确财务部、交易部等相关责任部门的职责，责任落实到人。

企业采取内部审核、审批权限、风险报告等制度，并且在《外汇套期保值业务管理制度》中作出清晰明确的规定。

企业审计部持续监督外汇衍生品交易情况和资金使用情况，并定期向风险控制委员会报告审查情况。

（六）会计准则

以中华人民共和国财务部的《企业会计准则第 22 号——金融工具确认和计量》《企业会计准则第 24 号——套期保值》《企业会计准则第 37 号——金融工具列报》等相关法律法规为依据，对外汇衍生品交易采用套期保值的核算处理。

《外汇套期保值业务管理制度》中详细说明了外汇衍生品交易的原则、策略操作、审批管理、控制流程、风险报告、紧急处理、监控方式、考核评价、信息隔离与披露等内容。在这些内容中，该制度对套期保值业务开展情况的考核评价如下：

（1）所有交易操作遵循套期保值原则，不存在投机行为；

（2）所有交易行为明确符合本制度的规则和流程；

（3）将现货资产和金融工具结合在一起考量损益，不追求盈利，要避免大幅亏损。

六、案例总结

2020 年美元兑人民币汇率一路贬值，没有进行汇率避险的 A 企业的美元资产不断缩水，A 企业蒙受了巨大的汇兑损失。A 企业因此充分认识到汇率避险的必要性，决定采取措施来减少汇率波动对外币资产公允价值和现金流的影响。A 企业拟采用远期合约作为避险工具，避险方案为根据当前未收账款的 80% 金额来承做远期合约，每月进行旧合约的交割并承做新合约。在半年的观察期内，该避险方案的实施效果并不好，A 企业经常会出现月底外币资金不够远期合约交割的情况。这是因为远期合约的避险比例过高，没有充分考虑应收账款款期和远期合约有效期限不匹配、应收账款逾期率和坏账率过高的事实。A 企业采取了即期购汇、外币贷款、远期分批交割和远期展期等方式来应对外币资金缺口状况，增加了不少财务费用。A 企业总结这半年的外汇衍生品交易操作，总结经验并制定了规范的《外汇套期保值业务管理制度》，对利用外汇衍生品工具来进行汇率避险作出了清晰的规定和说明。

从这个案例中，可以总结出以下几个要点：

（1）远期合约是一种适合没有太多外汇衍生品交易经验的外贸公司用来进行汇率避险的工具。

（2）即期结汇/购汇可以消除汇率风险，远期合约可规避汇率风险。

（3）确定远期合约的锁汇金额和有效期限时，要考虑应收账款的逾期率、坏账率和账期，谨慎选择合适的锁汇比例。

（4）远期合约到期时如果外币资金不足以完成交割，可以通过即期购汇、外币贷款、应收账款保理等方式来补足外币资金，也可通过远期展期和远期分批交割来实现延迟全部或部分外币资金的交割。

第二节 企业外聘专业团队灵活应对汇率风险

B 企业是一家主要从事机械设备生产和零件加工的生产型企业。2018 年，B 企业开辟了一条新的业务线，负责将部分型号的机械设备出口至美国。这条业务线的毛利率只有 12% 左右。

尽管 B 企业之前从未涉及外贸业务，但企业清楚地了解汇率会对外汇现金流造成巨大影响。因为企业内没有了解外汇市场的员工，也不知道该如何应对汇率波动带来的影响，所以从外部聘请了专业的外汇风险管理团队来辅助企业管理外汇风险。B 企业对外汇风险管理团队的要求为：对外汇资产进行保值，不进行投机行为。外汇风险管理团队的交易意见需提交至 B 企业管理委员会，管理委员会审批通过后才能让相关部门就交易方案进行避险操作。

该团队由外汇专家、交易员、财务人员和 IT 人员构成。通过大量的交流和充分的沟通，外汇团队了解了 B 企业的业务特点和财务情况，并在企业内部搭建了一个专业的企业外汇风险管理信息系统。该系统自动抓取相应的财务数据和业务信息，准确识别外汇风险敞口结构，并根据外汇市场的变化计算出合理的外汇风险值，可用来实时监控外汇风险。在信息系统的基础上，外汇风险管理团队根据 B 企业的业务进展和外汇市场的变化情况，通过合理的远期、掉期交易和即期结购汇操作来进行汇率避险。

一、承做远期全额避险

2019 年 1 月 2 日，B 企业新业务线收到了来自美国的第一笔订单。该订单价值 100 万美元，要求 B 企业在 4 月前将固定型号和数量的机械设备运至北美某港口。B 企业与买方联系后于当日确定了该笔订单，并决定在 1 月 18 日前将对应设备从中国港口通过货船运往美国。买方约定在 4 月 1 日对设备进行验收，确认无误后会在 4 月 2 日将 100 万美元支付给 B 企业。

收到订单的这天，外汇风险管理团队对当前状况进行了分析：这笔订单属于应收账款，是 B 企业的一项债权。未来 4 月 2 日能够收到的 100 万美元是尚未确认的确定承诺，会面临美元兑人民币升值导致的人民币价值缩水的风险。为了防止汇率波动导致的外汇资产价值变化，团队决定使用远期合约来对这笔订单进行保值。B 企业要求外汇风险管理团队对这 100 万美元进行全额保值。

由于 B 企业目前只确认了这笔美元订单，还不能确定未来几个月是否还能收到其他美元订单，因此团队按照要求决定外汇远期合约的标的为 100 万美元。根据订单合同，B 企业能在 4 月 2 日收到 100 万美元，那么远期合约的交割日也设置在这天，这样订单收款日 B 企业就能将收到的美元及时兑换成人民币。2019 年 1 月 2 日，美元兑人民币汇率为 6.8500，B 企业在外汇风险管理团队的提案下同银行承做了一笔价值 100 万美元的远期合约，约定在 4 月 2 日以 6.8000 的锁汇点位将 100 万美元兑换成 680 万元人民币。

二、即期结汇清空库存

2019 年 1 月 31 日，B 企业又陆续接到了几笔美元订单，预计在 5 月 1 日、5 月 15 日和 6 月 1 日分别收到 50 万美元，需要对应的设备在 4 月底、5 月中和 5 月底到达约定港口的仓库。同日，B 企业还收到了一笔 10 万美元的预付账款。对方在 1 月的最后一天将 10 万美元一次性支付给 B 企业，要求这订单的设备能在 4 月前到达指定港口。

1 月底，外汇风险管理团队对此进行了分析：B 企业当前共有 260 万的美元资产，由 10 万美元的库存现金和 250 万美元的应收账款构成。B 企业当前并不需要美元资产来偿付外债或用于正常的生产经营活动，因此需要将外币现金及时兑换成人民币，防止汇率波动对这部分外币资产的人民币价值造成影响。这时价值 250 万美元的应收账款中有 100 万美元已经处于远期合约的覆盖之下，外汇风险敞口为 150 万美元。团队提交管理委员会的提案中，建议整体避险比例可以控制在 70% 左右，也就是说，这次可以只承做 100 万美元的远期合约（见图 7-6）。

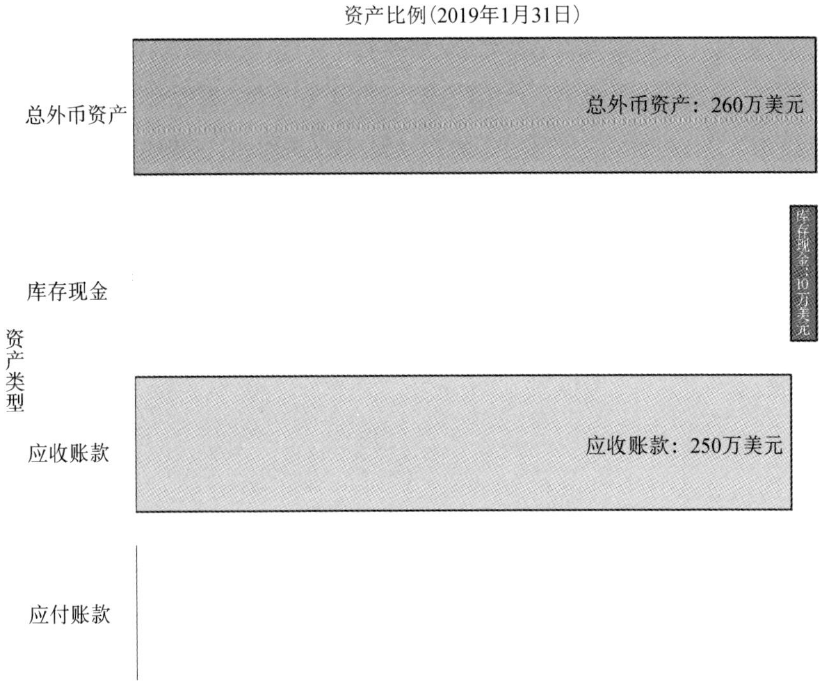

图 7－6　B 企业 1 月底的外币资产结构

按照团队提案，还有 50 万美元资产未受到远期合约覆盖，如果 3 个多月后美元兑人民币汇率升值，B 企业就会遭受人民币价值的损失。考虑到这点，B 企业管理委员会没有采取外汇风险管理团队的建议，决定依旧进行全额避险。1 月 31 日，美元兑人民币汇率为 6.7100，B 企业在当日同银行承做了一笔期限长达 4 个月的远期合约，约定在 6 月 1 日能以 6.7200 的锁汇点位把 150 万美元从该银行换取 1,008 万元人民币。此时远期的锁汇头寸为 250 万美元，避险比例为 96.2%，即［（100＋150）／（100＋150＋10）］×100%。次日，B 企业以 6.7200 的结汇汇率将 10 万美元兑换成 67.2 万元人民币。

三、即期购汇应对缺口

2019 年 4 月 2 日，B 企业只收到了第一笔 100 万美元订单的八成金额，还有20万美元并没有如期到账。B企业联系买方，对方称确认货物验收无误后才会将剩余金额打入指定账户，但是目前并无确切的验收时间和余额付款日期。

1月底外汇风险管理团队对100万美元订单进行了全额锁汇，预定在4月初进行交割。4月2日，远期合约到期，但是B企业账上目前只有80万美元。团队针对这20万美元的缺口，从交易费用、操作流程、沟通成本、潜在风险等角度对即期购汇、美元贷款、远期展期和分批交割这四种方案进行了可行性分析。1月至4月，美元兑人民币汇率升值了约1500BP，团队认为现在的点位进行即期购汇很可能是这四种方式中成本最低的。同时，即期购汇相比于申请贷款在操作流程上更加简便快捷，相比于远期分批交割或展期不需要和银行进行大量的沟通交流和合约谈判，是一种更经济、更有效率和可操作性的交易方式。团队在提案中对这次事件的当前状况、产生因素、造成影响和应对措施作出了详细的分析（见图7－7）。

原计划	收款后库存现金	远期交割	交割后库存现金
美元	100万美元	-100万美元	0
人民币		+680万元人民币	

远期锁汇点位：6.8

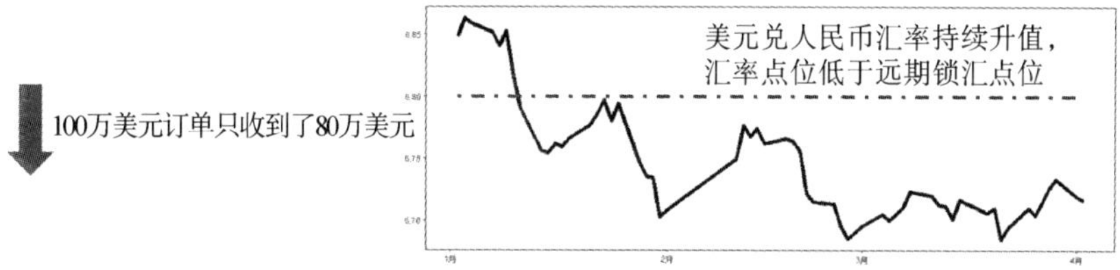

实际	收款后库存现金	即期购汇	远期交割	交割后库存现金
美元	80万美元	+20万美元	-100万美元	0
人民币		-134.8万元人民币	+680万元人民币	

平均汇率点位：
（680-134.8）/80=6.815

图7－7　即期购汇方案能提高80万美元资产的平均汇率点位

B企业接受了提案，在4月2日按6.7400的购汇点位用134.8万元人民币从银行换取了20万美元。紧接着B企业用这20万美元，再加上收到的80万美元资金按之前约定的6.8000锁汇点位，从远期合约的对手方银行处换来680万元人民币。

四、承做远期部分避险

2019 年 6 月 1 日，第一笔 100 万美元订单的买方称 B 企业的设备质量没有完全达到验收标准，因此最后只能再支付 15 万美元。B 企业当日仅收到 15 万美元，只能对该应收账款剩余的 5 万美元做坏账处理。B 企业当日又新接了一笔预订 7 月 1 日付款 200 万美元的订单。5 月 1 日、5 月 15 日、6 月 1 日，3 个 50 万美元订单的账款全部按期到账。6 月 1 日，B 企业顺利完成了 150 万美元远期合约的交割，将 150 万美元兑换成 1,008 万元人民币。

外汇风险管理团队首先分析了 6 月 1 日到期远期合约的交割情况：1 月 31 日承做远期合约时的约定锁汇点位为 6.7200，这个数值要低于 6 月 1 日即期结汇 6.8800 的点位。尽管 B 企业承担了提前锁定汇率水平带来的财务成本，增加了 24 ［即（6.7200 - 6.8800）×150］万元人民币，但 B 企业提前确定了未来外汇现金流的准确人民币价值，有利于企业的资金周转、财务管理和战略规划（见图 7 - 8）。

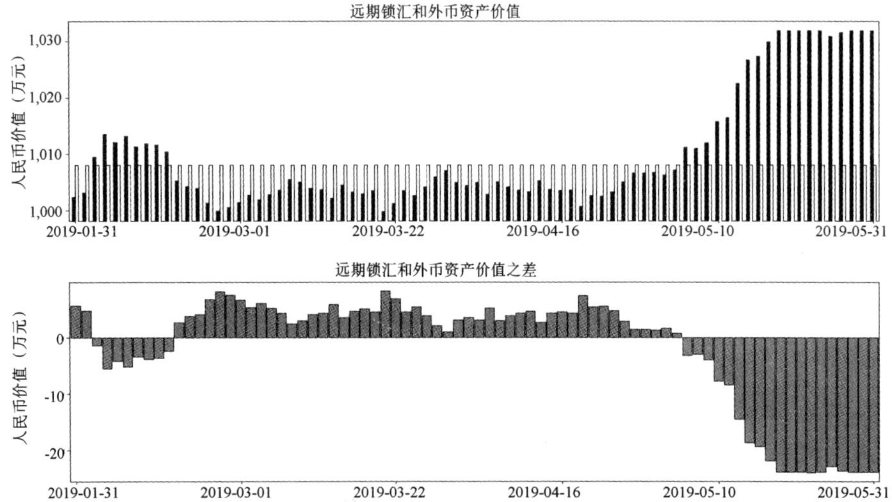

图 7 - 8　美元兑人民币汇率贬值导致 150 万美元在 6 月 1 日进行即期结汇的价值要高于远期锁汇价值

外汇风险管理团队这次在提案中建议 B 企业不要进行全额避险，收到的 15 万美元可以暂时留着用来应对应收账款预期或坏账时美元交割资金不足的情形。B 企业听取了外汇风险管理团队的意见，在 6 月 1 日同银行新做了一笔 1 个月的远期合约，约定在 7 月 1 日以 6.8700 的锁汇点位将 180 万美元兑换成 1,236.6 万元人民币。这天，美元头寸的避险比例为 83.7%，即 180/(15+200)×100%。

五、承做掉期互换现金

2019 年 7 月 1 日，B 企业如期收到了 200 万美元，并于当日顺利进行了 180 万美元的远期交割。次日，B 企业决定在北美某港口长期租赁一间仓库，与港口管理方签订了一份长达一年的合约。按照约定，B 企业在 7 月 2 日用库存现金先支付 15 万美元，剩余 75 万美元在 8 月 1 日交付。

B 企业在 7 月 2 日支付了 15 万美元后，库存现金中就只剩余 20 万美元，不够 75 万美元的应付款项。与此同时，B 企业目前还没有收到任何新的订单，不确定在下个月前能否收到至少 55 万美元的款项资金。企业外汇风险管理团队和 B 企业相关领导沟通后，发现 B 企业的海外业务团队已经谈成了一笔 1,000 万美元的大订单。该订单已经快完成了，只是出口日期、收款日期、发票编号等细节还未得到确认，因此订单的信息还没有载入数据库，在 10 月 1 日前大概率能收到 10% 的订单资金。

外汇风险管理团队根据这些信息，决定采取掉期的交易方式：B 企业同银行约定在 8 月 1 日用人民币换取 60 万美元，然后在 10 月 1 日用 60 万美元换回一定数量的人民币（见图 7－9）。

外汇风险管理团队在提案中对掉期进行了简要的介绍：

掉期又称互换，可以由两个或者多个类似的远期合约构成。外汇风险管理团队决定承做的外汇掉期就是最简单也是最经典的一种掉期结构，它是由两个交易时间不同、币种互换方向不同、币种金额不一定相同但参与

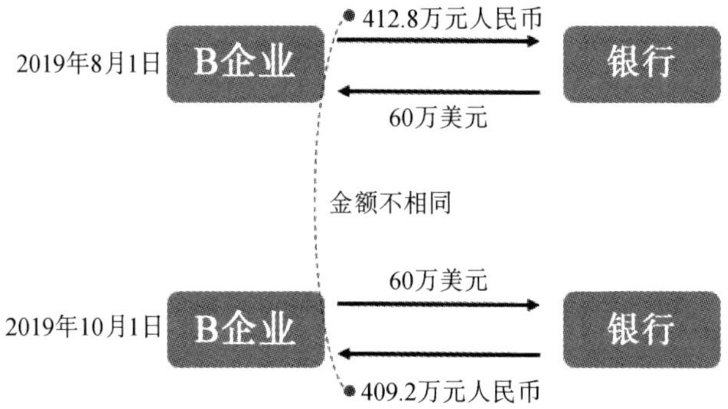

图 7－9　掉期交易示意图

方相同的两个远期合约构成。掉期合约相比于远期合约，要素性质相同但包含的内容更多。

参与方：通常和远期一样只有两方参与，但也有可能存在三方甚至更多的交易参与方。

标的：明确定义了金额、数量或范围的资产。

时间点：掉期的重要时间点比远期更多，可以分为合同签订日、合同生效日、第一笔交割日/结算日……最后一笔交割日/结算日和合同失效日。

价格：这里指交割日期掉期标的的买卖价值。在不同的交割日，标的结算价格可能并不相同。

提案中，外汇风险管理团队选择掉期交易的原因是：首先，这笔掉期合约可以理解为两个远期合约的组合，因此不能简单地说“选择了掉期就是对远期的排斥”。其次，掉期合约的第一次交割能保证 B 企业在应付账款的付款日有足够的美元来偿付。另外，B 企业最终是要把美元资产兑换成人民币资产，提早约定交割点位，能够规避汇率升值导致美元资产价值缩水的风险，但订单金额的多批交付时间尚未完全确定，因此可以只对大概率确认的资金头寸先进行保值锁汇，待订单敲定所有细节并确认后再承做远期合约。掉期合约的第二次交割能将部分美元资产兑换成确定价值的人民币资产。

在短时间内没有确定的美元收入时，通过掉期合约可以暂时解决 B 企业美元不足的困境。但是如果在 10 月 1 日前 B 企业还是没有美元入账的话，可能就需要通过即期购汇来补足美元缺口并完成掉期交易的第二笔交割。这是该方案最大的一个风险。

7 月 2 日，B 企业同银行承做了掉期合约；8 月 1 日，B 企业能够从银行获取 60 万美元，但需要交给银行 412.8 万元人民币；到 10 月 1 日，银行从 B 企业收回 60 万美元，同时将 409.2 万元人民币交给 B 企业（见图 7－10）。

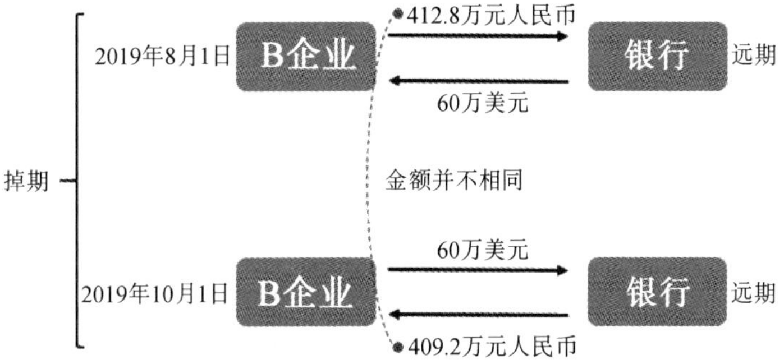

图 7－10　B 企业进行掉期交易流程

从图 7－10 中可以看出，这笔掉期交易相当于 B 企业向银行借了从 2019 年 8 月起 60 万美元的 2 个月使用权，直接的成本费用为 3.6 万元人民币。从这个角度看，B 企业在 8 月 1 日收到的 60 万美元资金可以看作一笔 8 月初到账的应收账款，10 月 1 日需要交给银行的 60 万美元资金可以看作一笔 10 月初付款的应付账款。因此承做掉期合约后，B 企业的外汇头寸为－55 万美元，即负债端的 55 万美元（见图 7－11）。

在第一次掉期合约的交割环节，由于确定了换取 60 万美元所需的人民币资产，因此可以将 8 月 1 日到账的 60 万美元应收账款看作 100% 避险，而这也正是远期保值的概念。因此，这笔掉期合约相当于在资产端和负债端各有 60 万美元的保值金额。外汇总资产头寸为负债端的 55 万美元，负债端的保值头寸有 60 万美元，外汇总资产净敞口为资产端的 5 万美元，避险比例为 109.1%（见表 7－7）。

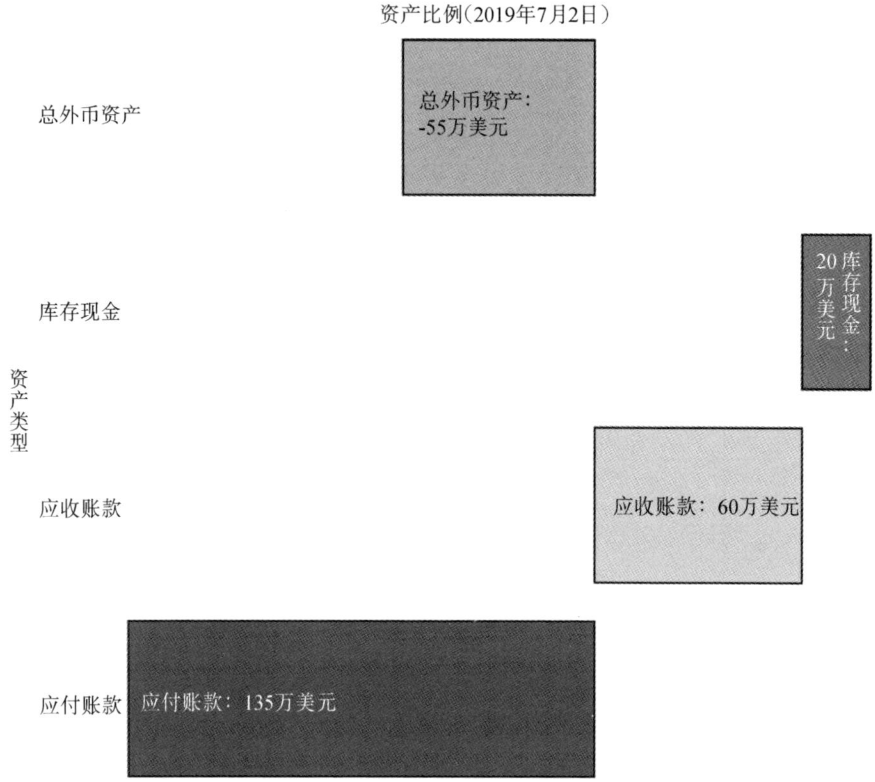

图 7－11　B 企业 2019 年 7 月 2 日的外币资产结构

表 7－7　B 企业 7 月 2 日的外汇头寸结构

类型	头寸（万美元）	保值（万美元）	敞口（万美元）	避险比例（%）
总资产（库存现金＋未收账款－未付账款）	55（负债端）	60（负债端）	5（资产端）	109.1
正向资产（库存现金＋未收账款）	80（资产端）	60（资产端）	20（资产端）	75
负向资产（未收账款－库存现金）	115（负债端）	60（负债端）	55（负债端）	52.2
未收账款	60（资产端）	60（资产端）	0	100
未付账款	135（负债端）	60（负债端）	75（负债端）	44.4

这里的避险比例大于 100%，说明 B 企业对负债端的总资产避险过度。租用仓库的 75 万美元中有 20 万美元可以直接从库存现金中取用，剩余的 55 万美元如果不能完全被 8 月前订单现金收入所覆盖，就只能通过即期购

汇等方式来补足资金。如果将避险比例从109.1%降低到100%，即同银行约定只互换55万美元，那么能间接节省3,000［即36,000×(1－55/60)］元的成本费用。

六、选择部分币种避险

2019年7月25日，B企业确定了1,000万美元订单的细节，约定先预付10%，剩余90%分别在8月底支付30%和10月底支付最后的60%。与此同时，B企业需要分批将相应设备在9月前和11月前送达指定港口并完成入库。B企业把合同文件中的发票编号、流程号、负责部门、负责人、收款日期、已收款金额、剩余金额等信息写入数据库。

7月26日，B企业收到了1,000万美元订单的100万美元预付款。当月截至7月26日，B企业又陆续确认了来自欧洲、日本和中国香港的三笔订单：1,500万日元于2019年8月5日支付、350万欧元于12月1日支付、250万港币于2019年8月31日支付（见表7－8）。

表7－8　　2019年7月26日业务收支账款

部门	账款日期	货物日期	确认日期	编号	币种	名义金额	净收汇金额	剩余金额	类型
B企业业务线	2019年8月5日	2019年7月28日	2019年7月4日	20190704JPY001IN	日元	15,000,000	0	15,000,000	应收账款
B企业业务线	2019年8月31日	尚未确认	2019年7月22日	20190722HKD001IN	港元	2,500,000	0	2,500,000	应收账款
B企业业务线	2019年10月31日	2019年8月10日	2019年7月25日	20190725USD001IN	美元	10,000,000	1,000,000	9,000,000	应收账款
B企业业务线	2019年12月1日	尚未确认	2019年7月22日	20190722EUR001IN	欧元	3,500,000	0	3,500,000	应收账款

2019 年 7 月 26 日，外汇风险管理团队针对现况展开分析：掉期合约还未进入第一笔交割环节，因此掉期合约可以拆分成一笔 60 万美元的应收账款和 60 万美元的应付账款。这时美元总资产头寸为 945 万美元，其中库存现金 120 万美元、未收账款 960 万美元、未付账款 135 万美元。掉期的第一笔交割可以看作一笔美元兑人民币的远期交割，因此资产端保值 60 万美元，敞口就是资产端的 885 万美元（即 945 - 60），避险比例为 6.35%（即 60/945）（见图 7 - 12）。

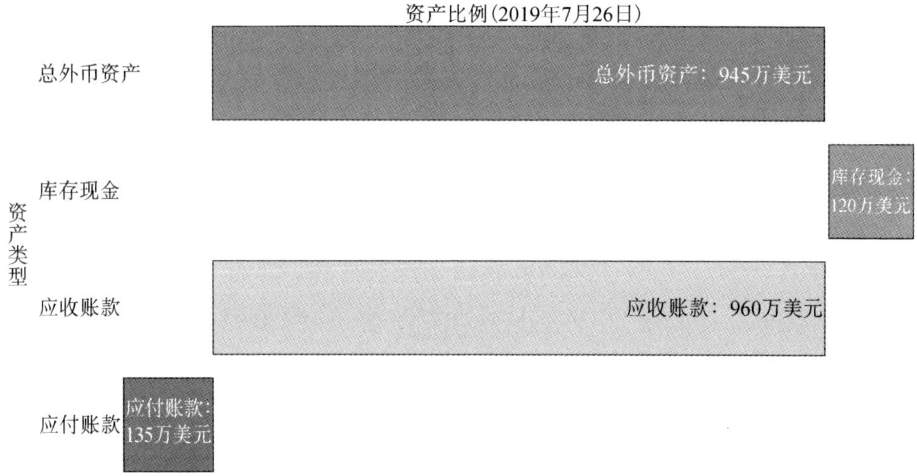

图 7 - 12　B 企业 7 月 26 日的美元资产结构

其余外币的总头寸则全部由未收账款构成，分别为：1,500 万日元、250 万港元和 350 万欧元资产。这三个币种的头寸全部暴露在汇率风险中，敞口就等于头寸大小（见表 7 - 9）。

表 7 - 9　B 企业 7 月 26 日的外币敞口情况

币种	头寸	敞口	避险比例（%）
美元	945 万美元（资产端）	885 万美元（资产端）	6.35
欧元	350 万欧元（资产端）	350 万欧元（资产端）	0
港元	250 万港元（资产端）	250 万港元（资产端）	0
日元	1,500 万日元（资产端）	1,500 万日元（资产端）	0

分析完各个币种的头寸情况后，外汇风险管理团队对不同币种分别进行了风险值运算。外汇风险管理团队认为未来几个月汇率的波动情况会同过去两年的变化类似，有升也有跌，不会出现长期升值或一路贬值的情况，因此决定采用非参数方法中的历史模拟法来估算币种总头寸的 VaR 和 ES。测算过程中，选取的历史时间段为过去的一年，置信水平为 95%（见图 7－13）。

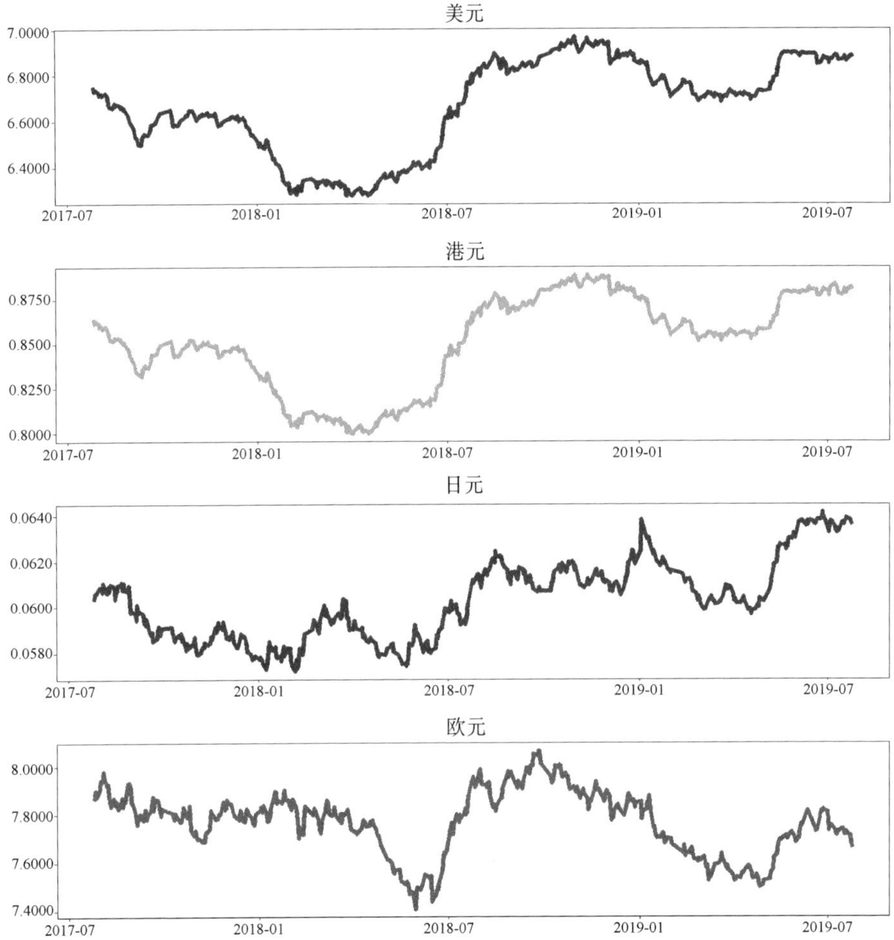

图 7－13　过去两年中四种汇率既有升值也有贬值的过程

假设美元资金在 1,000 万美元订单的最终收款日之前都一直存放在银行中，那么可以计算出美元和其他币种在各自汇率风险敞口暴露时长内的具体风险值。按照2019年7月26日的汇率数值，可以将外币风险值换算成以人民币计价的风险值（见表7-10）。

表7-10 四种外币资产的风险值

币别	暴露时长（天）	风险指标	风险值		损失占比（%）
美元	97	VaR	72.8万美元	500.6万元人民币	7.70
		ES	76.5万美元	526.6万元人民币	8.10
欧元	128	VaR	20.3万欧元	155.3万元人民币	5.79
		ES	24.5万欧元	187.7万元人民币	6.99
港元	36	VaR	11.5万港元	10.1万元人民币	4.60
		ES	14.2万欧元	12.5万元人民币	5.66
日元	10	VaR	40.3万日元	2.6万元人民币	2.69
		ES	48.5万日元	3.1万元人民币	3.23

从风险值的计算结果可以看出来：尽管欧元资产暴露在汇率风险下的时间最长，但美元资产可能遭受的损失程度是最大的，并且美元资产的潜在最大损失影响程度要比欧元、港元和日元更大。日元由于暴露时长较短并且敞口金额较小，其可能损失和损失影响是四种外汇资产中最小的。

外汇风险管理团队又计算了未来10天内总外币资产的VaR和ES。未来10天内，因为美元兑人民币、欧元兑人民币、港元兑人民币和日元兑人民币这四种汇率的变化，可能给B企业带来最大160万元人民币价值的损失。而如果真的发生了损失，那么损失很有可能达到208万元人民币。这两个损失数值正是VaR和ES风险指标的计算结果。同样，可以看出，美元资产是构成风险敞口的主要来源，美元风险超过了总体外汇风险的50%（见图7-14）。

因为欧元、港元和日元订单来自新的客户，B企业对能否如期收到账款金额没有太大把握，而美元订单金额巨大，所以，外汇风险管理团队决定对每种外币资产都只进行70%账款金额的保值避险。根据这些分析信息，外汇风险管理团队在提案中给出了两种交易方案：

（1）对这四种外币资产各承做一份远期合约，锁汇金额为敞口头寸的

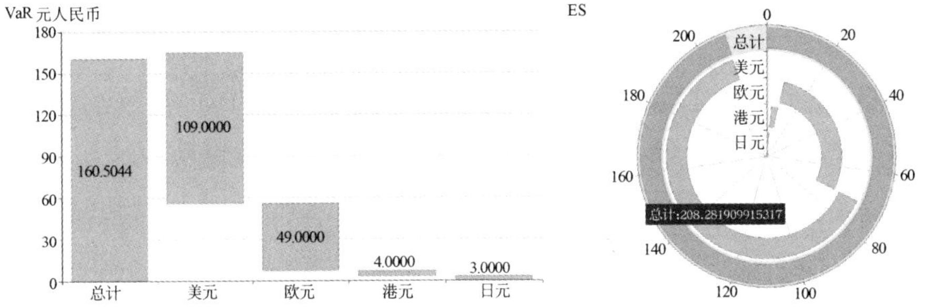

图 7－14　未来 10 天 B 企业的外币资产风险值

70%，合约期限为即日起至各应收账款的最后收款日。

① 619.5 万美元的美元兑人民币远期合约，交割日期为 2019 年 10 月 31 日，锁汇点位为 6.9095。

② 245 万欧元的欧元兑人民币远期合约，交割日期为 2019 年 12 月 1 日，锁汇点位为 7.7072。

③ 175 万港元的港元兑人民币远期合约，交割日期为 2019 年 8 月 31 日，锁汇点位为 0.87800。

④ 1,050 万日元的日元兑人民币远期合约，交割日期为 2019 年 8 月 5 日，锁汇点位为 0.06313。

四个远期合约分别到期交割后，如果届时还未确认有该币种的新订单，则在当日对剩余该币种资产进行全部即期汇兑（见表 7－11）。

表 7－11　　交易方案一中 B 企业 7 月 26 日的外汇风险状况

币别	头寸	敞口	避险比例（%）	暴露时长（天）	风险指标	风险值		损失占比（%）
美元	945 万美元	265.5 万美元	71.9	97	VaR	21.8 万美元	150.2 万元人民币	2.31
					ES	23.0 万美元	158.0 万元人民币	2.43
欧元	350 万欧元	105 万欧元	70.0	128	VaR	6.1 万欧元	46.6 万元人民币	1.74
					ES	7.3 万欧元	56.3 万元人民币	2.10

续表

币别	头寸	敞口	避险比例（%）	暴露时长（天）	风险指标	风险值		损失占比（%）
港元	250万港元	75万港元	70.0	36	VaR	3.4万港元	3.0万元人民币	1.38
					ES	4.25万港元	3.74万元人民币	1.70
日元	1,500万日元	450万日元	70.0	10	VaR	12.1万日元	0.8万元人民币	0.81
					ES	14.6万日元	0.9万元人民币	0.97

美元、欧元、港元和日元总资产在未来10天内的VaR为48万元人民币，ES为62万元人民币，相比于没有承做远期合约之前降低了70%的风险值（见图7-15）。

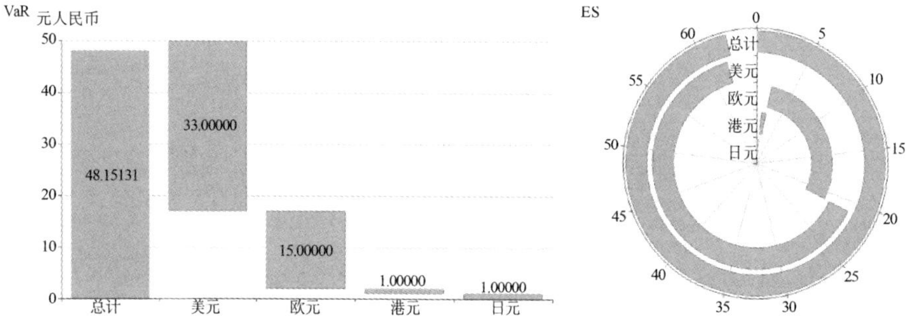

图7-15　交易方案一中未来10天B企业的外币资产风险值

（2）不对日元资产和港元资产进行避险，欧元锁汇金额为敞口头寸的70%，合约期限为即日起至各应收账款的最后收款日，美元则由两笔有效期限不同的远期合约来实现避险。

① 230万美元的美元兑人民币远期合约，交割日期为2019年8月31日，锁汇点位为6.8771。

② 420万美元的美元兑人民币远期合约，交割日期为2019年10月31日，锁汇点位为6.9095。

③ 245万欧元的欧元兑人民币远期合约，交割日期为2019年12月1

日，锁汇点位为 7.7072。

远期合约分别到期交割后，如果届时还未确认有该币种的新订单，则在当日对剩余该币种资产进行全部即期汇兑（见表 7－12）。

表 7－12　　交易方案二中 B 企业 7 月 26 日的外汇风险状况

币别	头寸	敞口	避险比例（%）	暴露时长（天）	风险指标	风险值		损失占比（%）
美元	945 万美元	235 万美元	75.1	97	VaR	19.3 万美元	132.9 万元人民币	2.04
					ES	20.3 万美元	139.8 万元人民币	2.15
欧元	350 万欧元	105 万欧元	70.0	128	VaR	6.1 万欧元	46.6 万元人民币	1.74
					ES	7.3 万欧元	56.3 万元人民币	2.10
港元	250 万港元	250 万港元	0.0	36	VaR	11.5 万港元	10.1 万元人民币	4.60
					ES	14.2 万港元	12.5 万元人民币	5.66
日元	1,500 万日元	1,500 万日元	0.0	10	VaR	40.3 万日元	2.6 万元人民币	2.69
					ES	48.5 万日元	3.1 万元人民币	3.23

美元、欧元、港元和日元总资产在未来 10 天内的 VaR 为 49 万元人民币，ES 为 64 万元人民币，相比于没有承做远期合约之前也降低了约 70% 的风险值（见图 7－16）。

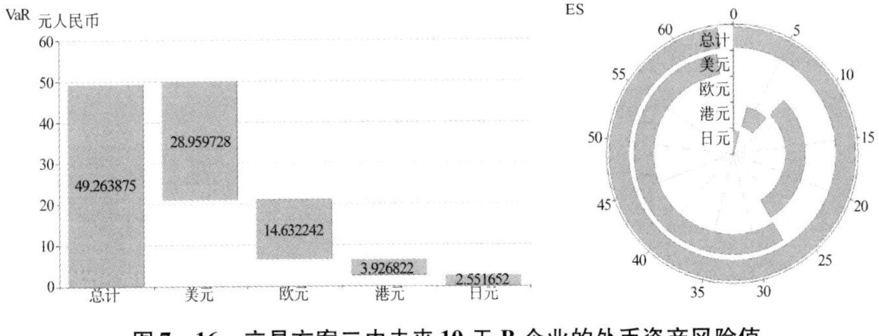

图 7－16　交易方案二中未来 10 天 B 企业的外币资产风险值

交易方案二中避险币种如此选择是因为：美元账款分两次收到，那么可以考虑承做两笔锁汇期限不同的远期合约。港元汇率锚定的是美元汇率，港元兑人民币汇率波动的情况和美元兑人民币汇率变化几乎相同，因此，港元资产波动可以认为是美元汇率波动造成的，可以通过增大美元避险比例来降低港元资产价值变动的风险。刚好，港元应收账款的账款日期和美元订单的第二次收汇日期相同，并且收到的美元要远多于港元，那么可以通过提高美元的避险比例来避免港元远期的承做。按照 2019 年 7 月 26 日的汇率，250 万港元等于 32 万美元，在避险 70% 的理念下可以提高约 20 万美元的远期锁汇金额。8 月 31 日将收到的 300 万美元，在避险 70% 账款金额的基础上再加上 20 万美元，就等于 230 万美元。10 月 31 日将收到的 600 万美元，70% 避险下就是 420 万美元的锁汇金额。

近年来，日元兑人民币汇率的走势与美元兑人民币汇率走势越来越相似，并且日元的敞口绝对值不大，风险暴露的时间短，风险值低，可以不用承做日元远期合约。欧元资产风险暴露时长有 4 个月，潜在的损失较大，因此需要单独承做欧元远期合约来减小欧元资产的风险敞口。

交易方案一和交易方案二在美元头寸上有不同的敞口结构。交易方案二中美元资产敞口的绝对值下降得更快，因为在 2019 年 8 月 31 日就有一笔远期合约到期后进行交割，而交易方案一中，所有的美元资产都要等到 10 月底才能兑换成人民币资产（见图 7－17）。

根据近两年的历史数据对交易方案一和交易方案二进行情景模拟，美元兑人民币汇率在 36 天和 97 天中的最大贬值幅度分别为 455BP 和 618BP，最大升值幅度分别为 337BP 和 367BP。2019 年 7 月 26 日美元兑人民币汇率为 6. 8796，假设未来汇率的变化幅度不会超过历史同期水平，那么可以简单假设 36 天和 97 天后美元兑人民币汇率的值处于 6. 4245 到 7. 2162 和 6. 2614 到 7. 2467 的区间。同理，也可以推测出其他三种汇率在未来一段时间内的变动区间（见表 7－13）。

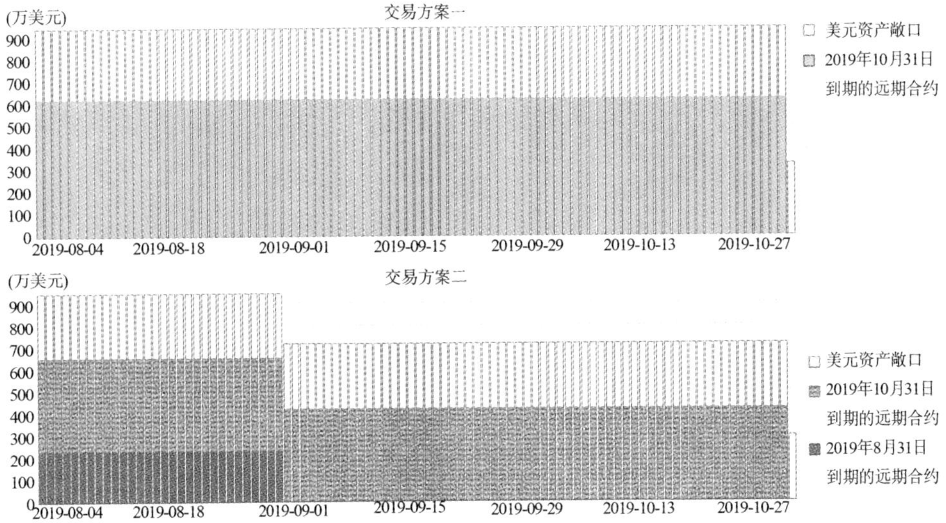

图 7－17　交易方案一和交易方案二中美元资产的敞口结构

表 7－13　　　　　　　　　未来汇率变动区间

汇率	时长（天）	历史汇率最大变化（BP）		未来汇率波动区间	
日元兑人民币	6	－2.019	1.519	0.061297	0.064835
	10	－2.747	1.818	0.060569	0.065134
港元兑人民币	6	－20.5	14.4	0.85978	0.89461
	10	－29.2	18.5	0.85107	0.89877
	36	－57.9	44.5	0.82238	0.92478
美元兑人民币	6	－160	103	6.7192	6.9822
	10	－226	155	6.6534	7.0343
	36	－455	337	6.4245	7.2162
	67	－560	358	6.3195	7.2373
	97	－618	367	6.2614	7.2467
欧元兑人民币	6	－204	173	7.4643	7.8407
	10	－286	199	7.3816	7.8669
	36	－549	369	7.1195	8.0372
	67	－579	452	7.089	8.1199
	97	－658	492	7.0096	8.1602
	128	－658	540	7.0096	8.2081

2019 年 7 月 26 日，美元的库存现金为 120 万美元，欧元、港元和日元都没有库存现金。假设这四笔外币应收账款都能按期到账，那么在欧元、港元、日元的到款日就对这些资产进行即期结汇。某币种倘若存在外汇远期合约，那么在当日先进行远期的交割，然后再对剩余的外币资产进行即期结汇。8 月 1 日，B 企业会在即期合约的第一笔中获取 60 万美元，还需要按照仓库租赁合同支付 75 万美元。8 月 31 日，B 企业收到 300 万美元。10 月 1 日，按照即期合约，B 企业需要支付 60 万美元。到 10 月 31 日，B 企业收到 600 万美元，并需要将远期交割后剩余的全部美元进行即期结汇（见表 7－14）。

表 7－14　　不同避险方案下的现金流变动

<table>
<tr><th>日期</th><th>方案</th><th>现金流收入</th><th>现金流支出</th><th>库存现金</th></tr>
<tr><td rowspan="3">2019 年
8 月 1 日</td><td>未避险</td><td rowspan="3">即期交割 60 万美元</td><td>合同支出 75 万美元</td><td>105 万美元</td></tr>
<tr><td>交易方案一</td><td>合同支出 75 万美元</td><td>105 万美元</td></tr>
<tr><td>交易方案二</td><td>合同支出 75 万美元</td><td>105 万美元</td></tr>
<tr><td rowspan="3">2019 年
8 月 5 日</td><td>未避险</td><td rowspan="3">订单到账 1，500 万日元</td><td>即期结汇 1，500 万日元</td><td>105 万美元</td></tr>
<tr><td>交易方案一</td><td>远期交割 1，050 万日元
即期结汇 450 万日元</td><td>105 万美元</td></tr>
<tr><td>交易方案二</td><td>即期结汇 1，500 万日元</td><td>105 万美元</td></tr>
<tr><td rowspan="3">2019 年
8 月 31 日</td><td>未避险</td><td rowspan="3">订单到账 300 万美元
订单到账 250 万港元</td><td>即期结汇 250 万港元</td><td>405 万美元</td></tr>
<tr><td>交易方案一</td><td>远期交割 175 万港元
即期结汇 75 万港元</td><td>405 万美元</td></tr>
<tr><td>交易方案二</td><td>远期交割 230 万美元
即期结汇 250 万港元</td><td>175 万美元</td></tr>
<tr><td rowspan="3">2019 年
10 月 1 日</td><td>未避险</td><td rowspan="3">无</td><td>即期交割 60 万美元</td><td>345 万美元</td></tr>
<tr><td>交易方案一</td><td>即期交割 60 万美元</td><td>345 万美元</td></tr>
<tr><td>交易方案二</td><td>即期交割 60 万美元</td><td>115 万美元</td></tr>
<tr><td rowspan="3">2019 年
10 月 31 日</td><td>未避险</td><td rowspan="3">订单到账 600 万美元</td><td>即期结汇 945 万美元</td><td>无</td></tr>
<tr><td>交易方案一</td><td>远期交割 619.5 万美元
即期结汇 325.5 万美元</td><td>无</td></tr>
<tr><td>交易方案二</td><td>远期交割 420 万美元
即期结汇 295 万美元</td><td>无</td></tr>
</table>

续表

日期	方案	现金流收入	现金流支出	库存现金
2019 年 12 月 1 日	未避险	订单到账 350 万欧元	即期结汇 350 万欧元	无
	交易方案一		远期交割 245 万欧元 即期结汇 105 万欧元	无
	交易方案二		远期交割 245 万欧元 即期结汇 105 万欧元	无

观察表 7 - 14 可以发现，三种不同方案在 2019 年 10 月 31 日即期结汇的美元金额都要比 7 月 26 日美元敞口的值大 60 万美元。即期结汇的点位跟随汇率波动而变化，因此即期结汇的金额确实是汇率风险敞口的构成结构，那为什么这两个数值会不相同呢？这是因为 10 月 1 日完成美元掉期的第二笔交割后，掉期合约失去效力，美元保值头寸掉至 0，所以敞口就等于美元资产的总头寸。也就是说，外币敞口情况是具有时效性的，它会随着相关金融合约的状态变更而改变。

因为汇率的波动影响，当前一定数量的外币所对应的本币价值同未来该外币对应的本币价值不一定相同。比较不同日期外币资产所对应的人民币价值，就能得到汇兑损益情况。假设美元、欧元、港元和日元的即期结汇点位要比相应汇率的数值分别低 200BP、300BP、30BP 和 2.5BP，并用这个即期结汇点位来换算每日外币资产所对应的人民币价值。不考虑即期结汇和远期交易的费用，就能够计算出未来一段时间内 B 企业外币资产面临的价值损益情况。

2019 年 7 月 26 日，情景模拟初始外币资产对应的人民币价值共约为 9,500 万元人民币。截至 2019 年 12 月 1 日，交易方案一最多能带来 208 万元人民币的汇兑收益或 248 万元人民币的汇兑损失，交易方案二最多能带来 200 万元人民币的汇兑收益或 249 万元人民币的汇兑损失。如果不采取任何避险操作，那么这 4 个月中汇率的波动可能会给 B 企业带来最多 550 万元人民币的汇兑收益或 835 万元人民币的汇兑损失。交易方案一和交易方案二都能有效避免汇率大幅升值给企业带来的巨额汇兑损失，但也失去了从汇率持续贬值中获取大量汇兑收益的机会（见图 7 - 18）。

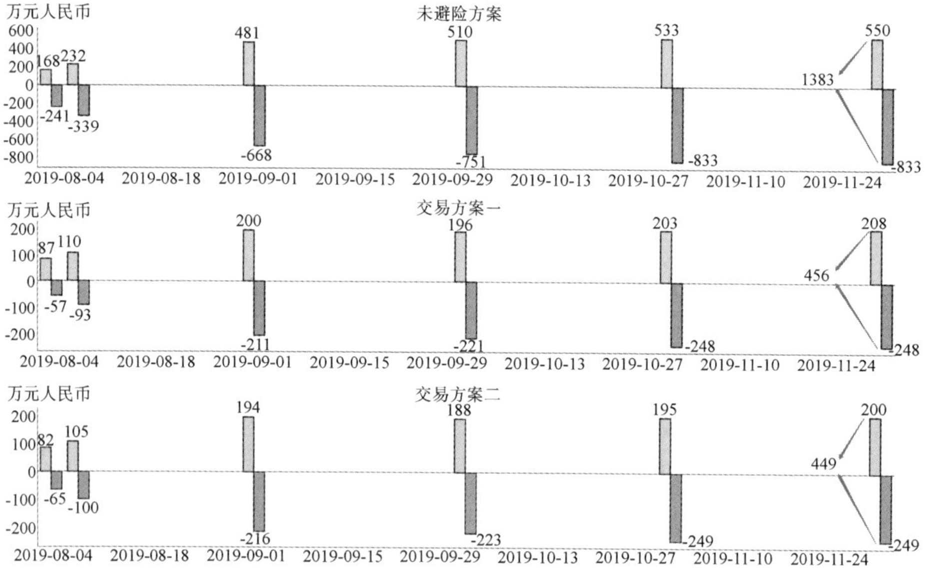

图 7－18　情景模拟中 B 企业三种方案下的外汇资产损益金额

在情景模拟中，交易方案一和交易方案二在资产保值方面的表现非常接近，交易方案一能够保证未来一个季度中 B 企业当前的外币资产价值在 97.38% 到 102.19% 之间波动，交易方案二能保证外币资产价值在 97.39% 到 102.11% 之间波动，如果不进行避险操作，那么资产会在 91.23% 到 105.79% 之间波动。交易方案一的最大汇兑收益稍高于交易方案二，并且交易方案一的最大汇兑损失也要稍微低于交易方案二，从汇兑损益这点来看，交易方案一要略微优于交易方案二（见图 7－19）。

在提案的交易建议中，外汇风险管理团队最终推荐了交易方案二，理由有以下几点：

（1）交易方案二相比于交易方案一，能够确保未来相同时间内外币资产价值的波动程度更小，在确定未来换汇现金流的金额和外汇资产的价值时更有把握。

（2）交易方案二中的远期合约数量要少于交易方案一，能够减少相关部门监控和管理金融衍生品的压力。

（3）交易方案二中远期合约涉及的币种要少于交易方案一，能够减少

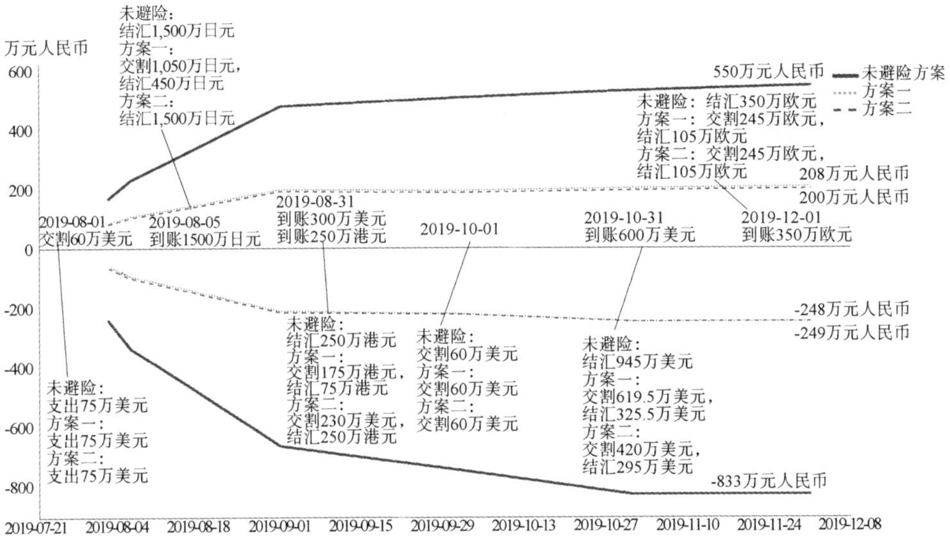

图 7－19　情景模拟中 B 企业三种方案下的外汇资产损益区间

相关部门监控和管理金融衍生品的难度。

（4）交易方案二中可以先将一部分美元兑换成人民币，及时降低美元库存现金，相比于交易方案一能够更早地降低美元风险敞口的绝对大小。

B 企业最终决定按照交易方案二来进行汇率风险的规避。2019 年 7 月 29 日，B 企业同银行承做了 2 笔美元远期合约和 1 笔欧元远期合约。第一笔美元远期合约的标的金额为 230 万美元，交割日期为 2019 年 8 月 31 日，锁汇点位为 6.8770。第二笔美元远期合约的标的金额为 420 万美元，交割日期为 2019 年 10 月 31 日，锁汇点位为 6.9100。欧元远期合约的标的金额为 245 万欧元，交割日期为 2019 年 12 月 1 日，锁汇点位为 7.7070。

七、评价外汇避险操作

2019 年 8 月 1 日，B 企业顺利完成即期合约的第一笔交割，从银行获取了 60 万美元，接着用库存现金支付了 75 万美元的仓库租赁费用。2019

年 8 月 5 日，B 企业收到了 1,500 万日元，并于当日以 0.064665 的即期结汇点位将日元兑换成 97 万元人民币。2019 年 8 月 31 日，B 企业的订单分别到账 300 万美元和 250 万港元。由于还没有新的港元订单，B 企业在当日把收到的 250 万港元全部以 0.88143 的即期结汇点位兑换成 220 万元人民币。当日有一笔美元远期合约到期交割，B 企业将 230 万美元按事先约定的 6.8870 点位兑换成 1,584 万元人民币。2019 年 10 月 1 日，B 企业完成即期合约的第二笔交割，从库存现金中划出 60 万美元交给银行。2019 年 10 月 31 日，B 企业收到 1,000 万美元订单的最后 600 万美元。当日 B 企业完成 420 万美元的远期交割。由于暂时还未确认新的美元订单，B 企业将库存现金中全部的 295 万美元以 6.9025 的即期结汇点位兑换成 2,036 万元人民币。2019 年 12 月 1 日，B 企业订单到账 350 万欧元。B 企业当日没有新的欧元订单，因此在完成 245 万欧元的远期交割后，将剩余的 105 万欧元以 7.6521 的即期结汇点位兑换成 803 万元人民币。

总结下来，2019 年，B 企业共收到 10 笔外汇订单，包括 7 笔总价值达到 1,460 万美元的美元订单、1 笔 350 万欧元的欧元订单、1 笔 1,500 万日元的日元订单和 1 笔 250 万港元的港元订单，并支付了 1 笔 90 万美元的合同款项。外汇账款的类型主要为应收账款，除此之外还有预付账款、预收账款和应付账款，涉及币种有美元、欧元、港元和日元这 4 种。美元账款逾期 1 次，坏账核销 5 万美元，而港元、日元和欧元的账款全部按期到账。美元应收账款的平均账期为 87 天，港元、日元和欧元应收账款的账期分别为 10 天、36 天和 128 天（见表 7－15）。

表 7－15　　2019 年 B 企业业务信息和交易操作

日期	业务信息	交易操作	外币资金变动	本币资金变动
2019 年 1 月 2 日	确定 4 月 2 日收到 100 万美元的订单 U1	承做 4 月 2 日交割的 100 万美元远期 F1	—	—

续表 1

日期	业务信息	交易操作	外币资金变动	本币资金变动
2019 年 1 月 31 日	确定 5 月 1 日收到 50 万美元的订单 U2 确定 5 月 15 日收到 50 万美元的订单 U3 确定 6 月 1 日收到 50 万美元的订单 U4 确定 1 月 31 日收到 10 万美元的订单 U5 订单 U5 收到 10 万美元	承做 6 月 1 日交割的 150 万美元远期 F2	+10 万美元	—
2019 年 2 月 1 日	—	即期结汇 10 万美元	-10 万美元	+67.2 万元人民币
2019 年 4 月 2 日	订单 U1 收到 80 万美元	即期购汇 20 万美元 远期 F1 交割 100 万美元	+80 万美元 +20 万美元 -100 万美元	-134.8 万元人民币 +680 万元人民币
2019 年 5 月 1 日	订单 U2 收到 50 万美元	—	+50 万美元	—
2019 年 5 月 15 日	订单 U3 收到 50 万美元	—	+50 万美元	—
2019 年 6 月 1 日	订单 U1 收到 15 万美元，剩余 5 万美元坏账核销 订单 U4 收到 50 万美元 确定 7 月 1 日收到 200 万美元的订单 U6	远期 F2 交割 150 万美元 承做 7 月 1 日交割的 180 万美元远期 F3	+15 万美元 +50 万美元 -150 万美元	+1,008 万元人民币
2019 年 7 月 1 日	订单 U6 收到 200 万美元 确定当日支付 15 万美元，8 月 1 日支付 75 万美元的账款 T1 账款 T1 支付 15 万美元	远期 F3 交割 180 万美元	+200 万美元 -180 万美元 -15 万美元	+1,236.6 万元人民币

续表 2

日期	业务信息	交易操作	外币资金变动	本币资金变动
2019 年 7 月 2 日	—	承做掉期 S1，确定 8 月 1 日获取 60 万美元，10 月 1 日支付 60 万美元	—	—
2019 年 7 月 4 日	确定 8 月 5 日收到 1,500 万日元的订单 J1	—	—	—
2019 年 7 月 22 日	确定 8 月 31 日收到 250 万港元的订单 H1 确定 12 月 1 日收到 350 万欧元的订单 E1	—	—	—
2019 年 7 月 25 日	确定 7 月 26 日收到 100 万美元，8 月 31 日收到 300 万美元，10 月 31 日收到 600 万美元的订单 U7	—	—	—
2019 年 7 月 26 日	订单 U7 收到 100 万美元	—	+100 万美元	—
2019 年 7 月 29 日	—	承做 8 月 31 日交割的 230 万美元远期 F4 承做 10 月 31 日交割的 420 万美元远期 F5 承做 12 月 1 日交割的 245 万欧元远期 F6	—	—
2019 年 8 月 1 日	账款 T1 支付 75 万美元	掉期 S1 获取 60 万美元	+60 万美元 -75 万美元	-412.8 万元人民币
2019 年 8 月 5 日	订单 J1 收到 1,500 万日元	即期结汇 1,500 万日元	+1,500 万日元 -1,500 万日元	+97 万元人民币
2019 年 8 月 31 日	订单 U7 收到 300 万美元 订单 H1 收到 250 万港元	即期结汇 250 万港元 远期 F4 交割 230 万美元	+300 万美元 +250 万港元 -250 万港元 -230 万美元	+220 万元人民币 +1,548 万元人民币

续表 3

日期	业务信息	交易操作	外币资金变动	本币资金变动
2019 年 10 月 1 日	—	掉期 S1 支付 60 万美元	-60 万美元	+409.2 万元人民币
2019 年 10 月 31 日	订单 U7 收到 600 万美元	远期 F5 交割 420 万美元 即期结汇 295 万美元	+600 万美元 -420 万美元 -295 万美元	+2,902 万元人民币 +2,036 万元人民币
2019 年 12 月 1 日	订单 E1 收到 350 万欧元	远期 F6 交割 245 万欧元 即期结汇 105 万欧元	+350 万欧元 -245 万欧元 -105 万欧元	+1,888 万元人民币 +803 万元人民币

B 企业采用了即期结汇、即期购汇、远期合约和掉期合约这 4 种方式来进行外汇管理。其中，即期结汇 5 次：美元 2 次，共 305 万美元；日元 1 次，共 1,500 万日元；港元 1 次，共 250 万港元；欧元 1 次，共 105 万欧元。即期购汇 1 次：20 万美元。掉期 1 次：60 万美元。远期 6 次：美元远期 5 次，共 1,080 万美元；欧元远期 1 次，共 245 万欧元。这些交易操作全部顺利完成。

不考虑货物产品的成本、税收、管理费用等因素，2019 年外贸业务线的净收入为 12,347.4 万元人民币。其中，欧元订单贡献了 21.8% 的收入，港元订单贡献了 2.8% 的收入，日元订单贡献了 0.8% 的收入，而剩余的 75.6% 全由美元业务贡献（见图 7-20）。因为港元和日元资产都是通过即期结汇转化成人民币资产的，所以港元和日元资产的平均兑换汇率就等于即期结汇点位 0.8800 和 0.06467。欧元资产的平均兑换汇率为 7.6886。根据资产金额进行加权，美元的平均兑换汇率为 6.4188。

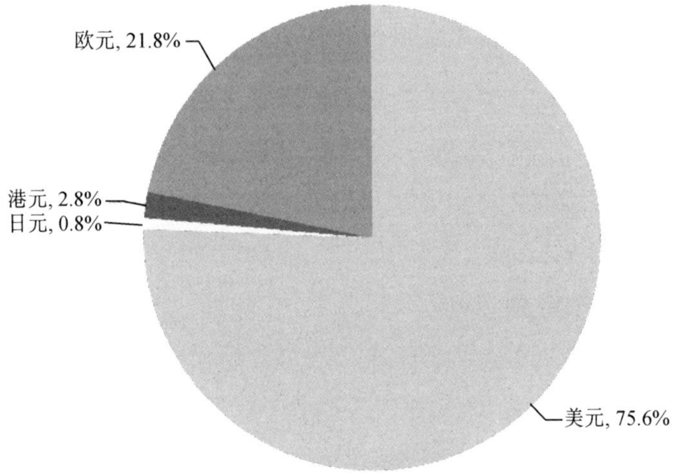

图 7－20　2019 年 B 企业不同货币收入占比

比较期初以人民币计量的外币资产估算价值，与期末外币资产兑换成本币资产时的实际价值，可以得到该外币资产的汇兑损益情况。总体来看，2019 年 B 企业美元头寸上的汇兑损益为 5.2 万元人民币，欧元头寸上的汇兑损益为 1.8 万元人民币，港元头寸上的汇兑损益为 0.4 万元人民币，日元头寸上的汇兑损益为 1.8 万元人民币。相比之下，如果不进行避险操作，在收到外币账款时当天即期结汇，在需要外币资金时当天即期购汇，那么 B 企业在美元、欧元、港元、日元上的汇兑损益分别为 168.5 万元、9.5 万元、0.4 万元和 1.8 万元人民币。不考虑成本等费用，这种情况下，2019 年外贸业务线的净收入为 12,518.4 万元人民币，比实际的净收入要高 171 万元人民币。在美元头寸上，实际的汇兑损失相比于没有进行避险操作的情况有一定差距，这主要由三点原因导致：（1）2019 年美元兑人民币汇率处于贬值态势，远期保值很可能会遭受汇兑损失；（2）应收账款预期导致美元远期交割资金不足时，采取的购汇操作增加了汇兑价差，增加了财务成本；（3）因为美元应付账款和应收账款的时间错配和资金缺口而承做的掉期合约，增加了财务成本（见图 7－21）。

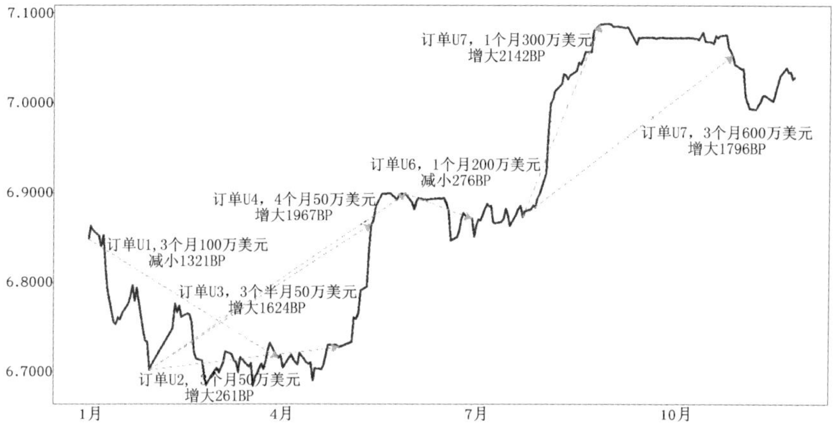

图 7－21　2019 年美元兑人民币汇率处于贬值趋势

经企业综合评估，当年外汇风险管理团队工作成效显著，达到了合同约定中的两点要求：对外汇资产进行了保值，没有进行投机行为。

（1）方案合理：外汇风险管理团队的交易方案中详细地对 B 企业当时的财务情况和面临的外汇风险水平进行了分析和评判，并且给出了运用远期、掉期等金融衍生品的具体建议；

（2）执行到位：参考外汇风险管理团队的避险操作提案，B 企业成功应对了美元资金缺口等难题，能够有效确定未来以人民币计价的现金流收入和外币资产的公允价值；

（3）操作便捷：B 企业的外汇兑换操作和避险交易都简便快捷，没有涉及复杂的交易行为；

（4）敞口合理：大部分时间内，B 企业的绝对敞口金额、风险值大小和避险比例都保持在合理的区间内（见图 7－22）。

八、案例总结

B 企业选择远期合约来作为外币资产保值的工具。确定未来没有外币使用需求时，B 企业及时地将外币资产即期结汇成本币资产。而紧急情况下，面临外币资金不足时，B 企业选择采用即期购汇的方式来补齐外汇资

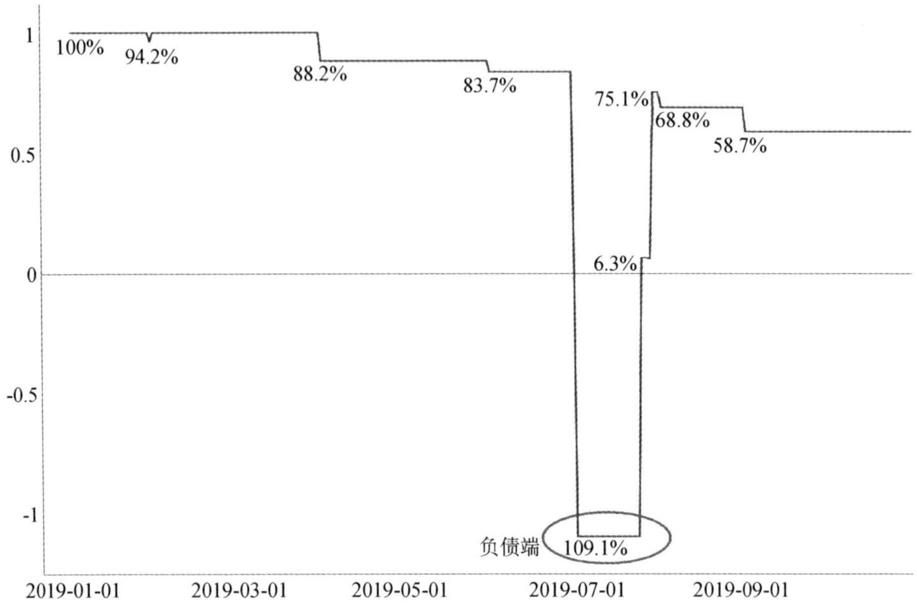

图 7－22　2019 年 B 企业美元头寸的避险比例在大部分时期内保持稳定

金缺口。面对外汇资金收入和支出的日期错配情况，B 企业合理承做掉期合约来互换外币和本币现金流。当同时存在多个外币应收账款时，B 企业根据敞口结构和计算的外汇风险值，只对部分币种的外汇资产进行了不同期限的锁汇保值。

B 企业和外汇风险管理团队也经历了一个从不信任到信任的磨合阶段。最初，B 企业没有听取外汇风险管理团队“部分避险”的建议，在应收账款只按时收回了部分资金后遇到了远期交割资金短缺的困境，导致后面采取了即期购汇的方式来紧急补齐了资金缺口，增加了财务费用。B 企业在确认订单的部分信息后，没有及时写入数据库。这些信息很可能会对企业的外汇敞口结构和风险水平产生重大影响，在缺乏沟通和交流的情况下也许会让企业增加避险操作的机会成本和财务费用。

这个案例可以带给我们几个启示：

（1）外汇风险管理需要交给专业的团队来做；

（2）已经确认的外汇业务信息需要及时写入数据库；

（3）管理团队和业务人员、负责领导、财务部门需要保持充分的沟通和交流；

（4）企业要立足主业，理性对待汇率的涨跌，非常审慎地安排资产、负债的币种和期限，选择适合自身的套保策略，进行以“保值”而不是“增值”为核心的汇率风险管理。

第三节　离岸公司激进应对汇率风险

C公司是一家注册地址在中国香港的离岸公司，主要从事美国高端电子产品的进口业务和中国境内高精尖工业设备的出口业务。C公司的进口业务通常都发生在上半年，出口业务普遍分布在下半年。进口业务和出口业务由两个不同的业务部门分别负责。C公司实行自下而上管理外汇风险的方式，让各个业务员自行提出汇率避险方案或货币兑换的申请，经业务负责人和风控部门审核批准之后，再由财务总部统一进行交易处理，并将对应效益、提成和绩效划分至各个业务员身上。

一、自上而下统筹管理

2020年，C公司的进口金额等于出口金额。其中，进口业务发生在1月到5月以及12月，出口业务发生在1月以及6月到12月。进口业务的账款类型都是应付账款，出口业务的账款类型都是应收账款，两者的账期基本上都在1个月（见表7-16）。

表7-16　2020年C公司进出口金额分布情况　（单位：万美元）

时间	进口金额	出口金额	净出口金额
2020年1月	300	100	-200

续表

时间	进口金额	出口金额	净出口金额
2020 年 2 月	200	0	-200
2020 年 3 月	200	0	-200
2020 年 4 月	200	0	-200
2020 年 5 月	200	0	-200
2020 年 6 月	0	50	50
2020 年 7 月	0	200	200
2020 年 8 月	0	300	300
2020 年 9 月	0	200	200
2020 年 10 月	0	150	150
2020 年 11 月	0	100	100
2020 年 12 月	100	100	0
2020 年	1, 200	1, 200	0

C 企业中进口业务的售汇行为（从银行角度讲为售汇，对企业而言实际是购汇）和出口业务的结汇行为是独立操作和核算的，因此，出口收入的美元并没有留存为企业的库存。出口业务员在收到美元账款之后，会及时发起即期结汇的申请，通过审核之后由总部负责进行交易。2020 年下半年，美元兑人民币持续升值，有些出口业务员担忧汇率还会持续走强，因此进行了远期锁汇操作。远期锁汇绝大部分都发生在 2020 年的最后两个月，总锁汇金额约为当月出口总额的 10%。相比于出口业务员，负责进口的业务员普遍具有更高的避险保值意识，每个月大概有 50% 的进口金额是通过人民币兑美元远期交割的方式来实现售汇行为的（见表 7－17）。

表 7－17　　　　2020 年 C 公司结售汇点位分布情况

时间	售汇美元（万美元）	售汇人民币（万元）	平均售汇点位	结汇美元（万美元）	结汇人民币（万元）	平均结汇点位
2020 年 1 月	300	2, 093. 9	6. 9796	100	689. 6	6. 8961
2020 年 2 月	200	1, 408. 0	7. 0398	0		
2020 年 3 月	200	1, 406. 6	7. 0331	0		
2020 年 4 月	200	1, 419. 3	7. 0965	0		

续表

时间	售汇美元（万美元）	售汇人民币（万元）	平均售汇点位	结汇美元（万美元）	结汇人民币（万元）	平均结汇点位
2020 年 5 月	200	1, 426. 1	7. 1304	0		
2020 年 6 月	0			50	353. 3	7. 0663
2020 年 7 月	0			200	1, 398. 3	6. 9917
2020 年 8 月	0			300	2, 072. 9	6. 9096
2020 年 9 月	0			200	1, 358. 3	6. 7913
2020 年 10 月	0			150	1, 002. 6	6. 6839
2020 年 11 月	0			100	659. 0	6. 5897
2020 年 12 月	100	656. 6	6. 5661	100	652. 3	6. 5229
2020 年	1, 200	8, 410. 5	7. 0088	1, 200	8, 186. 3	6. 8219

2020 年进口部门的售汇金额为 8, 410. 5 万元人民币，出口部门的结汇金额为 8, 186. 3 万元人民币，两者之间的差额达到 224. 2 万元人民币。即在不考虑销售利润的情况下 C 公司需要计入财务费用的汇兑损失达到了 224. 2 万元，这对于年进出口业务额为 2, 000 多万美元的 C 公司而言，是一笔不能忽视的金额。2020 年 C 公司月均结售汇点位见图 7 – 23。

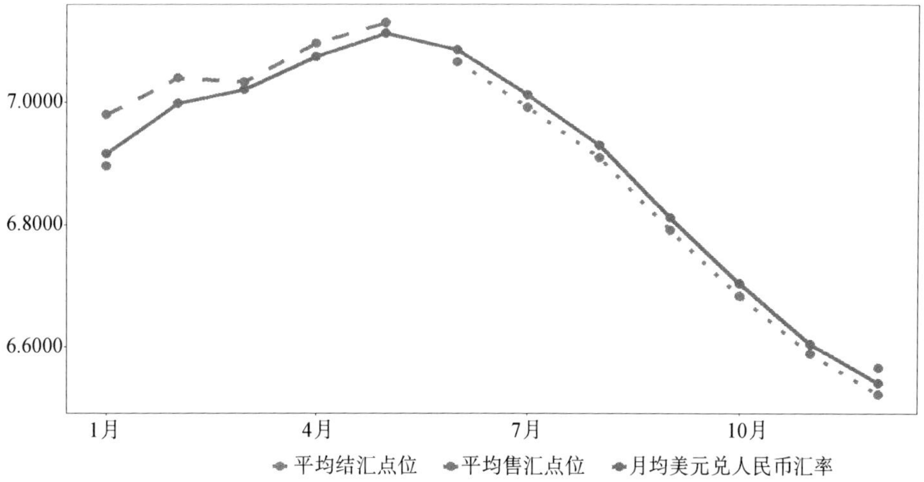

图 7 – 23　2020 年 C 公司月均结售汇点位

C 公司管理层通过分析，认为当前管理外汇风险的方式不够精细化和科学化：

（1）出口部门收到的外币资金可部分用于支付进口的账款，这样就可以减少人民币与美元之间的货币兑换数量，从而在源头上规避汇率风险；

（2）业务员的避险意识普遍不高，且不具备相关的专业能力来进行具体的避险方案决策。

C 公司决定设立专门负责管理外汇风险的部门，对汇率风险采用自上而下的管理方式，统筹管理 C 公司整体的外汇风险，合理制定避险决策并加以执行。这样不仅要比业务员自己分析与决策更加专业可靠，而且解放了业务员处理汇率风险的精力和时间，降低了内部沟通成本，提高了外汇风险管理的效率和水平，增强了 C 公司的市场竞争力。

二、参与期货套期保值

2021 年 1 月，C 公司组建了团队，设立了外汇风险管理部门。

在 2021 年初的展望中，C 公司认为 2021 年的进出口业务同 2020 年不会有太大差异：进口和出口业务的金额都在 1,000 万美元至 1,500 万美元之间，进口业务集中在 12 月到次年 5 月，出口业务主要发生在 6 月到次年 1 月。

外汇风险管理部门根据公司的经营战略和避险思想，在和业务团队大量沟通的基础上，在 2 月底制订了 2021 年 3 月到 5 月进口业务的避险方案：3 月初，C 公司在新加坡交易所的期货市场中买入 10 手 2021 年 6 月到期的美元兑离岸人民币期货。由于 3 月需要支付账款的金额在 3 月初就能大致估算出来，可以根据这个估算金额和 10 手期货对应的 100 万美元之间的差额，再补足汇率套保的期货头寸。但是这些对应差额敞口的期货头寸是 4 月份到期的合约，在 3 月底全部平仓出场。然后，在 4 月初时，C 公司再根据新的差额买入 5 月到期的期货合约，并于 4 月底全部平仓。5 月初再买入 6 月到期的期货合约，然后在 5 月底平掉全部的 6 月到期的期货头寸。3 月至 5 月，当 C 公司需要支付账款的外币资金时，可以在当日或提早一天向银行发起即期购汇的请求，购汇的金额就等于这笔账款的大小（见图7-24）。

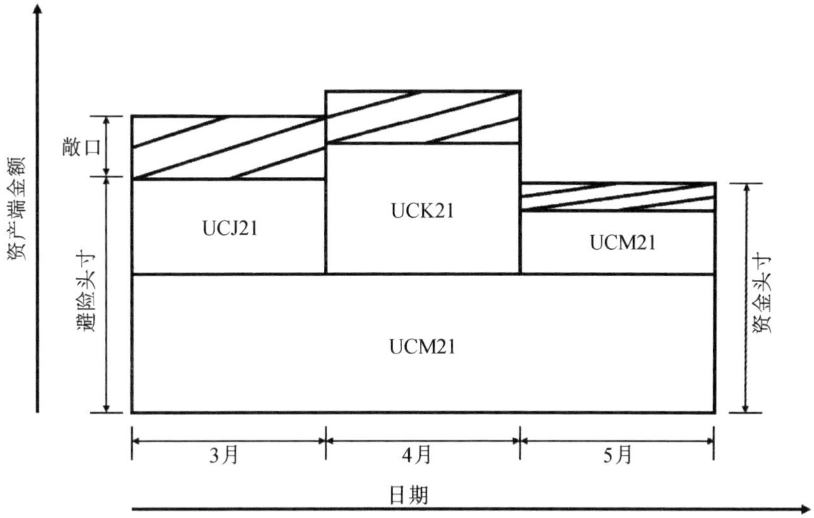

图7-24 C公司期货套保方案示意图

在制订方案之前，外汇风险管理部门先进行了详细的期货套期保值可行性研究，从技术、资金、操作、法律等多个角度进行了分析。首先，C公司具备足够的资质，在法律法规允许下可以在新加坡交易所或香港交易所开户；其次，部门内有多年从事外汇市场和期货交易经验的交易员和研究员，已充分了解了外汇市场和期货期权等金融衍生品的风险。

外汇风险管理部门之所以选择期货来进行汇率风险的对冲，而不是用外汇远期合约来进行锁汇，是因为期货的流动性要远高于远期。不同于出口业务可以将收到的外币资金暂时存在库存中，C公司没有足够的外币现金来支付应付外币账款。需要在固定日期进行货币交割的远期合约不够灵活，在多个不同付款日期的情况下难以满足“即购即付”的需求。择期远期虽然可以存在多个交割日期，但择期远期通常存在一个不短的“冻结期”，难以满足短时期内的用汇需求。因此，要通过即期购汇的方式来支付应付账款，而且，在期货市场上，要通过做多汇率来对冲汇率贬值的风险，因期货合约价格在临近交割日时与即期汇率趋于一致（见图7-25）。

图 7－25 随着到期日临近，UCJ20、UCK20 和 UCM20 的价格同 USDCNH 的偏离程度越来越小

2021 年 3 月 1 日，企业外汇风险管理部门确定了 C 公司进口业务的当月应付金额约为 250 万美元。在考虑进口产品检验不合格、提货延期等意外情况后，部门决定对 90% 的资金头寸进行期货端的套期保值。当日，部门在期货市场上以 6. 5233 的价格买入 10 手新交所的 UCM21 合约，然后以 6. 4997 的价格买入 12 手 UCJ21 合约。这些期货合约对应的套保避险头寸金额为 220 万美元，剩余的 30 万美元就是 C 企业资产端的汇率敞口。

UCM21 的开仓基差为－537BP，UCJ21 的开仓基差为－301BP，两者都处于较深程度的远月贴水近月合约的状态，对于 C 公司的多头套保很有利。当日 UCM21 的持仓量为 36, 877 手，流动性高；而当日 UCJ21 的持仓量仅为 3, 392 手，C 公司的 12 手多头的持仓数量要高于总合约数量的千分之一。因此，在 3 月底平仓 UCJ21 合约时，很有可能因为流动性不足导致真实的出场价格要低于预期点位。

部门还进行了压力测试，测试当期货合约的价格为多少时，C 企业需要平掉亏损的多头仓位或追加期货账户的保证金。C 公司在新交所的期货账户共有 100 万元人民币的权益资金。企业在期货公司交易的每手美元兑离岸人民币期货合约的基础保证金约为 25,000 元人民币，维持保证金约为 15,000 元人民币，并且不会随着美元兑离岸人民币汇率的波动而产生较大的变化。因此，新交所期货账户在完成开仓入场后的参考风险度为 55%。假设未来 UCM21 合约的价格为 X，UCJ21 合约的价格为 Y，那么当 X 和 Y 的价格满足以下等式时，期货账户的参考风险度将达到 100%：

$$1,000,000 - 10 \times (6.5233 - X) \times 100,000 - 12 \times (6.4997 - Y) \times 100,000 = (10 + 12) \times 15,000$$

如果 UCM21 合约和 UCJ21 合约的价格变动幅度相同，即（6.5233 - X）=（6.4997 - Y），那么当持仓亏损达到 3,045 个最小变动价位时，即 UCM21 合约的价格变为 6.2188，并且 UCJ21 合约的价格变为 6.1952 时，C 公司期货账户的参考风险度达到 100%。在风险度超过 80% 后，C 公司必须平掉部分亏损持仓或者向期货账户中追加资金，否则，期货持仓会被期货公司或相关机构强平。

2021 年 3 月 31 日，C 公司以 6.5930 的价格平掉了 12 手 UCJ21 多头持仓，交易盈亏为 111,960 元人民币。而 10 手 UCM21 多头持仓的盈亏为 97,300 元人民币，账户总权益为 1,209,260 元人民币。次日，部门统计得到 4 月份的应付账款金额约为 300 万美元。部门决定依旧留 10% 的汇率敞口，因此，在 2021 年 4 月 1 日以 6.5888 的点位买入 17 手 UCK21 多头合约。

部门依旧对此进行了压力测试，并同样假设 UCM21 合约和 UCK21 合约的价格变动幅度相同。当持仓亏损达到 2,979 个最小变动价位时，即 UCM21 合约的价格变为 6.2254，并且 UCK21 合约的价格变为 6.2909 时，C 公司的期货账户会遭遇保证金不足的风险。

$$1,209,260 - 10 \times (6.5233 - X) \times 100,000 - 17 \times (6.5888 - Y) \times 100,000 = (10 + 17) \times 15,000$$

2021 年 4 月 29 日，C 公司以 6.4686 的价格平掉了 17 手 UCK21 多头持仓，交易盈亏为 -204,340 元人民币。而 10 手 UCM21 多头持仓的盈亏为 -43,800 元人民币，账户总权益为 961,120 元人民币。次日，部门统计得到 5 月份的应付账款金额约为 200 万美元。部门决定同样保留 10% 的汇率敞口，因此，在 2021 年 5 月 6 日以 6.4665 的点位买入 8 手 UCM21 多头合约。

此时，18 手 UCM21 多头持仓的平均开仓点位为 6.4981。部门进行计算，当 UCM21 的价格下跌至 6.1141，期货账户就有爆仓的风险（见图 7 – 26）。

$$961,120-10\times(6.5233-X)\times 100,000-8\times(6.4665-X)\times 100,000=(10+8)\times 15,000$$

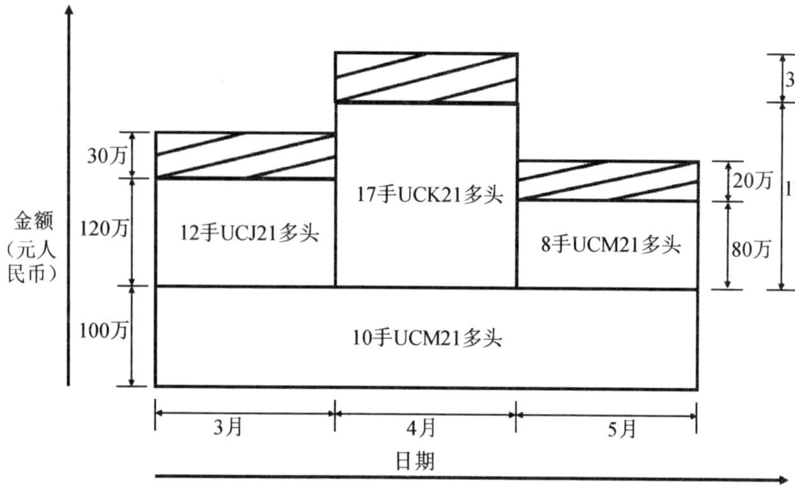

图 7 – 26　C 公司期货交易记录示意图

2021 年 5 月 31 日，C 公司以 6.3856 的价格平掉了 18 手 UCM21 多头持仓，此时账户的总权益为 758,700 元人民币。3 月至 6 月，美元兑离岸人民币汇率先小幅贬值，而后持续升值。C 公司期货账户权益的资金曲线走势同美元兑离岸人民币汇率的走势高度相仿，在汇率贬值阶段，期货账户的参考风险度下降；汇率升值，则期货账户的参考风险度不断增加（见图 7 – 27）。

这三个月，C 公司期货端套期保值的损益为 –241,300 元人民币。3 月至 6 月，C 公司累计购汇 750 万美元，所需人民币 5,018.1 万元，汇兑损益约为 6.8 万元人民币。结合期货端的对冲损益，可以得到 C 公司这三个月的真实平均购汇点位为 6.7229（见图 7 – 28）。

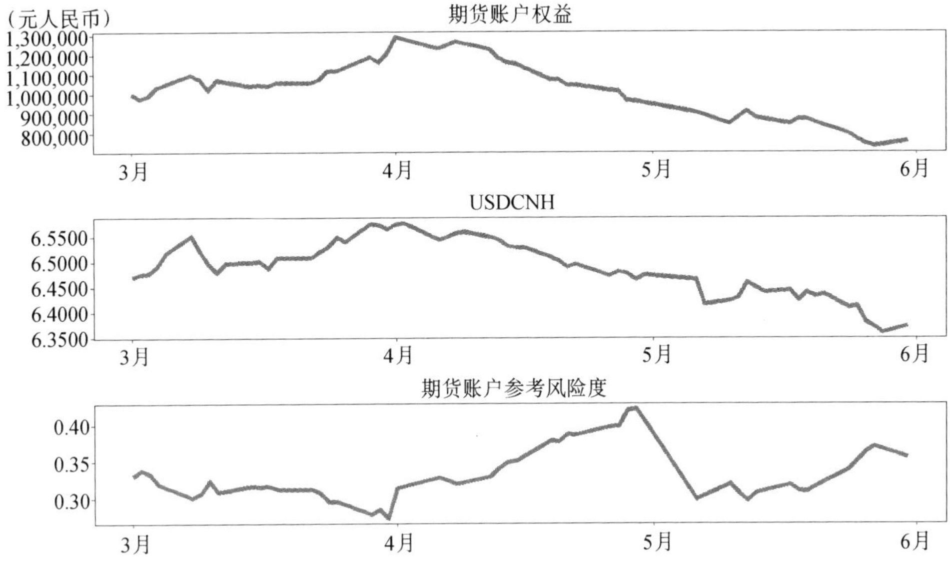

图 7－27　C 公司期货账户权益与参考风险度变动

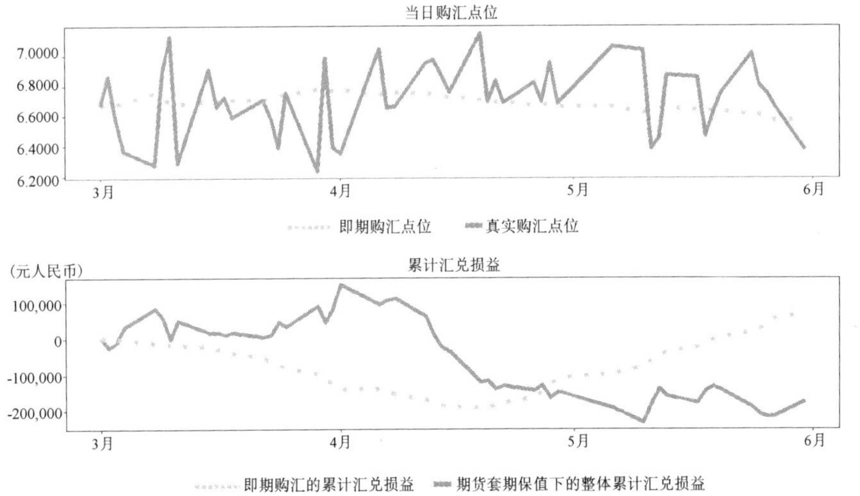

图 7－28　当日购汇点位和累计汇兑损益

部门总结这三个月的期货套保交易，认为此次套期保值并没有达到预期效果，不但没有起到稳定负债价值的效果，反而加剧了负债端的价格波动，主要问题在于：随着应付账款的确认和结束，C 公司的负债端外币资产头寸在不断地发生变化，如果不及时调整持仓期货合约数量的话，那么避险头寸和汇率敞口的金额就无法匹配。部门原以为的避险头寸，反而变成了“投机头寸”（见图 7－29）。

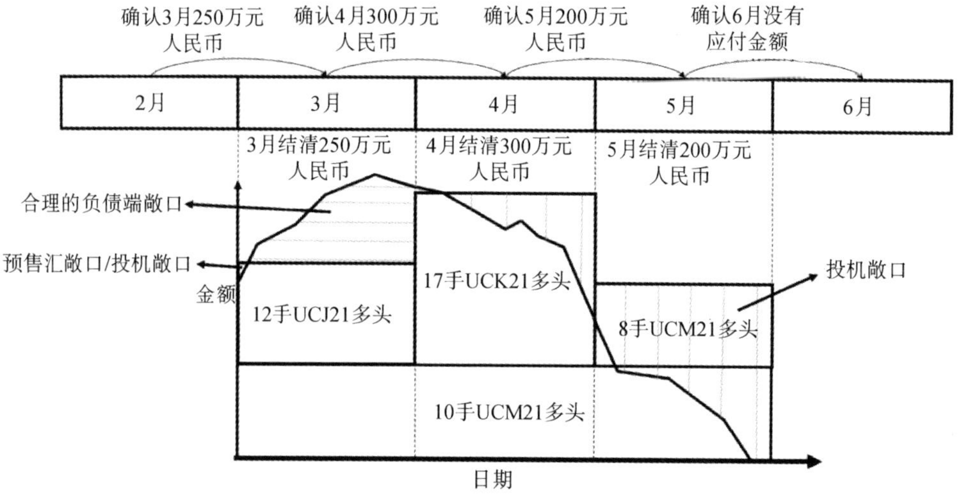

图 7－29　C 公司的汇率敞口结构

期货合约需要根据应付账款的结束而及时平仓，做到避险头寸和资金头寸相匹配，从而不会产生实质上的投机敞口。根据这点，部门模拟了一遍及时平仓的期货交易方案。因为 6 月到期的 UCM21 合约的流动性要显著高于 4 月到期的 UCJ21 合约和 5 月到期的 UCK21 合约，因此，外汇风险管理部门决定只交易 UCM21 合约。

2021 年 3 月 1 日至 5 月 31 日的 49 个交易日内，C 公司有 29 天需要调整期货端的持仓头寸（见图 7－30）。

这种方案下，C 公司期货端套期保值的预计损益为－100,010 元人民币，这三个月的真实平均购汇点位为 6.7041。比较购汇点位，可以发现这种模拟方案的平均购汇点位在绝大部分的时间内都要优于真实交易的方案，并且，在后期的价格波动要明显更弱。从累计的汇兑损益来看，避险头寸和资金头寸匹配调整的模拟方案的表现也更优（见图 7－31）。

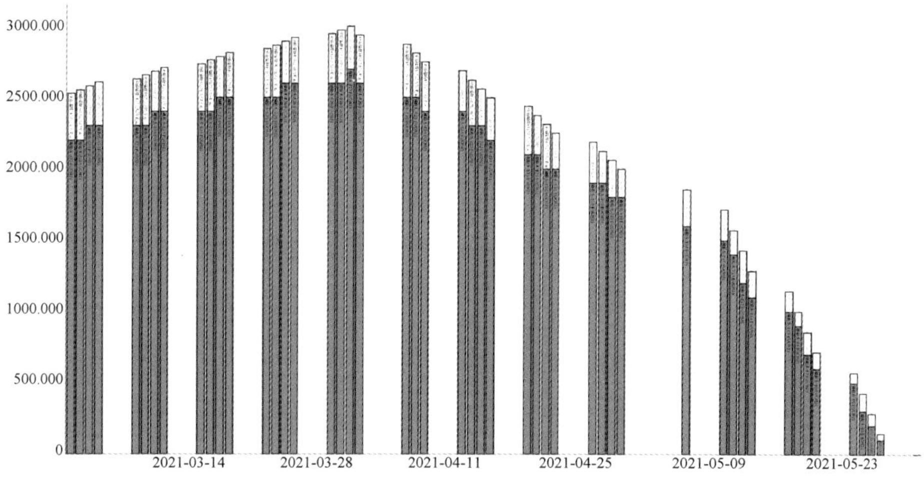

图 7－30　C 公司三个月内的期货持仓头寸和负债端汇率敞口

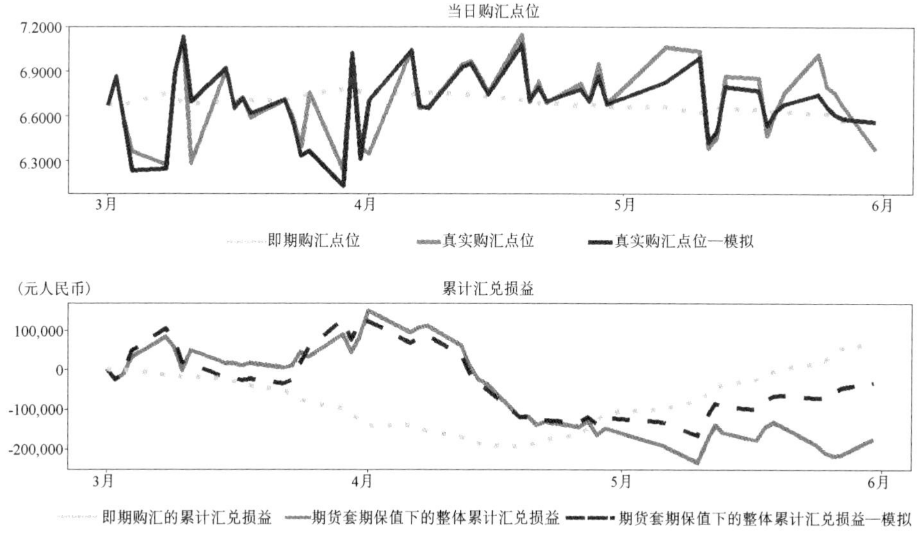

图 7－31　模拟的当日购汇点位和累计汇兑损益

随着资金头寸的改变，要及时调整期货合约的持仓量，通过控制敞口来控制风险。尽管从监控和操作上看，上述方案要比每月底统一平仓的交易方案更加烦琐和复杂，但无疑更符合公司汇率风险管理中的“套期”原则，并且，在“保值”上的效果会更加稳定可靠。

有了这一个季度的期货交易经历，外汇风险管理部门对如何使用期货进行套期保值有了更深的认识和理解，对接下来做好C公司出口业务方面的外币资产端避险充满了自信。

三、场外期权博取收益

2021年6月1日，C公司确认当月的应收账款总额为100万美元，并且认为2021年下半年的出口业务量要高于2020年的同期水平。下半年C公司预计每个月收到的外币资金将不会低于100万美元，总合约金额可能提升20%到30%。

从2020年5月底起，人民币持续升值，从7.1600一直升值到2021年2月份的6.5000附近。在新冠疫情继续困扰全球、中国出口水平保持强劲的背景下，C公司的外汇风险管理部门认为人民币汇率会在中国基本面优于美国、美元结汇意愿走强下保持强势，未来有可能继续升值到6.0000关口。因此，外汇风险管理部门认为有必要在美元兑人民币汇率升值的假设条件下进行合理避险（见图7-32）。

图7-32　2020年6月起，在岸人民币汇率呈现升值态势

资产端的资金不同于负债端的资金，C公司收到的外币资金可以长时间地存放在公司的库存中或银行存款中，可以不用及时结汇。但如果没有足够的外币资金，那么应付账款的资金需求就必须要通过不同货币之间的兑换来实现。外汇风险管理部门认为未来人民币汇率会不断升值，这对公司资产端的外汇资产非常不利，因此必须要进行高度避险，且越早避险越好，因为汇率如果真的升值了，那么未来再避险的锁汇点位或成本费用大概率要比早期避险的情况要差。

2020 年下半年 C 公司的出口金额为 1,100 万美元，外汇风险管理部门估计 2021 年 6 月份至 12 月份的出口总额大概会达到 1,400 万美元。理论上来说，如果将收到的大部分外币资金留存并用于将来的付汇用途，那么能从本质上避免汇率风险。但实际上，C 公司出于资金运转上的考虑，需要出口业务的外币资金定期地结转为本币资产，所以必须要进行适量的货币兑换行为。因此，外汇风险管理部门决定将 50% 的金额由一个有效期限较长的远期来锁定点位交割，剩余的 700 万美元中，可以适当留部分资金作为 2022 年上半年进口业务的付款需求，剩余的资金可以用期权来进行灵活的避险。

2021 年 6 月 1 日，外汇风险管理部门在参考了某商业银行的外汇远期报价数据之后，以 C 公司的名义同该银行承做了一份有效期限长达 7 个月的外汇远期合约。这份协议约定在 2021 年 12 月 31 日，C 公司需要将 700 万美元在该银行以 1:6.4482 的兑换比例交割 4,513.74 万元人民币（见图 7 - 33）。

按照 1,400 万美元的总金额计算，每个月的平均收汇有 200 万美元。部门根据 C 公司的结汇需求，决定将未来三个月内收到的美元资金全部兑换成人民币。在考虑 5% 的预期坏账率和逾期率的基础上，部门决定同银行承做总价值为 570 万美元的美元兑人民币汇率看跌期权。因为看跌期权的买方具有在未来以某一个价格卖出特定资产的权利，而不是像远期一样具有强制交割的义务。因此，当未来 C 公司的实收资金不足 570 万美元时，C 公司可以主动放弃行权，不进行具体的货币买卖行为。

在期权的标的汇率相同、到期期限相同、合约名义金额等要素相同的条件下，看跌期权的执行价越低，那么 C 公司购买看跌期权所需要支付的权利金就越少。因为执行价更低的看跌期权从虚值状态变为实值状态的概

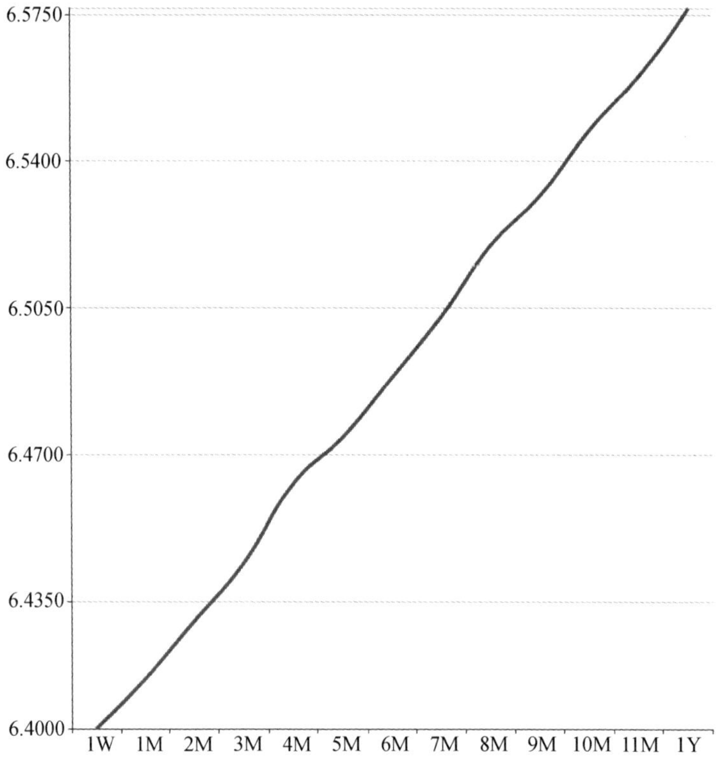

图 7－33　2021 年 6 月 1 日，期限越长的美元兑人民币汇率远期的锁汇买价越高

率越低，即汇率数值要更小才会比行权价更低（见图 7－34）。

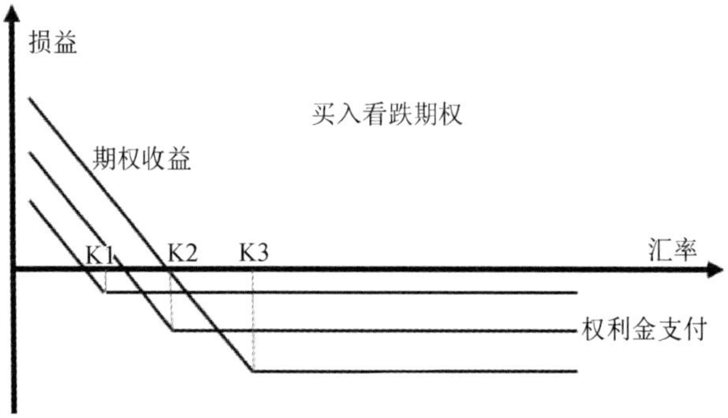

图 7－34　买执行价越低的看跌期权，所需支付的权利金越少

2021 年 6 月 1 日，经过多方询价，外汇风险管理部门最终同某家大型商业银行达成了期权交易协议。C 公司向该银行买入一份执行价为

6.3700、合约名义金额为170万美元、执行日期为2021年9月1日的美元兑在岸人民币汇率看跌期权，同时还买入一份执行价为6.3000、合约金额为200万美元、执行日期也为9月1日的汇率看跌期权，以及执行价为6.2000、合约金额为200万美元、执行日期也在9月1日的汇率看跌期权。这三份不同执行价的期权买价分别为0.0600、0.0400和0.0150，即C公司向银行支付了102,000元人民币、80,000元人民币、30,000元人民币，共212，000元的权利金。这三份汇率期权对应的标的为中国外汇交易中心早上9点多公布的美元兑人民币汇率中间价。如果将来中间价的价格要低于相应期权的执行价，C公司就能以这些执行价卖出固定数量的外币资产，即真实结汇点位要比市场结汇价格更高。

因为C公司同银行承做的是合约要素特定化的场外期权协议，所以需要支付的权利金相比于场内期权要高得多。外汇风险管理部门认为可以通过卖出看涨期权来减少当日的交易成本，并判断未来三个月内人民币汇率大概率会继续保持强势升值。即使看错了方向，汇率未来走弱，也不会在一个季度内贬值超过1,000个基点。当日的美元兑人民币汇率的中间价为6.3572，因此C公司向银行卖出了一份执行价为6.4500、合约金额为570万美元、执行日期同样为2021年9月1日的汇率看涨期权。如果未来中间价的价格高于6.4500，那么银行就能够以6.4500的价格买入C公司价值570万美元的资金，即C公司大概率会被迫以比市场结汇价格要更低的汇率点位来完成结汇行为。这份看涨期权的卖价为0.0250，即C公司收到了银行支付的142,500元权利金。因此，当天C公司在场外期权交易上的净收支为-69,500元人民币。

外汇风险管理部门进行了情景模拟，计算了三个月后四份期权到期时的C公司外币资产组合的损益情况。由于未来三个月共有600万美元资产、实收570万美元资金，是当日确认的还未发生的预期性承诺事件，因此可以用三个月后的汇率中间价与当天中间价之差作为这600万美元资产的汇兑点位损益（见表7-18）。

表 7-18　期权到期日的外币资产组合损益情况（万元人民币）

X = 中间价	X < 6. 2000	6. 2000 ≤ X < 6. 3000	6. 3000 ≤ X < 6. 3700	6. 3700 ≤ X < 6. 4500	6. 4500 ≤ X
买入看跌 6. 2000	(6. 2 − X) × 200 − 10. 2	−10. 2	−10. 2	−10. 2	−10. 2
买入看跌 6. 3000	(6. 3 − X) × 200 − 8	(6. 3 − X) × 200 − 8	−8	−8	−8
买入看跌 6. 3700	(6. 37 − X) × 170 − 3	(6. 37 − X) × 170 − 3	(6. 37 − X) × 170 − 3	−3	−3
卖出看涨 6. 4500	14. 25	14. 25	14. 25	14. 25	14. 25 − (X − 6. 45) × 570
美元账款	−(6. 3572 − X) × 600	−(6. 3572 − X) × 600	−(6. 3572 − X) × 600	−(6. 3572 − X) × 600	−(6. 3572 − X) × 600
总计	30 × X − 238. 37	230 × X − 1, 478. 37	430 × X − 2, 738. 37	600 × X − 3, 821. 27	30 × X − 144. 77

可以看出，当未来人民币汇率大幅升值时，C 公司的期权组合能够有效降低外币资产价值缩水带来的汇兑损失。但如果将来汇率贬值，那么期权上的亏损会降低 C 公司因为外币资产价值增加导致的汇兑收益。总体上，外汇风险管理部门的期权交易方案可以有效降低 C 公司外币资产对汇率的敏感度，非常适用于预计未来汇率可能会大幅变动的情况（见图 7-35）。

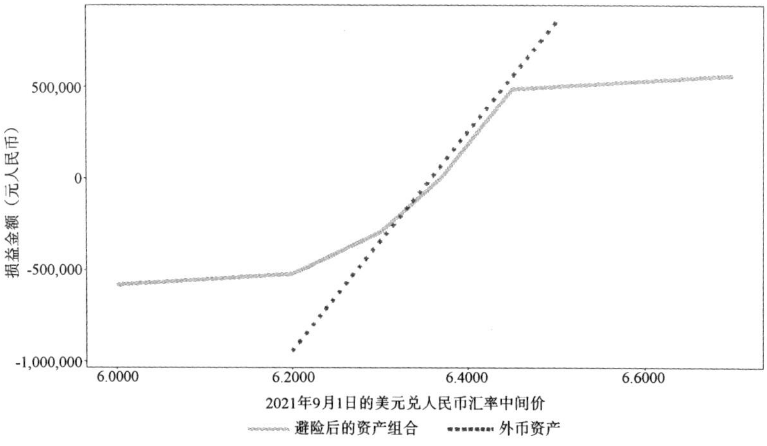

图 7-35　期权组合到期时的损益情况

C 公司在 2021 年 6 月实收 40 万美元，7 月和 8 月共收到 480 万美元，因此在 9 月 1 日期权到期时共有 520 万美元的库存现金。2021 年 9 月 1 日的美元兑人民币汇率中间价为 6. 4690，因此，执行价分为 6. 2000、6. 3000 和 6. 3700 的三个不同看跌期权是虚值状态，C 公司无法行权，所以在这些看跌期权上没有任何收益。相反，执行价为 6. 4500 的汇率看涨期权处于实值状态。银行根据期权协议，决定在当日行使以 6. 4500 的点位买入 570 万美元的权利。这意味着 C 公司被迫以 6. 4500 的点位对 570 万美元进行结汇，而这结汇点位要比当时的市场即期结汇价格低。

C 公司当日只能拿出 520 万美元，距离被行权的 570 万美元要求还差 50 万美元，因此 C 公司同这家银行进行协商后，将价值 62. 5 万美元的出口订单以保理的方式、50 万美元的价格进行了贴现。接着 C 公司用这 570 万美元从银行换取了 3, 676. 5 万元人民币。以 2021 年 6 月 1 日的美元兑人民币汇率中间价作为计算汇兑损益的参考汇率，并结合应收账款保理的 12. 5 万美元损失，此次期权交易的汇兑损益为 36. 8 万元人民币，真实的结汇点位为 6. 4281。此次汇率期权的避险交易成功地帮助企业规避了汇率波动对外币资产价值的影响。

根据过去 3 个月的出口业务状况，外汇风险管理部门估计截至年底，C 公司在未来 4 个月内还能收到大约 800 万美元的订单资金。因为 C 公司在 2021 年底需要按照远期合约进行 700 万美元的交割，所以，外汇风险管理部门决定从 9 月起至 2022 年初不再进行任何外汇衍生品交易。美元远期交割后剩余的资金可用于 2022 年 C 公司的进口业务。

C 公司于 9 月至 12 月底，共计收到了 920 万美元。12 月的时候，外汇风险管理部门用库存现金支付了进口业务的 80 万美元。因此，这 4 个月内，C 公司的外币资产净收支为 840 万美元。2021 年 12 月 31 日，C 公司进行了 700 万美元的远期交割，6. 4482 的锁汇点位要高于当日 6. 3730 的美元兑在岸人民币汇率（见表 7 – 19）。

表 7－19　　C 公司 2021 年的汇率避险操作

月份	收入	支出	交易	结汇均价	购汇均价	汇率均值	价差金额
3 月	0	250 万美元	期货套保＋即期购汇	—	6.6304	6.5143	－29.0 万美元
4 月	0	300 万美元	期货套保＋即期购汇	—	6.7991	6.5185	－84.2 万美元
5 月	0	200 万美元	期货套保＋即期购汇	—	6.7231	6.4199	－60.64 万美元
6 月	40 万美元	0	远期＋期权组合	—	—	6.4300	—
7 月	160 万美元	0	远期＋期权组合	—	—	6.4772	—
8 月	320 万美元	0	远期＋期权组合	—	—	6.4762	—
9 月	210 万美元	0	远期＋期权组合	6.4281	—	6.4539	－14.7 万美元
10 月	260 万美元	0	远期	—	—	6.4118	—
11 月	340 万美元	0	远期	—	—	6.3894	—
12 月	110 万美元	80 万美元	远期	6.4482	—	6.3738	52.1 万美元

四、案例总结

C 公司发现让业务部门各自管理汇率敞口的效率低下，因此决定建立专门的外汇风险管理部门，来统筹管理整个公司的汇率风险。外汇风险管理部门通过期货来控制购汇的成本，但没有及时地匹配期货头寸和负债端资金头寸。这导致部分时间内，C 公司持有的期货合约变成了投机头寸，增大了负债价值的波动程度。外汇风险管理部门还通过远期和期权组合来锁定结汇点位。C 公司买入看跌期权来避免未来汇率大幅升值带来的亏损，并通过卖出看涨期权来降低买入期权的成本。期权到期时，汇率贬值超过看涨期权的执行价，C 公司被迫以低于市场价格的点位卖出美元资产。由于实收美元资金低于预期，C 公司通过应收账款保理对订单进行了贴现。远期与期权的避险组合，让 C 公司能够以高于市场价格的点位进行货币兑换，享受了提前锁汇和合理避险带来的汇兑收益。

这个案例可以带给我们几个启示：

（1）外贸公司自上而下地整体管理汇率风险，要比将管理汇率风险的权责下放至部门或个人身上更加合理有效。

（2）进出口公司可以将出口收到的资金部分留存，用于支付进口的订单。这减少了货币兑换的数量，降低了汇兑成本，并从本质上规避了汇率风险。

（3）期货套期保值将汇率单边波动的风险转化成了基差波动的风险。出口业务担忧汇率走强，可做空汇率期货，并能够在基差为负的正向市场中享受远月升水回归带来的收益；进口业务担忧汇率走弱，可做多汇率期货，并能够在基差为正的负向市场中享受远月贴水回归带来的收益。

（4）期权的损益是非线性的。因此在一定主观判断的基础上，可以通过多个不同要素的简单期权来构造出一个复杂的期权结构，以便灵活地满足企业的避险需求和损益期望。卖出期权可以降低买入期权的成本，但卖出期权存在大幅甚至无限亏损的可能。买入期权虽然在期初需要支付一定的权利金，但最大的损失也只是权利金，潜在的收益可能是无限的。如果是复杂的奇异期权或期权结构，则要通过情景模拟或绘制收益分布图来确认组合的潜在收益和潜在亏损情况。

（5）期货和期权的合理套期保值业务不能算作高风险的交易行为，它们的盈亏与现货损益结合来看，整体的风险是完全可控的。

（6）汇兑损益应该比较确认头寸日期时的汇率与到期日的真实结售汇汇率，而不是金融衍生品的锁汇汇率与到期日的即期汇率。如果太过于重视锁汇汇率与到期日即期汇率之间的大小，那么就可能会带有投机的目的去要求外汇风险管理团队预测市场和开展交易。

（7）如果公司订单的账款日期固定，那么可以对各个期限采取完全锁定的静态对冲方法；如果公司未来的账款不确定性较高，那么可采用分层滚动的对冲方法，不同的期限内进行不同比例的套期保值，并且日期越近的头寸采取更高的锁汇比例；如果公司的进出口业务是金额比较固定的持续性行为，那么可以采用滚动对冲的方式，随着套保合约的结束不断续做新的金融衍生品。

第四节　外贸公司使用套期会计处理

M 集团是一家深耕国际市场，主要从事国内外商品贸易和投资业务的大型企业集团。M 集团属下的全资控股企业有 X 公司、Y 公司和 Z 公司等。X 公司和 Y 公司主要从事商品出口业务，而 Z 公司主要从事商品进口业务。这三家公司都通过美元兑人民币期货进行套期保值活动。

2020 年 7 月，M 集团要求 X、Y、Z 公司根据《企业会计准则第 24 号——套期会计》（财会〔2017〕9 号），采用套期保值会计的方式对外汇衍生品交易记录进行记账。

X、Y、Z 公司的财务人员此前并没有使用过套期保值的会计方式，对于如何记账比较陌生。因此，X、Y、Z 公司邀请会计师事务所的专家来指导工作。专家根据三家公司近期的外汇衍生品交易记录，就记账方式给出了一些指导性意见。

一、期货对冲外币资产

X 公司在 2020 年 1 月 2 日有 1,000 万美元，当天美元兑人民币在岸汇率为 6.9600。为了避免人民币升值导致美元资产的缩水，X 公司当天在期货市场上卖出 6 月到期、价格为 6.9800 的美元兑在岸人民币期货 50 手（每手 10 万美元，保证金 10%）。2020 年 5 月 6 日，当天美元兑人民币在岸汇率为 7.1000，期货价格为 7.1300。2020 年 5 月 8 日，X 公司以 7.0800 的美元兑人民币在岸汇率将 500 万美元兑换成人民币，并以 7.1250 价格买入 50 手期货平仓。

不考虑手续费等费用，套期保值会计参考记账方式如下：

2020 年 1 月 2 日

套期工具（期货）的公允价值：50 × 10 × 10% × 6.9800 = 349 万元。

套期工具的金额为 500 万美元，因此被套期项目（美元现金）的公允价值：50 × 10 × 6.9600 = 3,480 万元。

借：被套期项目—外汇资产—美元　　34,800,000 元

　　贷：外汇资产　　34,800,000 元

借：套期工具—期货合约—美元兑在岸人民币　　3,490,000 元

　　贷：银行存款（期货保证金）　　3,490,000 元

2020 年 5 月 6 日

套期工具损益：（6.9800 − 7.1300）× 50 × 10 = −75 万元。

被套期项目损益：（7.1000 − 6.9600）× 500 = 70 万元。

借：公允价值变动损益—套期损益　　750,000 元

　　贷：套期工具—期货合约—美元兑在岸人民币　　750,000 元

借：被套期项目—外汇资产—美元　　700,000 元

　　贷：公允价值变动损益—套期损益　　700,000 元

2020 年 5 月 8 日

套期工具损益：（7.1300 − 7.1250）× 50 × 10 = 2.5 万元。

被套期项目损益：（7.0800 − 7.1000）× 500 = −10 万元。

借：套期工具—期货合约—美元兑在岸人民币　　25,000 元

　　贷：公允价值变动损益—套期损益　　25,000 元

借：公允价值变动损益—套期损益　　100,000 元

　　贷：被套期项目—外汇资产—美元　　100,000 元

最后，企业结汇金额：500 × 7.0800 = 3,540 万元。

美元资产的价值：3,480 + 70 − 10 = 3,540 万元。

套期工具的价值：349 − 75 + 2.5 = 276.5 万元。

借：银行存款（应收账款）　　35,400,000 元

　　贷：主营业务收入　　35,400,000 元

借：主营业务成本　　35,400,000 元

贷：被套期项目—外汇资产—美元　　　　　　　35,400,000 元

借：银行存款（期货保证金）　　　　　　　　2,765,000 元

贷：套期工具—期货合约—美元兑在岸人民币　2,765,000 元

二、期货对冲远期合约

Y 公司在 2020 年 1 月 2 日有 1,000 万美元，当天美元兑人民币在岸汇率为 6.9600，同银行签订了一份 5 月到期的、结汇价格为 6.9700 的 500 万美元远期协议。为了避免人民币大幅贬值导致远期交割的损失，Y 公司当天又在期货市场上买入 6 月到期的、价格为 6.9800 的美元兑在岸人民币期货 50 手（每手 10 万美元，保证金 10%）。2020 年 5 月 8 日，Y 公司同该银行履行远期协议，并以 7.1250 价格卖出 50 手期货平仓。当天的美元兑人民币在岸汇率为 7.0800。

不考虑手续费等费用，套期会计参考记账方式如下：

2020 年 1 月 2 日

套期工具（期货）的公允价值：$50\times10\times10\%\times6.9800=349$ 万元。

需要注意，这里的远期合约是作为“尚未确认的确定承诺”的被套期项目，它使企业面临公允价值或现金流量变动风险，且能够可靠计量，而不是套期工具。因为协议还未履行，所以此时被套期项目的公允价值为 0。

借：套期工具—期货合约—美元兑在岸人民币　3,490,000 元

贷：银行存款（期货保证金）　　　　　　　3,490,000 元

2020 年 5 月 8 日

套期工具损益：$(7.1250-6.9800)\times50\times10=72.5$ 万元。

被套期项目（远期合约）损益：$(6.9700-7.0800)\times500=-55$ 万元。

借：套期工具—期货合约—美元兑在岸人民币　　725,000 元

贷：公允价值变动损益—套期损益　　　　　　725,000 元

借：公允价值变动损益—套期损益　　　　　　550,000 元

贷：被套期项目—确定承诺—远期合约　　　　550,000 元

最后，Y 公司远期交割金额：500 × 6.9700 = 3,485 万元。

套期工具的价值：349 + 72.5 = 421.5 万元。

借：银行存款（应收账款）　　　　　　　　34,850,000 元
　　被套期项目—确定承诺—远期合约　　　　550,000 元
　　贷：主营业务收入　　　　　　　　　　　　　35,400,000 元

借：银行存款（期货保证金）　　　　　　　　4,215,000 元
　　贷：套期工具—期货合约—美元兑在岸人民币　　4,215,000 元

三、期货对冲购汇风险

Z 公司预计在 2020 年 5 月向银行购汇 1,000 万美元来偿还外债。为了避免人民币大幅贬值导致购汇所需的人民币增加，Z 公司在 2020 年 1 月 2 日买入 6 月到期的、价格为 6.9800 的美元兑在岸人民币期货 50 手（每手 10 万美元，保证金 10%）。当天美元兑人民币在岸汇率为 6.9700。2020 年 5 月 8 日，Z 公司以 7.0800 的点位向该银行购汇，并以 7.1250 价格卖出 50 手期货平仓。

不考虑手续费等费用，套期会计参考记账方式如下：

2020 年 1 月 2 日

套期工具（期货）的公允价值：50 × 10 × 10% × 6.9800 = 349 万元。

因为被套期项目为现金流量的变动风险，所以本例为现金流量套期。

借：套期工具—期货合约—美元兑在岸人民币　3,490,000 元
　　贷：银行存款（期货保证金）　　　　　　　　3,490,000 元

2020 年 5 月 8 日

套期工具损益：（7.1250 − 6.9800）× 50 × 10 = 72.5 万元。

被套期项目损益：（6.9700 − 7.0800）× 500 = −55 万元。

需要注意，套期工具有效的部分不能超过被套期项目的亏损金额。

借：套期工具—期货合约—美元兑在岸人民币　　725,000 元
　　贷：资本公积—其他资本公积　　　　　　　　550,000 元

公允价值变动损益—套期损益　　225,000 元

最后，Z 公司购汇金额：500 ×7.0800 =3,540 万元。

套期工具的价值：349 +72.5 =421.5 万元。

借：外汇资产—美元　　35,400,000 元

　　贷：银行存款（应付账款）　　35,400,000 元

借：银行存款（期货保证金）　　4,215,000 元

　　贷：套期工具—期货合约—美元兑在岸人民币　4,215,000 元

借：资本公积—其他资本公积　　550,000 元

　　贷：外汇资产—美元　　550,000 元

四、案例总结

X 公司在用美元兑人民币期货对冲外币资产的过程中，50 手美元兑人民币期货的交易亏损了 72.5 万元人民币。同时，X 公司在现货端的外币资产因为汇率贬值而“获利”60 万元人民币。相反，Z 公司尽管因为汇率贬值“多花”了 55 万元人民币来购买美元，但期货交易却获利 72.5 万元人民币，此次期货套保成功地帮助了 Z 公司减少了购汇“变贵”带来的财务费用。

汇率套期保值业务的目的是规避汇率波动的风险。套期保值业务是否有效的评价标准并不是能否给企业带来交易收益，而是能否稳定未来一段时间内企业外币资产的人民币价值或未来以人民币计量的现金流。期货交易是套期保值的一种常见手段，用来对冲现货端的价值变化。期货端和现货端的损益通常都是相对的，一方盈利则另一方亏损，必须将期货工具和现货资产结合在一起来审视套期保值业务。期货价格波动产生的账面盈亏需通过核算进入现货成本，进而影响现货的库存成本。

参考的期货记账方式有：

（1）期货套保反映在“投资收益”科目中，与现货分开核算，但是核算总体经营情况时将期货损益和现货盈亏合并计算。期货平仓亏损借记

“投资收益—期货平仓盈亏”，贷记“其他应收款—经纪公司”；持仓亏损借记“公允价值变动损益”，贷记“衍生工具—境内期货业务”。

（2）把期货投资定义为“以公允价值计量，且其变量计入当期损益的金融资产或金融负债”中的“交易性金融资产”类别。投入保证金计入“存出投资款”，确认平仓盈亏的时候计入“投资收益交易性金融资产”，持仓浮动盈亏计入“公允价值变动交易性金融资产”。

但是，在相同会计期间内要将套期工具和被套期项目的利得、损失都计入当期损益，企业的套期保值业务必须满足《企业会计准则第 24 号——套期会计》中规定的套期有效性要求。如果套期工具的数量过大，那么超过被套期项目公允价值或现金流量变动的部分就是无效套期，只能单独列入当期损益，不能在账面上进行期现对冲。这部分套期工具的头寸不再以保值为目的，而是带有投机的性质。

为了避免无效的套期保值，必须根据不同套期工具的特点来选择交易方式，确定有效的套期工具种类、数量、期限和交易时间点。这对企业设计套期保值方案以及披露相关信息提出了较高的要求。

第八章　企业外汇风险管理信息系统

促进数字技术与实体经济深度融合是我国新时代背景下的一项重要战略。对企业而言，数字化是其不断发展创新的必经之路。数字化的信息系统可以显著提高企业的信息化水平和管理能力，保障企业的可持续发展。外贸企业倘若能将进出口经营业务和外汇市场信息进行系统集成，将外汇风险的识别分析和监控管理清晰合理地规范化、流程化和自动化，就能显著提升企业管理外汇风险的效率和应对汇率风险的水平。

第一节　信息系统的意义

一个专门用来管理企业外汇风险的信息系统，可以自动整理和快速维护复杂、烦琐的财务数据和业务信息，替代低效的手动数据管理，并对这些数据信息进行定量分析，客观展示外汇业务开展和外汇风险管理的情况，分析现况中存在的问题，并生成相关报表和报告。信息系统能够自动计算企业的外汇风险敞口结构，持续监控外汇风险水平并给出预警提示。如果信息系统提供了情景模拟和压力测试功能，那么使用者可以在系统中测试不同避险方案对企业财务的影响并对方案的优缺点进行比较，还可以推算出严重影响企业利润的汇率变化幅度或其他极端情况。同时，系统中还可以整合外汇市场上重要的行情数据和资讯信息，可以省去用户搜集信息的时间和精力。

如果外汇风险管理信息系统能够做到权责分离，不同岗位员工只能访问对应权限下的财务数据、业务信息和功能栏目，那么系统可以作为员工绩效考核的工具，方便企业内部进行风险控制、监控和管理。如果外汇风险管理信息系统还能提供交易功能，那么它将便利企业的交易操作，并可作为执行的参考，也方便交易信息的共享和操作行为的留痕与追溯。这些交易记录会同业务信息和财务数据一样成为企业的重要资产。

外汇风险管理信息系统的建设是企业建立外汇风险管理体系和制度的重要保证。信息系统的使用可以让业务员、财务部、交易员、风险控制员、监管员和高层领导等都以不同的角色参与其中，深入企业的各个业务流程，提高信息共享的效率，增强风险控制的意识，提高外汇风险管理的水平（见图8－1）。

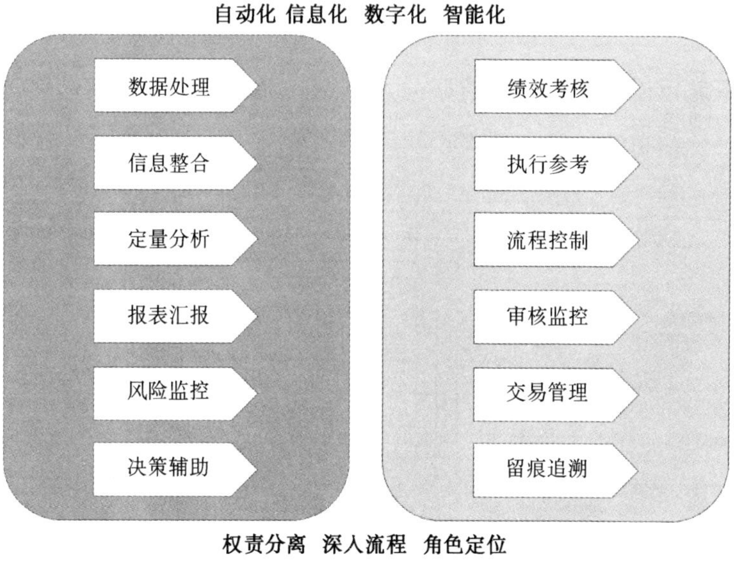

图8－1 企业外汇风险管理信息系统的作用

第二节　信息系统的功能

外汇风险管理信息系统，需要能够自动读取相关财务和业务信息，然后整理得出精确的外汇风险敞口结构，这是最重要也是最基础的系统功能。除此之外，系统最好还能对企业历史避险操作进行分析评价，甚至能根据当前宏观环境和外汇市场状况，对未来汇率变化作出合理预测。成熟的外汇风险管理系统应该能根据当前的财务数据和市场信息给出适合企业的避险保值方案，同时提供特殊情景下的避险策略，甚至能进行情景模拟和压力测试。除此之外，企业使用的外汇风险管理信息系统，应该还可以做到数据维护、用户管理、权限审批、流程审核等功能，甚至可以支持交易。

以下就以南华期货股份有限公司独立开发的企业外汇风险管理信息系统为例，介绍系统的几个功能模块（见图8－2）。

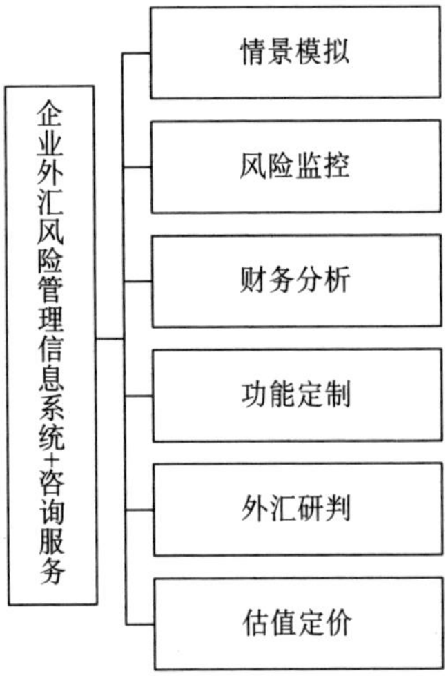

图8－2　企业外汇风险管理信息系统宣传资料

一、财务汇总

管理外汇风险，外汇业务信息和财务资金状况是必须要涉及的重点。只有将外汇市场和财务状况结合在一起分析，才能算是成熟的外汇风险管理方式。

企业中与外汇管理有关的财务信息可以分为两大类：与业务有关的账款信息以及与金融衍生品有关的合约信息。与业务有关的账款信息又可以分为三种：应收/付（预收/付）账款、水单和库存现金。

收支账款：不同类型账款的信息监控。系统界面展示账款的核算主体、部门、考核点、收付款日期、进出口日期、发票编号、币种、名义金额、业务预期汇率、已收汇金额和剩余金额等信息，还提供账款结构展示、预期汇率心理点位加权计算、账期分布和逾期预警等功能。系统上可以自由选择部门、账款日期、货物进出口日期、货币、发票编号、金额、预期汇率等条件来筛选账款，并将这些条件保存为规则（见图 8 –3）。

收支水单：实际上也是外币资产变动的收支情况展示。系统界面展示不同币种当日和累计的收支情况。比较一段时间内外币资产变动的比例时，用水单当日的外币兑人民币汇率收盘价把外币资产的价值换算成人民币价值，然后再进行价值比较（见图 8 –4、图 8 –5）。

库存现金：银行存款的结构情况。

与金融衍生品有关的合约信息，是指企业为了规避汇率风险而做的交易，包括即期汇兑、远期锁汇、掉期互换、期货和期权交易等。

以远期合约为例，外汇风险管理信息系统需要展示当前存续状态的远期合约信息，包括责任部门、承做日期、生效日期、交割日期、金融衍生品类型、编号、锁汇点位、交易对手、金额、汇兑方向以及当前估值等信息。对那些已经完结的远期合约，还列明了损益情况，以及未进行远期避险操作的情况来做比较，评价避险效果。除此之外，远期合约的期限结构、加权锁汇点位、锁汇点位和汇率数值、远期金额和库存现金比较等分析展示也是系统的功能（见图 8 –6、图 8 –7）。

图 8-3　收支款项栏目部分界面——企业外汇风险管理系统

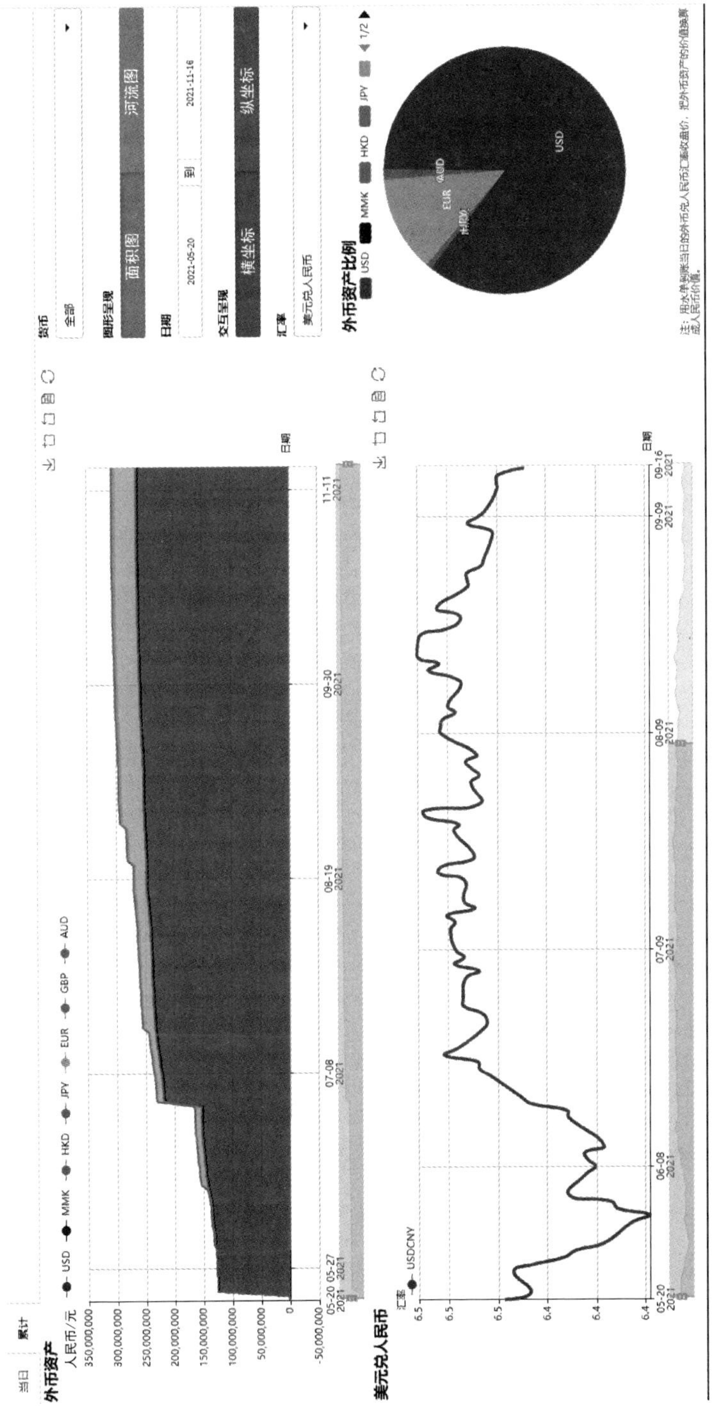

图 8－4　收支水单栏目部分界面——企业外汇风险管理系统

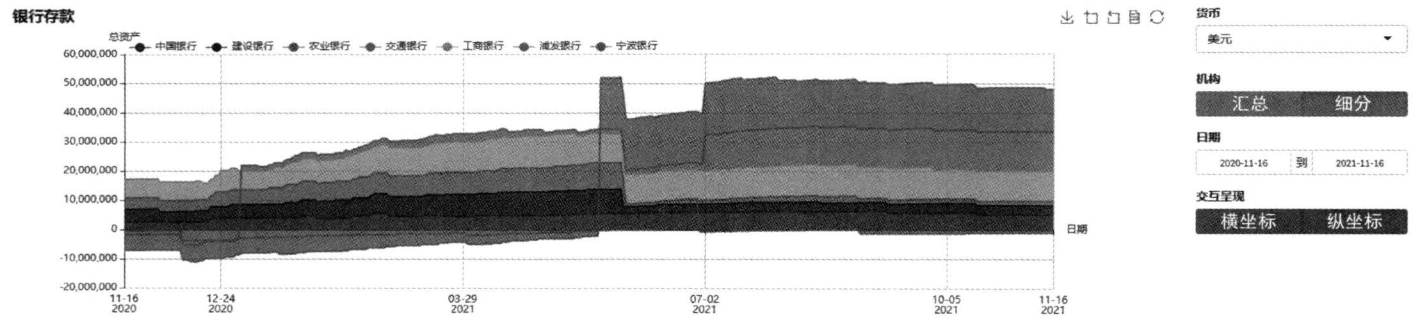

图 8-5　银行存款栏目部分界面——企业外汇风险管理系统

部门	承做日期	生效日期	交割日期	类型	编号	点位	交易对手	金额	方向	估值
分公司2_部门C_小组e	2021-08-12	2021-08-12	**2021-12-10**	远期	20210812forwardUSDshort1	6.2525	中国银行	550,000USD	美元兑人民币	-72,480人民币
分公司2_部门D	2021-05-11	2021-05-11	**2021-12-12**	远期	20210511forwardCNYHKDlong1	0.8200	农业银行	3,000,000HKD	人民币兑港元	60人民币
总部	2021-06-07	2021-06-07	**2021-12-20**	远期	20210607forwardUSDshort1	6.4050	中国银行	25,000,000USD	美元兑人民币	457,918人民币
分公司2_部门D	2021-02-01	2021-02-01	**2021-12-31**	远期	20210201forwardJPYshort1	0.0617	中国银行	8,500,000JPY	日元兑人民币	48,136人民币
分公司2_部门D	2020-02-22	2020-02-22	**2022-01-01**	远期	20200222forwardEURshort1	7.8300	中国银行	4,650,000EUR	欧元兑人民币	2,516,129人民币
分公司2_部门D	2021-06-01	2021-06-01	**2022-01-01**	远期	20210601forwardGBPCNYshort1	9.0668	建设银行	400,000GBP	英镑兑人民币	182,700人民币
分公司2_部门D	2021-09-09	2021-09-09	**2022-01-07**	远期	20210909forwardUSDshort1	6.2286	中国银行	550,000USD	美元兑人民币	-89,020人民币
总部	2021-02-24	2021-02-24	**2022-02-01**	远期	20210224forwardUSDshort1	6.4900	中国银行	3,500,000USD	美元兑人民币	326,385人民币

注：择期远期可以选择在生效日期至交割日期中的任一天进行交割；远期只能在交割日期进行交割。
估值是基于抛补利率平价理论计算得到的当前远期合约价值。计算公式是：(远期锁汇点位/((1+本国十年期国债收益率)/(1+外国十年期国债收益率))^(当前距离交割日期的天数/365)-实时最新汇率点位)*远期交割金额。

图 8-6　远期锁汇栏目部分界面——企业外汇风险管理系统

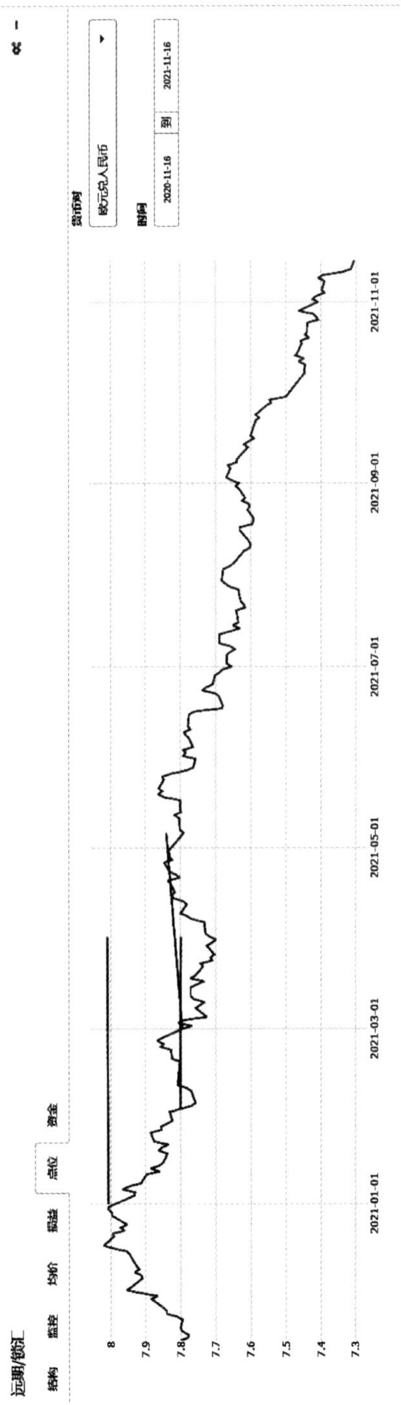

图 8-7　远期锁汇栏目部分界面——企业外汇风险管理系统

系统上可以设置财务数据抓取的日期范围，能够定时刷新近期的财务数据。系统还支持不同权限的账号管理，能够定义账号访问的模块功能和财务数据。这个功能令每个用户都只能访问对应权限下的模块和信息，实现了企业“高层—部门—个人”的分层操作和精细化管理。

除了自动读取财务数据，系统也支持手动上传财务数据，上传的静态数据会覆盖动态数据并进行分析推算。能够上传并替换的数据包括应收账款、结汇水单、即期远期和银行存款这四类，可以用 EXCEL 的格式快速上传（见图 8－8）。

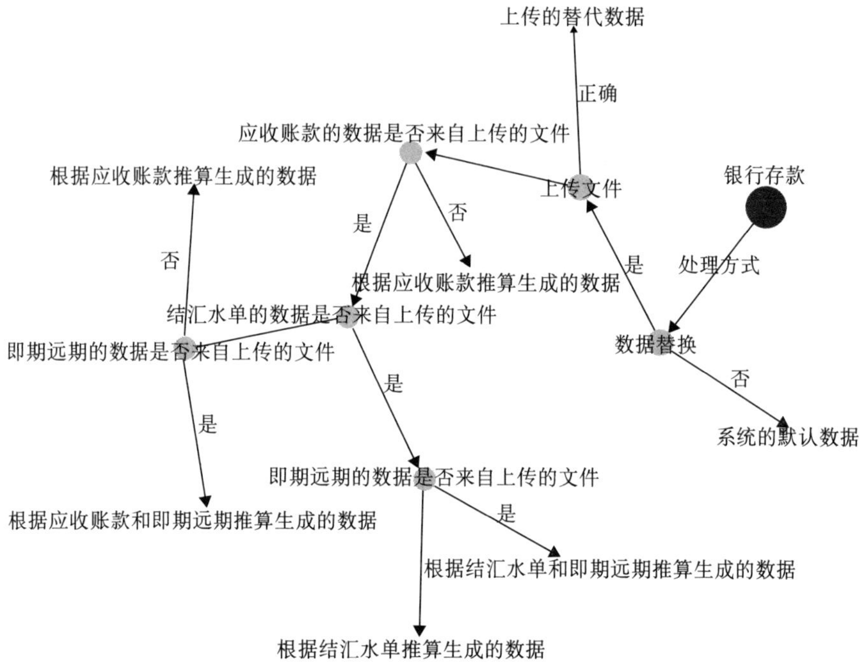

图 8－8　银行存款数据的替换机制

二、风险敞口

整理外汇业务信息和梳理财务资金状况后，可以推算出企业的风险敞口情况。风险敞口是企业进行外汇风险管理的最重要参考信息，是进行保值避险操作的前提，也是外汇风险管理信息系统的核心模块。风险敞口的内容包括外汇敞口结构和外汇风险值这两部分。

外汇敞口结构：系统将外汇资产分为库存现金、未收账款和未付账款这三类，从未收账款、未付账款、正向头寸、负向头寸和总头寸这五个结构的角度来计算企业的敞口和避险比例（见图 8 - 9）。

外汇风险测算：可以从总敞口、正敞口、负敞口、未收账款和未付账款这五个结构的角度来计算企业资产端和负债端的 VaR 和 ES 指标。指标的计算可以选择参数模型与非参数模型，并自由调整相应参数（见图 8 - 10）。

系统中还提供了风险值的计算器，提供了多种概率分布来评估相关的金融风险，并且可以自由调整参数。

三、汇率专题

这部分的信息可以分为四块：对汇率走势的展望与预测、外汇市场上的重要事件和影响、外汇指标和市场行情。

展望预测：对当前热点的解读分析以及未来汇率走势的合理预测。预测内容分为三部分：一是机构专家的分析；二是量化模型的计算；三是学术理论的推测。当然，这些观点和预测仅供参考（见图 8 - 11 至图 8 - 15）。

指标数据：包括两国基础利率之差、美元指数、公开市场的回购和逆回购、风险逆转期权、市场常用利率、宏观经济指标等。

汇率事件：展现一些外汇市场中比较重要的事件，且给这些可能会影响汇率走势的事件添加了不同类型的标签，系统界面上还给出了该事件的解释和意义（见图 8 - 16）。

市场行情：展示了实时汇率、外汇牌价、中间价、远期牌价、掉期点等数据信息。数据的来源为中国外汇交易中心和中国银行等渠道（见图 8 - 17）。

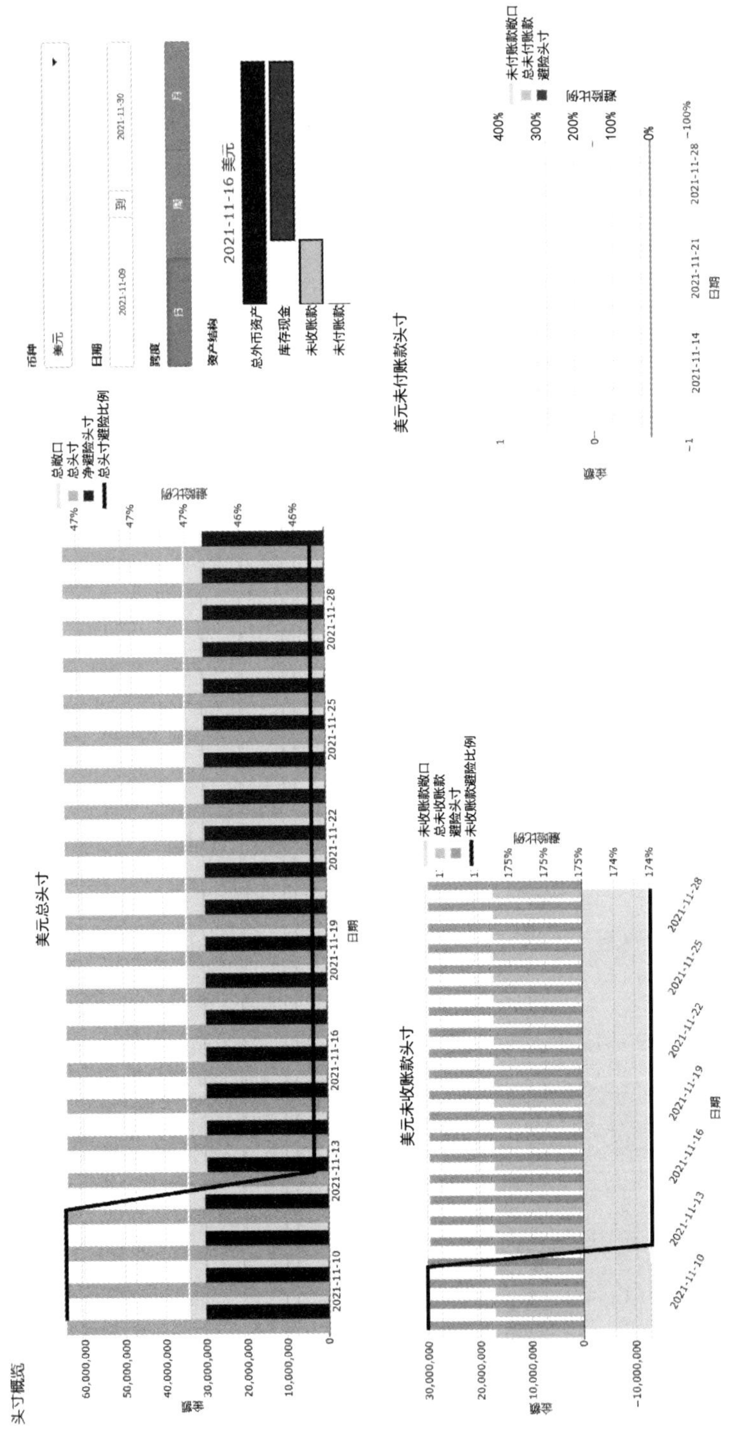

图 8-9　头寸概览栏目部分界面——企业外汇风险管理系统

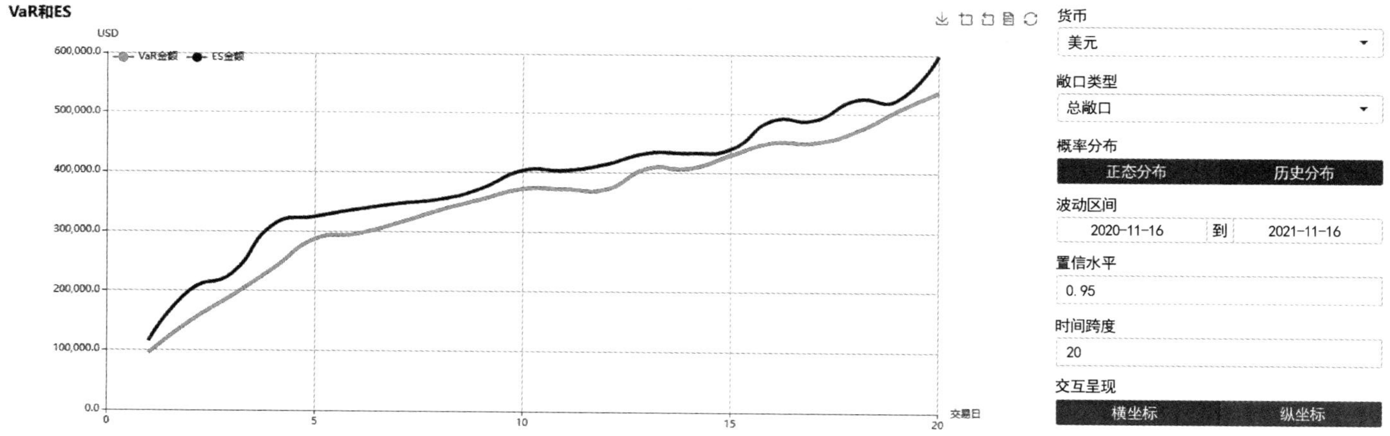

在95%的置信水平下，用2020-11-16到2021-11-16的历史汇率变动情况作为未来汇率变动的参考区间。

在20个交易日内，34,371,587美元的美元总敞口的预估最大损失为536,658.5美元，占现有美元总头寸的比例为0.84%；如果发生了损失，那么预期损失会是598,544美元，占现有美元总头寸的比例为0.94%。

图 8－10　风险测算栏目部分界面——企业外汇风险管理系统

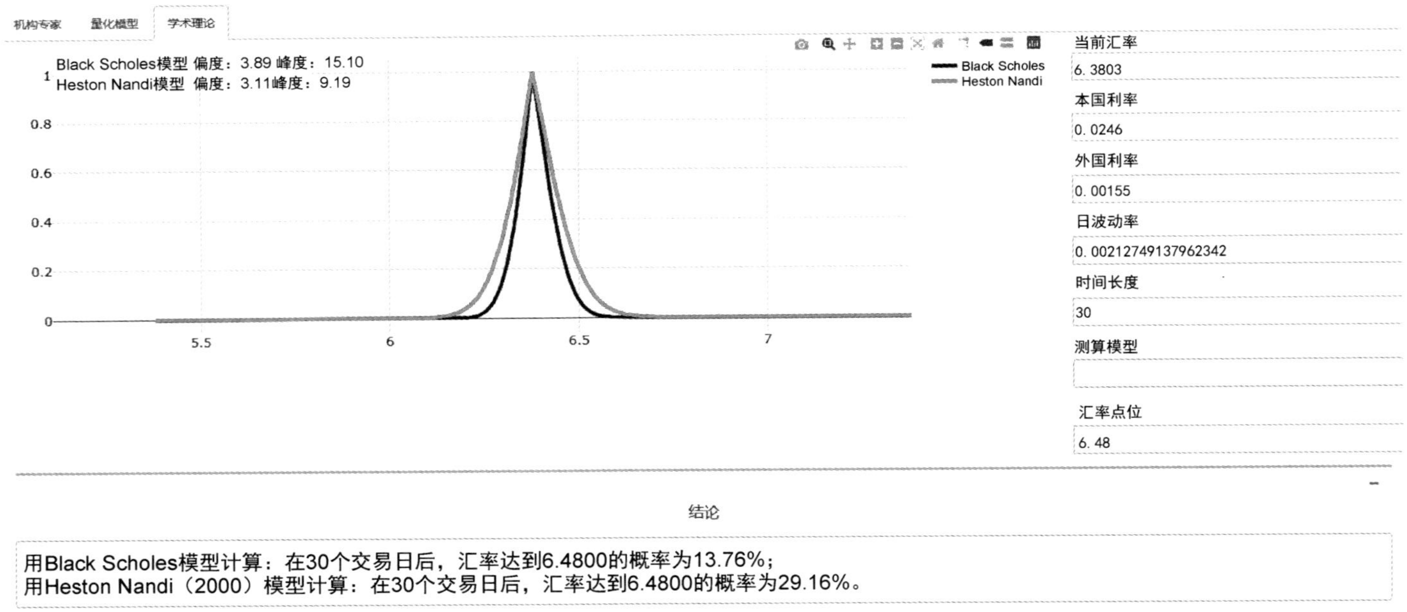

图 8－11 展望预测栏目部分界面——企业外汇风险管理系统

量化效果评价

指标	解释	测试期	测试值（收盘价）
均方误差MSE	预测值和真实值的差的平方，越接近0越精确	2060天	0.0000
均方根误差RMSE	预测值和真实值的差的平方，越接近0越精确。如果RMSE远大于MSE，表明不同的误差差别较大	2060天	0.0055
平均绝对误差MAE	预测值和真实值的绝对误差，对极端值比较敏感，越接近0越精确	2060天	0.0275
R方	模型特征对于预测目标的解释程度，越接近1越精确	2060天	0.9687
平均绝对百分比误差MAPE	预测值和真实值的百分比差异，越接近0越精确	2060天	0.0000
均方误差对数MSLE	适用于预测目标具有指数变动的趋势情况，越接近0越精确	2060天	-0.0000
中位绝对误差MedAE	预测值和真实值的绝对误差，越接近0越精确	2060天	0.0169

图8－12　展望预测栏目部分界面——企业外汇风险管理系统

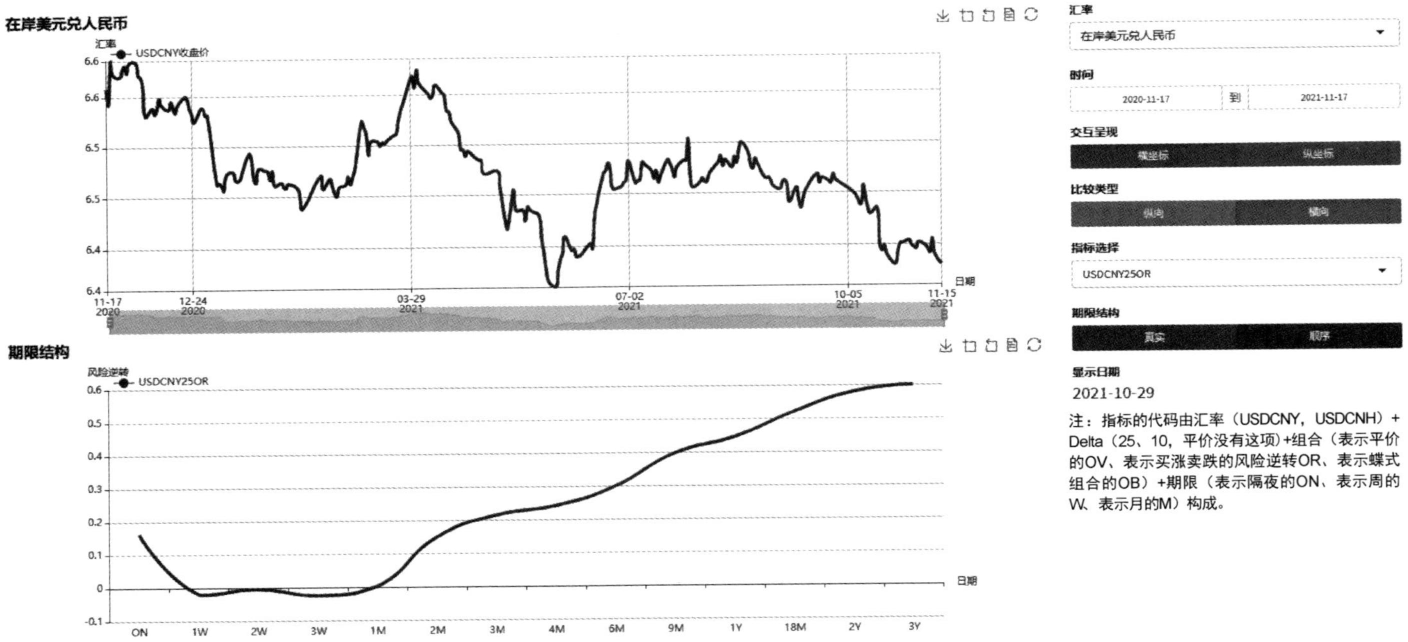

图 8－13　指标数据栏目部分界面——企业外汇风险管理系统

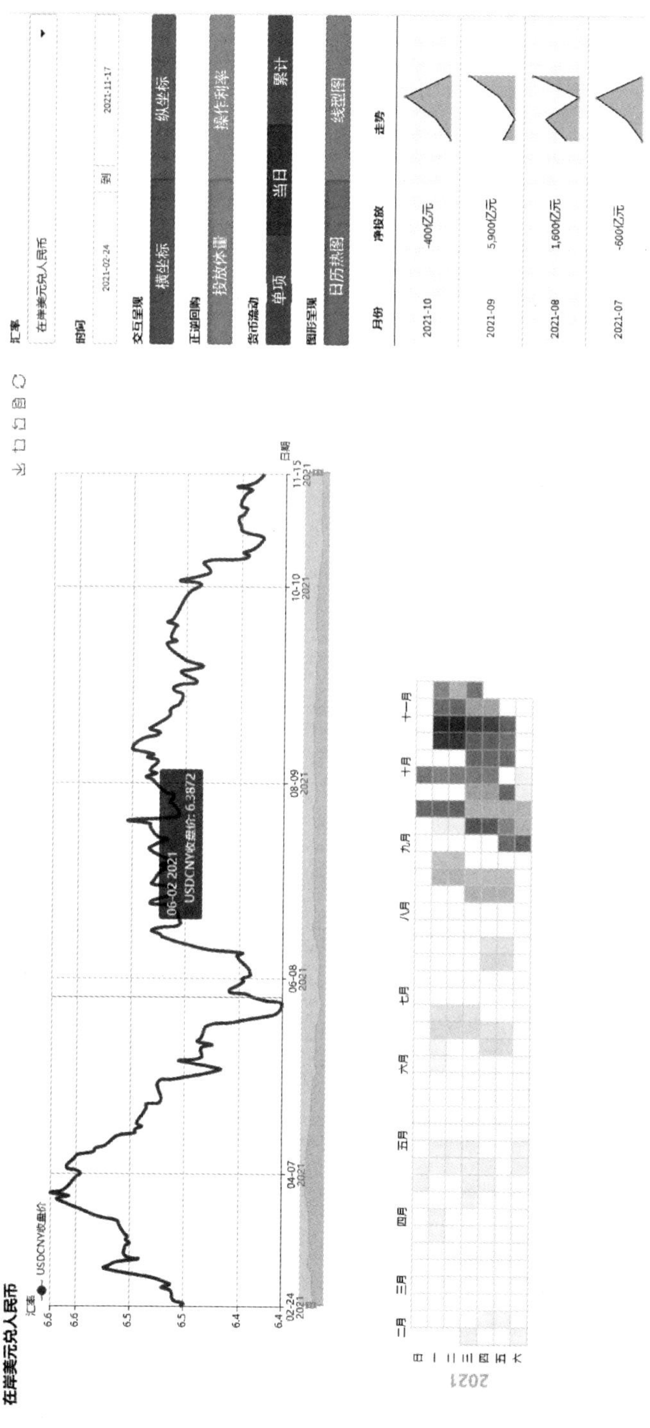

图 8－14　展望预测栏目部分界面——企业外汇风险管理系统

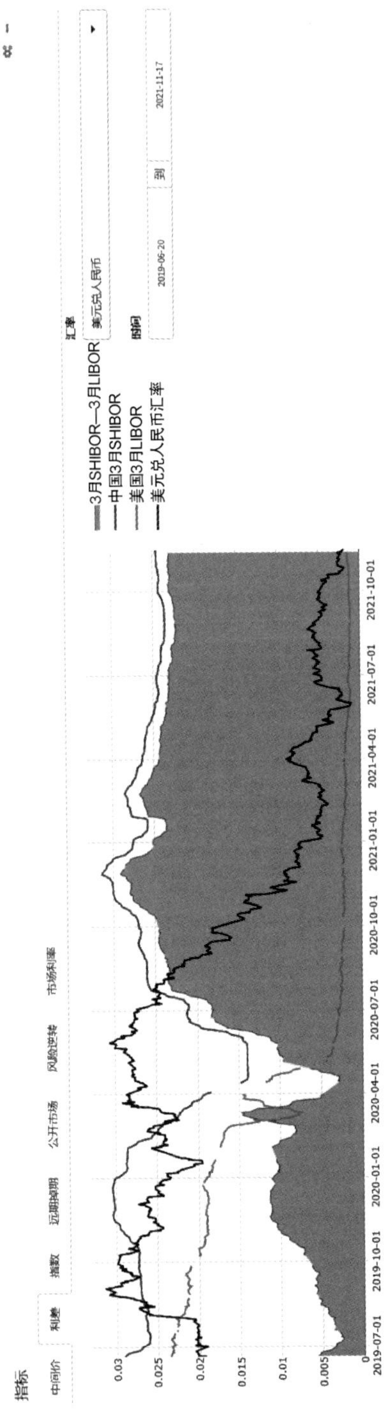

图 8－15　展望预测栏目部分界面——企业外汇风险管理系统

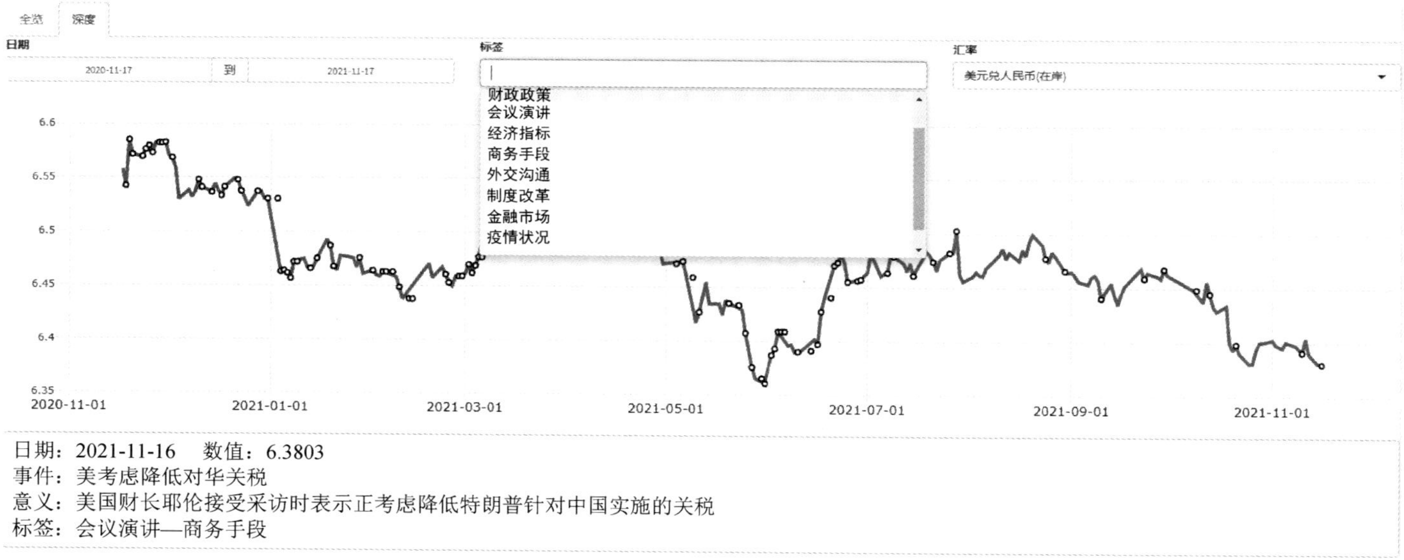

图 8－16　汇率事件栏目部分界面——企业外汇风险管理系统

数据来源 ExchangeRate　　基础货币 美元　　刷新

注：数据更新频率为日级别，存在调用次数限制。

基础货币	美元
本次更新时间	Wed, 17 Nov 2021 00:00:01 +0000
下次更新时间	Thu, 18 Nov 2021 00:00:01 +0000
美元	1
阿联酋	3.6725
阿富汗	93.0136
阿尔巴尼亚	108.3213
亚美尼亚	484.0428
核算地列斯	1.79
安哥拉	607.8994
阿根廷	101.0438
澳元	1.3636
阿鲁巴岛	1.79
阿塞拜疆	1.7296
波斯尼亚和黑塞哥维那	1.719
巴巴多斯	2
孟加拉国	87.1723
保加利亚	1.7195
巴林	0.376
布隆迪	2013.1091
百慕大	1

图 8－17　市场行情栏目部分界面——企业外汇风险管理系统

四、避险决策

企业是基于外汇业务开展情况和财务资金运转状况来管理外汇风险的。如果能够模拟不同交易和操作给企业财务带来的影响，或者能够试算出侵蚀企业利润的汇率变化数值，就能给企业制定管理方案提供有用的参考信息。避险决策模块就是外汇风险管理信息系统中用来辅助管理者制订避险方案的，包括压力测试和情景模拟功能。

系统上可以计算出损益两平汇率，就是在一定利润水平之下，企业外汇经营业务的利润额刚好等于锁汇操作上的亏损额时的汇率水平。系统还可以对外汇期货价格和银行远期报价进行比较（见图 8－18）。

系统中的压力测试功能可以调整金融衍生品参数或汇率估算值，试算极端情况下避险业务的损益情况以及现金流或公允价值的变化程度，也可以根据现金流或公允价值的变动限制，来找到汇率的容忍边界值，让管理者对当前汇率水平和未来走势情况有更清楚的认识和把握（见图 8－19）。

情景模拟功能是在当前财务状况的基础上，估算不同避险策略和操作步骤对企业资产结构、现金流或公允价值的影响。在系统中，用户可以模

日期	类型	到期期限	币种	买报价	损益两平汇率
2021-11-16	远期	1W	美元	6.3642	6.5611
2021-11-16	远期	1M	美元	6.3743	6.5714
2021-11-16	远期	2M	美元	6.3907	6.5884
2021-11-16	远期	3M	美元	6.4067	6.6049
2021-11-16	远期	4M	美元	6.4195	6.6180
2021-11-16	远期	5M	美元	6.4334	6.6324
2021-11-16	远期	6M	美元	6.4469	6.6462
2021-11-16	远期	7M	美元	6.4608	6.6606
2021-11-16	远期	8M	美元	6.4727	6.6729
2021-11-16	远期	9M	美元	6.4863	6.6870
2021-11-16	远期	10M	美元	6.4998	6.7009
2021-11-16	远期	11M	美元	6.5125	6.7139
2021-11-16	远期	1Y	美元	6.5260	6.7279

注：来自中国银行公布的当日市场开盘价，仅作参考。

日期	类型	到期期限	币种	收盘价
2021-11-15	期货	28D	美元	6.3855
2021-11-15	期货	120D	美元	6.4301

注：来自新加坡交易所的美元/离岸人民币期货的当日收盘价，仅作参考。

货币

美元兑人民币

日期

2021-11-16

业务

出口　进口

净利率

0.03

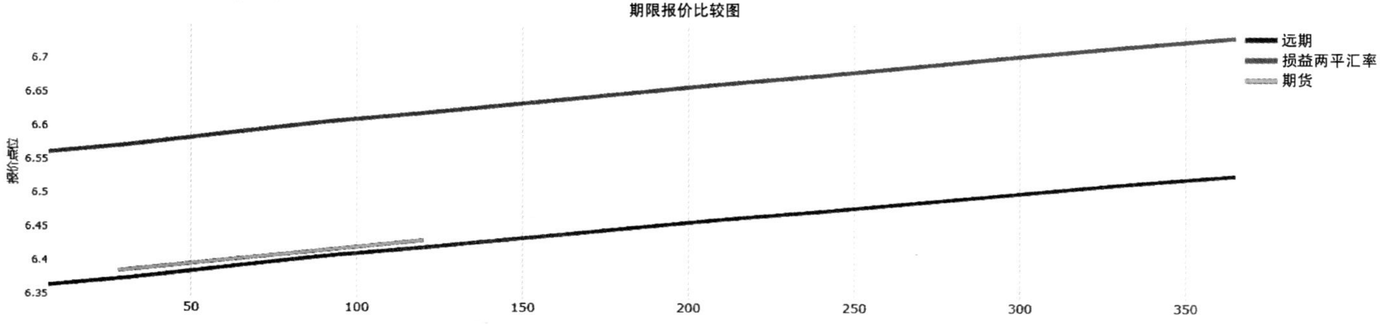

图 8－18　损益平衡栏目部分界面——企业外汇风险管理系统

避险操作		未避险（即期）			期权	
2022-01-16的汇率	减小3000基点	不变：7.0000	增大2000基点	减小3000基点	不变:7.0000	增大2000基点
初始资产	10,000,000美元	10,000,000美元	10,000,000美元	10,000,000美元	10,000,000美元	10,000,000美元
初始兑换	70,000.000人民币	70,000,000人民币	70,000,000人民币	70,000,000人民币	70,000,000人民币	70,000,000人民币
到期资产	67,000,000人民币	70,000,000人民币	72,000,000人民币	66,209,600人民币	68,400,000人民币	70,400,000人民币
资产损益	-3,000,000人民币	0人民币	2,000,000人民币	-3,790,400人民币	-1,600,000人民币	400,000人民币
费用总计	0	0	0	1,600人民币	1,600人民币	1,600人民币
保证金	—	—	—	—	—	—
避险比例	0	0	0	80.00%	80.00%	80.00%
敞口	10,000,000美元	10,000,000美元	10,000,000美元	2,000,000人民币	2,000,000人民币	2,000,000人民币
工具损益	—	—	—	-790,400人民币	-1,600,000人民币	-1,600,000人民币

避险操作总結

企业预计在2021-11-27收到一笔10,000,000美元的资金。
企业为了避免汇率波动对资金价值产生影响，决定用场外的非标准汇率期权来避险。
企业在2021-11-22买入80手执行价为6.8000的欧式看跌期权。期权标的为价值100,000美元的美元兑人民币期货合约。
期权生效时标的价格为7.0047，开仓共需支付1,600,000人民币的权利金，从而获得在期权到期日时以6.8000的价格卖出对应期货合约的权利。
企业在2022-01-16行权，企业执行相应的权利。
当最初为7.0000的美元兑人民币汇率减小3000BP，在2022-01-16达到6.7000时，期权标的价格从一开始的7.0047变成了6.6988。
因为期权标的结算价6.6995不高于执行价6.8000，因此企业能够以6.8000的价格卖出6.6988的对应期货合约，期权合约的损益为-790,400人民币。
通过期权合约避险的资产真实损益为-3,792,000人民币，而未避险情况下的资产真实损益为-3,000,000人民币，两者相差达到-792,000人民币。
当最初为7.0000的美元兑人民币汇率增大2000BP，在2022-01-16达到7.2000时，期权标的价格从一开始的7.0047变成了7.1988。
因为期权标的结算价7.1995高于执行价6.8000，因此企业不能行权，那么期权合约的损益为-1,600,000人民币。
通过期权合约避险的资产真实损益为398,400人民币，而未避险情况下的资产真实损益为2,000,000人民币，两者相差达到-1,601,600人民币。
该期权的盈亏平衡点为6.6000，从期权生效到失效整个过程中的总费用为1,600人民币。
企业买入看跌期权而不直接卖出期货合约，可以避免因价格上涨而扩大损失，同时用较少资金来获得价格下跌时的收益。
通常标的价格上涨时，企业的最大损失为开仓时支付的权利金，而当标的价格下跌时，企业能够享受收益，当标的价格跌至0时期权的盈利最大。

图 8－19　决策辅助栏目部分界面——企业外汇风险管理系统

拟即期结购汇、承做远期、远期展期等常见交易方式，随后根据避险比例、敞口结构、风险值的变化来评估不同避险方案和操作步骤（见图 8－20）。

五、学习投教

套期保值的概念在大宗商品产业链中深入人心，大型的制造业、贸易商通常都会设立专门的期货、衍生品交易部门或岗位来负责套期保值业务，消除或降低大宗商品原料或产品价格变动对企业利润的影响。而涉及外币汇兑，绝大部分企业都是由财务人员来进行操作和管理，但大部分的财务人员对汇率和外汇市场的了解不足，对套期保值概念的理解也不够，过于看重汇率的预测判断，以致变成投机操作的交易性质。

因此，外汇风险管理信息系统有必要提供一个了解外汇市场、宣传套期保值理念、介绍金融衍生品工具、避险案例和相关理论的模块。系统中的投教内容主要包括金融衍生品定价、理论说明和案例介绍。其中，金融衍生品定价包括对远期和期权进行定价或损益的估算；理论说明包括汇率理论、外汇知识、工具比较、分析框架等；案例介绍包括避险案例、套期会计等（见图 8－21、图 8－22）。

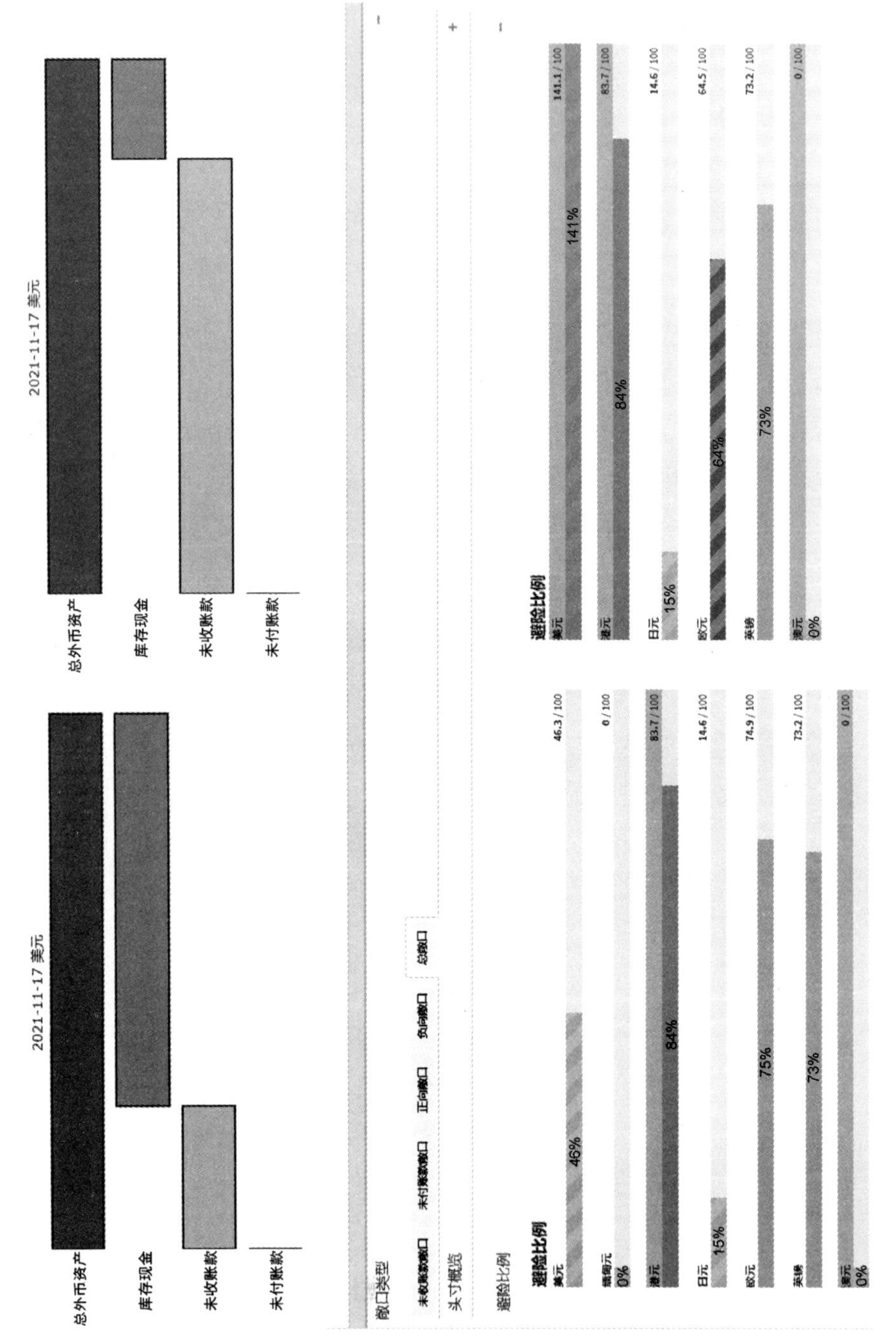

图 8－20　模拟避险栏目部分界面——企业外汇风险管理系统

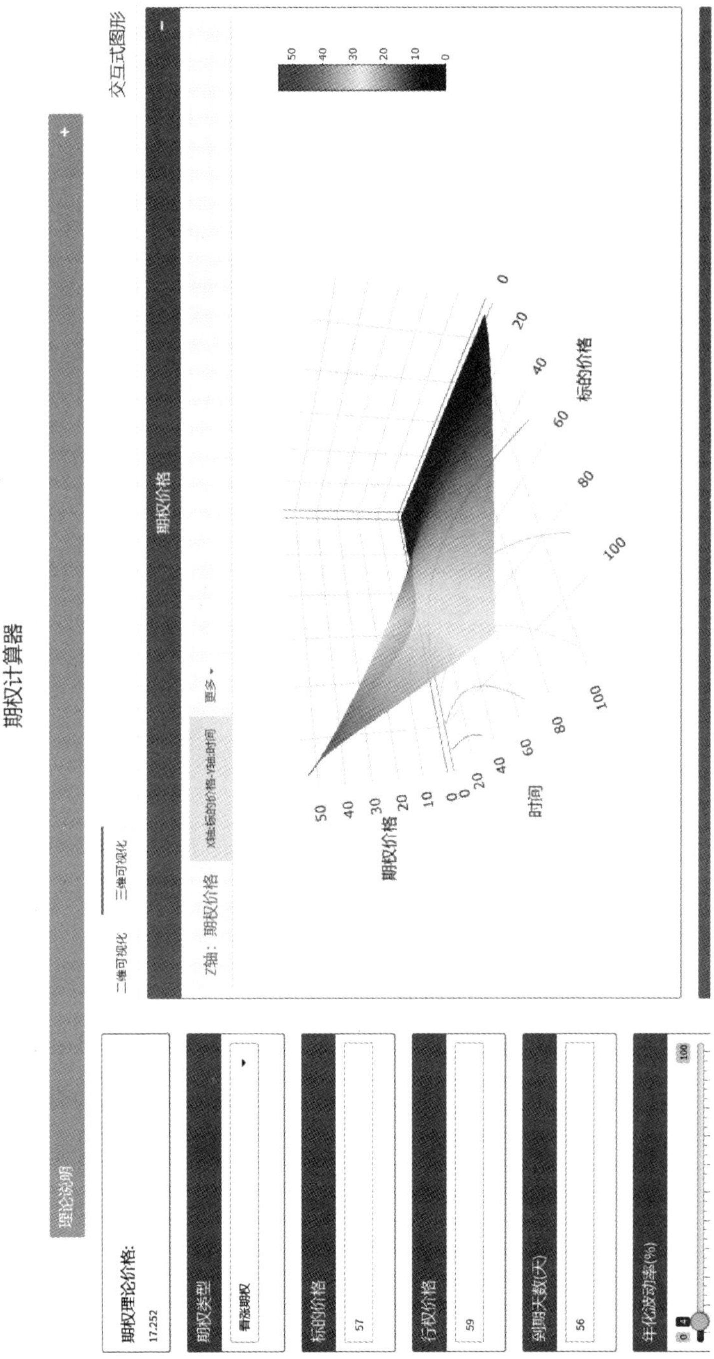

图 8－21　期权定价栏目部分界面——企业外汇风险管理系统

背景： 2019年7月1日，企业A收到了200万美元。当日按约定进行180万美元的远期交割。次日，企业A决定购置海外生产装备并预付15万美金，剩余75万美金8月1日交付。7月1日的美元兑人民币汇率为6.84，7月2日的美元兑人民币汇率为6.85。

方案： 7月2日，企业用库存现金预付15万美元，剩余20万美元存款。在暂时没有确定应收账款的情况下，企业A在7月2日决定同银行进行掉期交易。企业A在8月1日以6.88:1的比例用412.8人民币从银行换取60万美元，并在10月1日以1:6.82的比例用60万美元从银行换回409.2人民币。

解读： 在短时间内没有确定的美元收入时，通过掉期合约可以暂时解决美元现金不足的困境。但是如果10月1日前企业A还是没有美元入账的话，可能就需要通过购汇来完成掉期交易。掉期合约可以看成是两个合约金额相等，货币兑换方向相反、时间长度不同的远期合约。第一笔用人民币换60万美元的远期合约可以看作一笔企业A的应收账款。7月1日，外币资产结构为35万美元库存现金，避险比例为0。7月2日，外币资产结构为75万美元应付账款，20万美元库存现金和60万美元应收账款（第一笔即期交易），避险比例为1200%（即60/(60+20-75)×100%），风险敞口为55万美元[即|(-75+20+60)-60|]，此时避险比例超过了100%，说明当前企业的美元资产要低于锁汇的有效金额，因此需要特别关注企业的美元现金流状况。

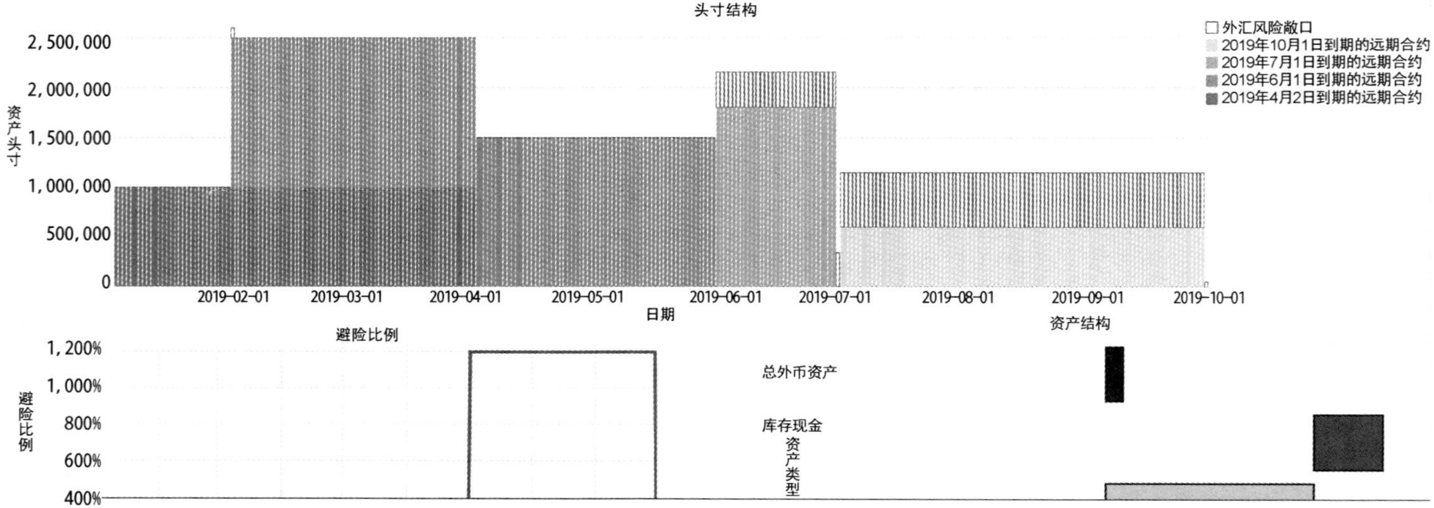

图 8－22　避险案例栏目部分界面——企业外汇风险管理系统

第九章　人民币汇率分析框架

本章我们重点介绍人民币兑美元汇率的分析框架。

第一节　中长期影响因素分析

从中长期看，自 2015 年“8·11”汇改以来，美元兑人民币汇率的决定因素主要是两个：一个是美元指数，另一个是中国经济。可以把美元指数当作美元兑人民币汇率的锚，人民币汇率基本跟随美指上下波动，但我们也可以看到，二者的走势有时贴合得很紧密，有时又有一定分化。

将 2016 年末 2017 年初和 2018 年下半年相对比，2016 年末 2017 年初时，美指在 98～100，当时的人民币汇率在 6.8000 至 7.0000 之间。而 2018 年下半年，当时的人民币也处在 6.8000 至 7.0000 之间，但此时美元指数却仅仅停留在 93～98。因此，图 9－1 中，如果我们以 2017 年末，美元指数与人民币汇率重叠期为基准，则 2016 年末 2017 年初时相当于人民币汇率相对美元指数更加坚挺，而 2018 年下半年则表现为人民币汇率相对美元指数更加疲软。

这中间的差距可以用国内经济表现来解释。此处我们以长江商学院中国企业经营状况指数——BCI 指数作为国内经济的衡量指标。

2016年末2017年初时，人民币愈发坚挺的底气在于当时国内经济景气度较高，BCI指数位于60上下，远高于50的荣枯线。但到了2018年下半年，BCI指数一直下行，并最终保持在50以下，表明当时国内经济下行压力较大，人民币汇率因此相对美元指数表现疲软。

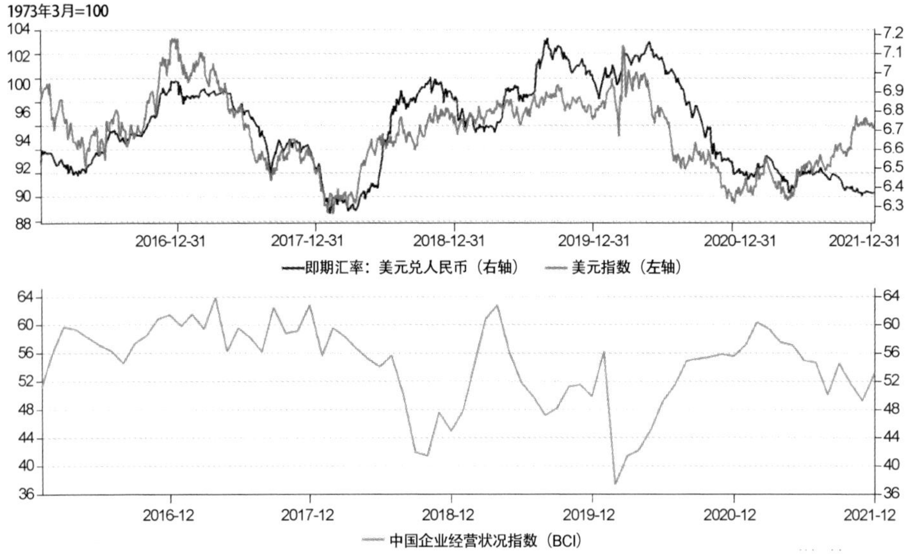

图9－1　美元指数、美元兑人民币汇率以及国内经济

通常来说，两国经济相对表现决定汇率的运行中枢，那么为何美元指数和国内经济二者能从中长期解释美元兑人民币汇率呢？这里的关键在于美元指数走势所蕴含的信息比较丰富。一方面，美国目前是全球最有影响力的国家，美元是世界性货币，美联储货币周期的外溢性非常明显。美元的汇率周期也是国际汇率市场最大的系统性因素。在美元强势周期中，所有的非美货币都将面临贬值压力；相反，在美元弱势周期中，大部分的货币将存在升值压力。另一方面，美元本身也衡量了美国经济的实力，当美国经济增长势头良好时，美元指数通常呈现上涨趋势（见图9－2）。

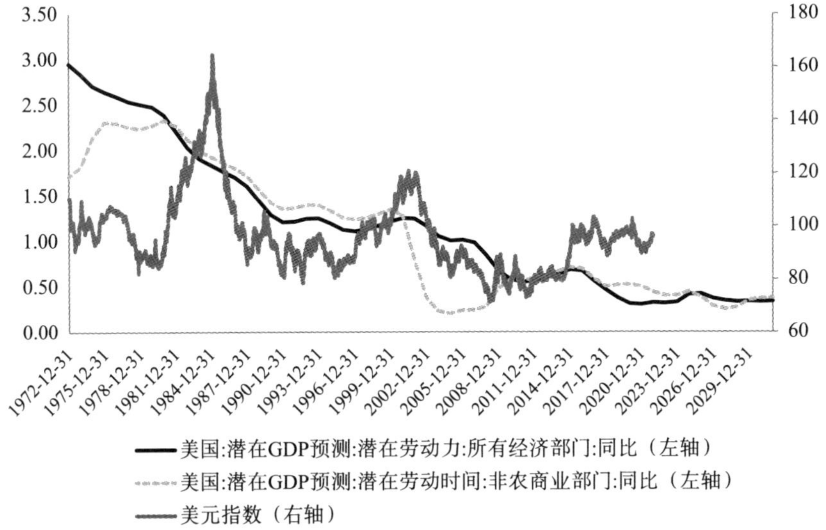

图 9－2　美元指数与美国潜在 GDP

第二节　短期影响因素分析

中短期的影响因素很多，不同时间可能有不同的交易主题。我们这里可以重点介绍并举例说明。

一、美元指数

从长周期来看，美指与人民币汇率走势非常接近，其实中短期内，二者的走势也是如此。因此，分析人民币汇率离不开美指（见图 9－3）。

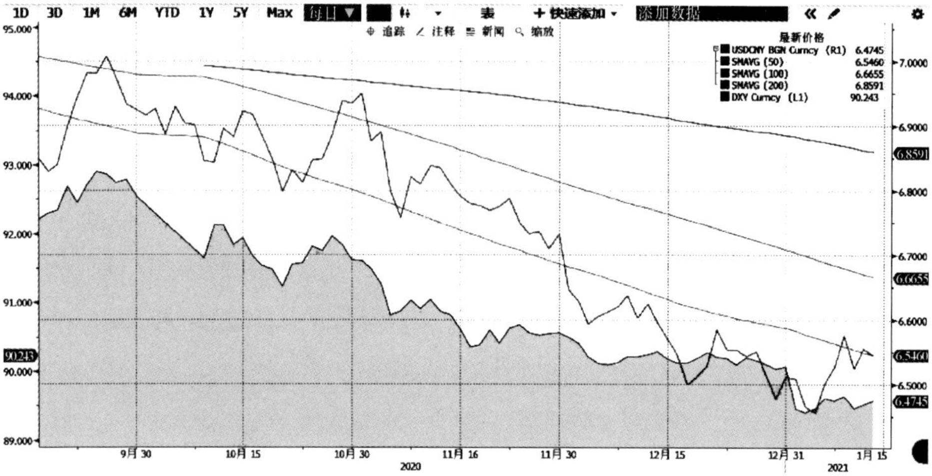

图9－3　美元指数与美元兑离岸人民币分时图

如我们之前所述，目前美元不仅是美国的美元，也是世界的美元。作为美国的美元，其主要受到基本面差异、利率平价以及资本流动的影响。由于美元指数的构成中，欧元占比接近60%，因此，这种相对差异可以简单视作美国与欧元区的差异（见图9－4）。

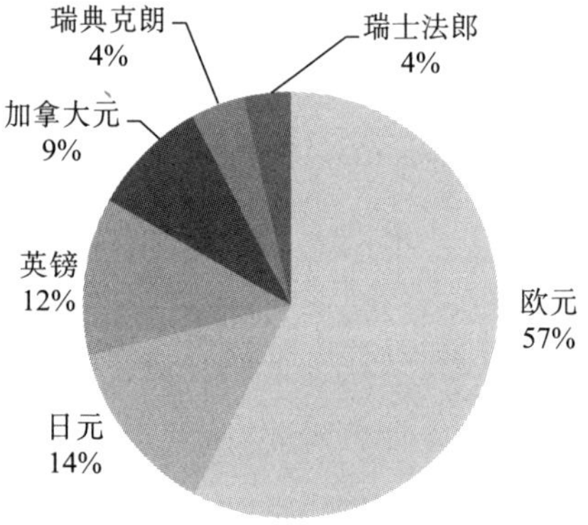

图9－4　美元指数构成

而作为世界的美元，作为全球国际贸易和国际借贷最重要的计价货币，美元的币值与全球经济增长负相关。从年度数据来看，美国与全球经济的增速差可以解释美元走势（见图9－5）。

图 9－5　美元指数与全球经济

针对美国的美元和世界的美元，我们这里可以举两个例子。

【例 9－1】2021 年下半年，美元指数基本上走的就是美联储削减购债（QE），进而加息等相对缩紧货币政策的逻辑。6 月中旬，美联储议息会议虽然维持利率和购债规模不变，但上调了隔夜逆回购工具利率（ON RRP）和超额准备金利率（IOER），这一系列操作可以视为缩减购债前的准备。另外，此次会议也表明 Taper 内部讨论已经开始。受此影响，美指开启下半年的第一波上涨。此后，7 月的 FOMC 会议，虽然美联储依然选择保持原有购债速度，但再次暗示未来将会择期削减购债规模，之后主席鲍威尔又在杰克逊霍尔全球央行年会上明确将在年内启动 QE，美指再次向上突破。此外，我们看到 11 月 Taper 落地后，美指也有明显的上涨。可以说 2021 年下半年，美指的上涨动力主要来自美联储趋向紧缩的货币政策（见图 9－6）。

【例 9－2】由于美元也是世界货币，因此某些时候其走势会脱离基本面，比较具有代表性的就是 2020 年的 3 月。

当时疫情之下，避险情绪极度发酵，不仅各类风险资产大跌，连传统的安全资产美债也面临抛售。此时唯有美元才是各类机构追逐的对象，美元短缺导致美指一度冲至 100 以上，最高触及 103（见图 9－7 至图 9－9）。

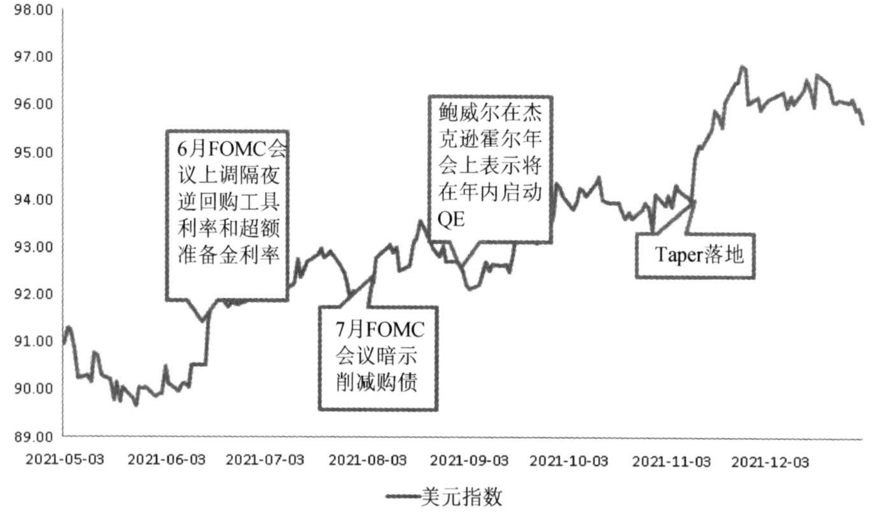

图9－6　2021年下半年美元指数走势主要影响因素

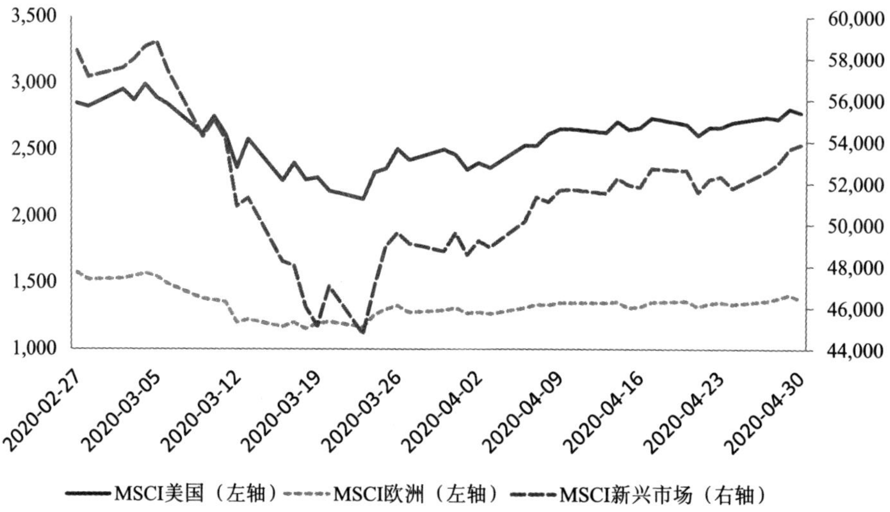

图9－7　疫情高峰期时全球股市大跌

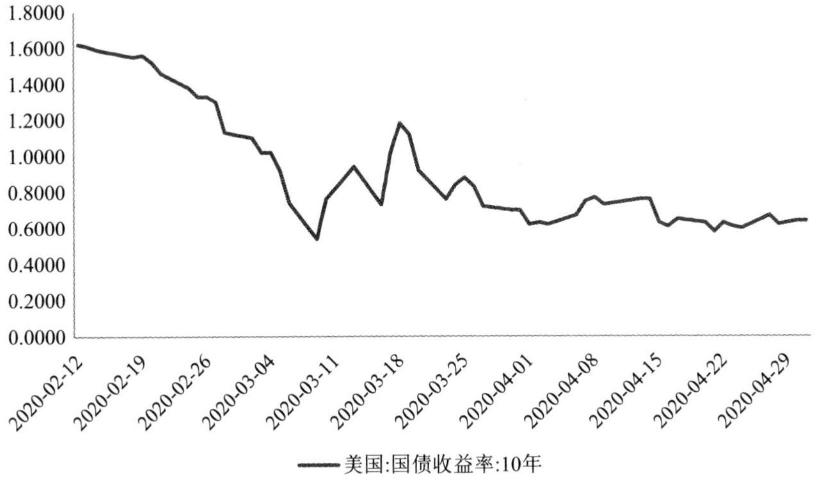

图 9－8　避险情绪极高导致美债被抛售

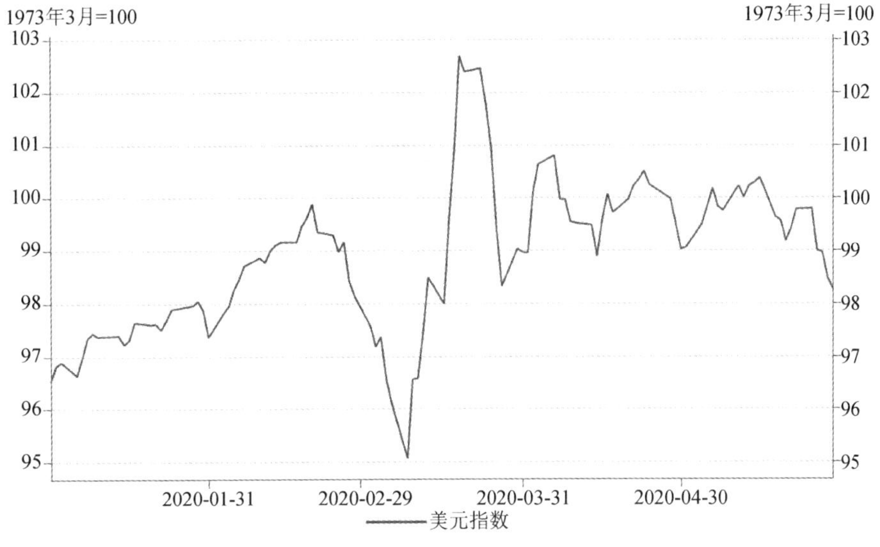

图 9－9　美指冲至 100 以上

二、市场供求

我们这里的市场供求因素包含经常项目以及金融项目。通常情况下，这些因素是隐含在背后的，可以说是一种隐性的支撑/压制力量。但在部分情况下，这些因素会暂时成为主导。

经常项目下的资金交易主要来自进出口。这里面需要重点关注出口企业手上的美元，因为相对于进口企业相对确定的付汇时间，出口企业手中积攒的美元可以一直持有，择机结汇，投机性更强。应该说“811 汇改”后至2021年上半年，虽然结售汇也对供求关系产生影响，但不至于成为整体走势的扭转力量。但是2020年下半年以来，由于局势不断反复，部分传统出口国进入封锁期，一些发达国家的需求大幅上升。一方面，整体外需向好，拉动出口；另一方面，部分封锁国的货物出口订单转移至我国，导致我国出口份额上升，出口商手中积攒了大量的美元。这种结汇力量在每一次人民币贬值时涌现，令人民币在美指大幅上行的情况下，依然保持坚挺（见图9－10）。

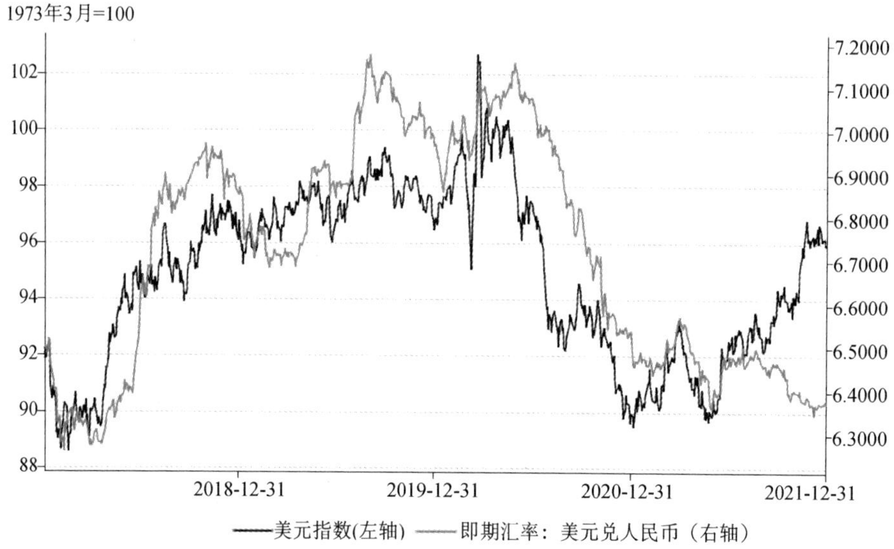

图9－10　2021年下半年美指与人民币走势背离

结汇力量的暂时性表现还体现在人民币汇率的季节性上。通常，年末年初是结汇高峰期，因此人民币升值的概率较大（见表9－1）。

表 9－1　　美元兑人民币汇率季节性

	1月	2月	3月	4月	5月	6月	7月	8月	9月	10月	11月	12月	
2021	-1.20%	-0.03%	1.51%	-1.30%	-1.71%	1.58%	-0.08%	0.13%	-0.03%	-0.95%	-0.48%	0.05%	2021
2020	-0.52%	0.86%	1.48%	-0.58%	1.33%	-1.00%	-1.34%	-1.80%	-0.63%	-1.62%	-1.75%	-0.65%	2020
2019	-2.33%	-0.28%	0.50%	0.24%	2.46%	-0.49%	0.25%	3.77%	-0.10%	-1.44%	-0.13%	-0.85%	2019
2018	-3.38%	0.66%	-0.95%	1.13%	0.90%	3.49%	3.03%	0.06%	0.75%	1.34%	-0.43%	-1.12%	2018
2017	-1.03%	-0.13%	0.33%	0.08%	-1.11%	-0.61%	-0.75%	-1.96%	0.76%	-0.30%	-0.25%	-1.49%	2017
2016	1.03%	-0.48%	-1.22%	0.28%	1.53%	0.89%	0.17%	0.35%	-0.12%	1.51%	1.72%	0.91%	2016
均值	-1.09%	0.10%	0.28%	-0.02%	0.57%	0.65%	0.22%	0.09%	0.11%	-0.24%	-0.22%	-0.53%	均值

-3.38%　3.77%

金融项目下的资金供求主要来自套息交易（债券市场）和权益投资（股票市场）。

在某些年份，中美利差的变化跟人民币走势密切相关，譬如 2018 年，中美间 3 个月的利差与美元兑人民币汇率相关性高达－90.26%，与主观逻辑①一致。但是有些时候，二者又没有明显的相关关系；或者相关性很高，但与逻辑违背，例如 2019 年和 2021 年（见表 9－2）。

表 9－2　　中美各期限利差与人民币汇率相关性（%）

期限	2016 年	2017 年	2018 年	2019 年	2020 年	2021 年
3 个月	－43.9	－0.94	－90.26	74.39	－79.00	34.70
10 年	－52.49	－77.99	－68.52	89.19	－45.41	40.36

股市北向资金流动与人民币汇率也有一定关系。根据历史经验，短期内北向资金的大量流入会在情绪面提振人民币，人民币的强弱也会影响北向资金的流向。

第三节　政策面分析

我国当前汇率制度是以市场供求为基础，参考一篮子货币进行调节，有管理的浮动汇率制度。从表述中，我们可以看到政策面对汇率走势影响

① 利差扩大，人民币升值，表现为美元兑人民币数值变小，二者为负相关。

的关键性。

一、制度变革

由图 9－11 可知，不同的人民币汇率制度下，人民币汇率走势截然不同。1994 年汇率并轨后，曾经的官方汇率 5.8000 直接被取消，都使用 8.7000 这个外汇调剂市场汇率。这时人民币汇率波动很小，前期小幅升值。但 1997 年亚洲金融危机爆发后，我国将人民币汇率盯在 8.2800 附近，持续了 7 年之久，回到了政府管制的固定汇率制。

2005 年“721 汇改”致力于回归真正的管理浮动，我们看到人民币确实有大幅的升值。但是这个时候政策因素的影响也很大，贬值压力并没有立即反映到价格上。直到 2015 年“811 汇改”后，人民币汇率才实现了真正的双向波动。

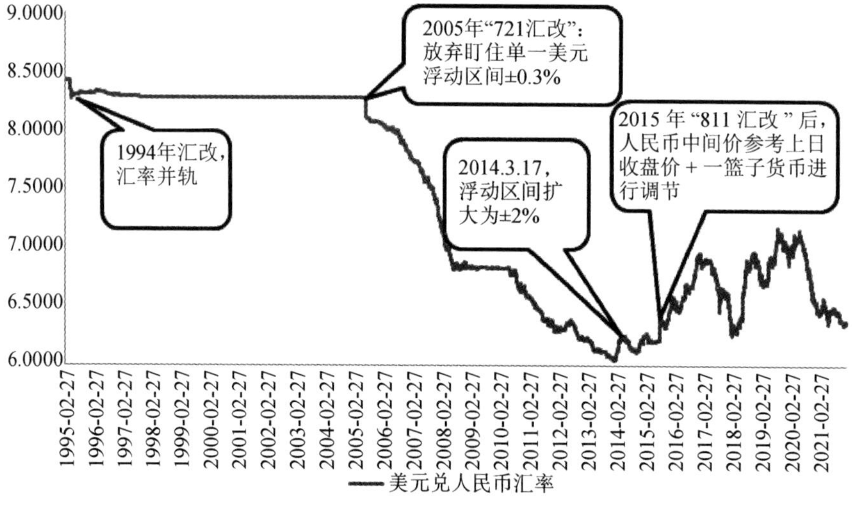

图 9－11　人民币汇率改革

二、调控政策

虽然人民币汇改的方向是自由浮动，但为避免市场的羊群效应，央行其实有很多工具上的设计，譬如逆周期因子。当前的人民币汇率中间价由三条“腿”支撑，分别是供求关系、一篮子汇率和逆周期因子。在人民币偏离均衡值太远的时候，央行有可能启用逆周期因子。譬如2019年中美贸易摩擦关键期，为应对市场的贬值恐慌，逆周期因子就频频出现（见图9－12）。

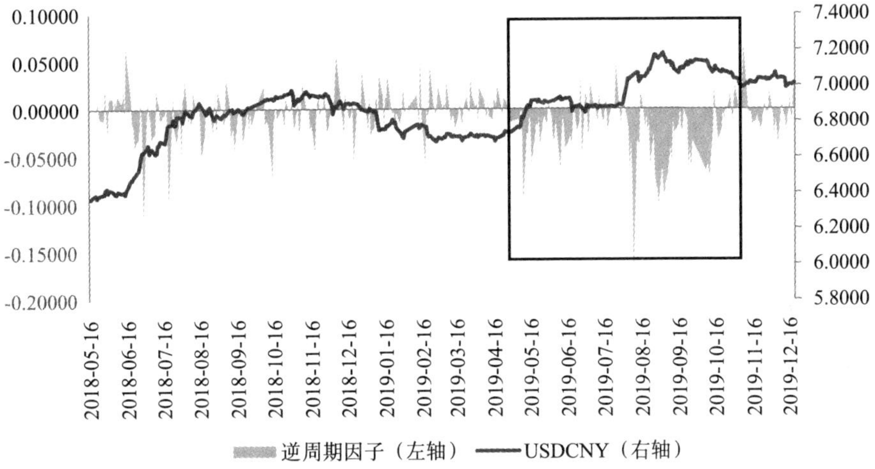

图9－12　2019年5月至9月逆周期因子频发力

三、对外政策

对外政策主要指一些对外开放的举措、外汇相关制度建设等。通常，在人民币升值期，政策面会更加倾向于鼓励“走出去”，譬如向合格境内机构投资者（QDII）发放大量美元额度、放开一些投资限制等。

以上，我们对影响美元兑人民币汇率的中长期和短期因素进行了简单的分析，以供读者参考。在实际汇率分析中，影响因素会有很多，且不同阶段的主导逻辑会有不同，所以要因地制宜，灵活分析。

附图 人民币汇率分析思维导图

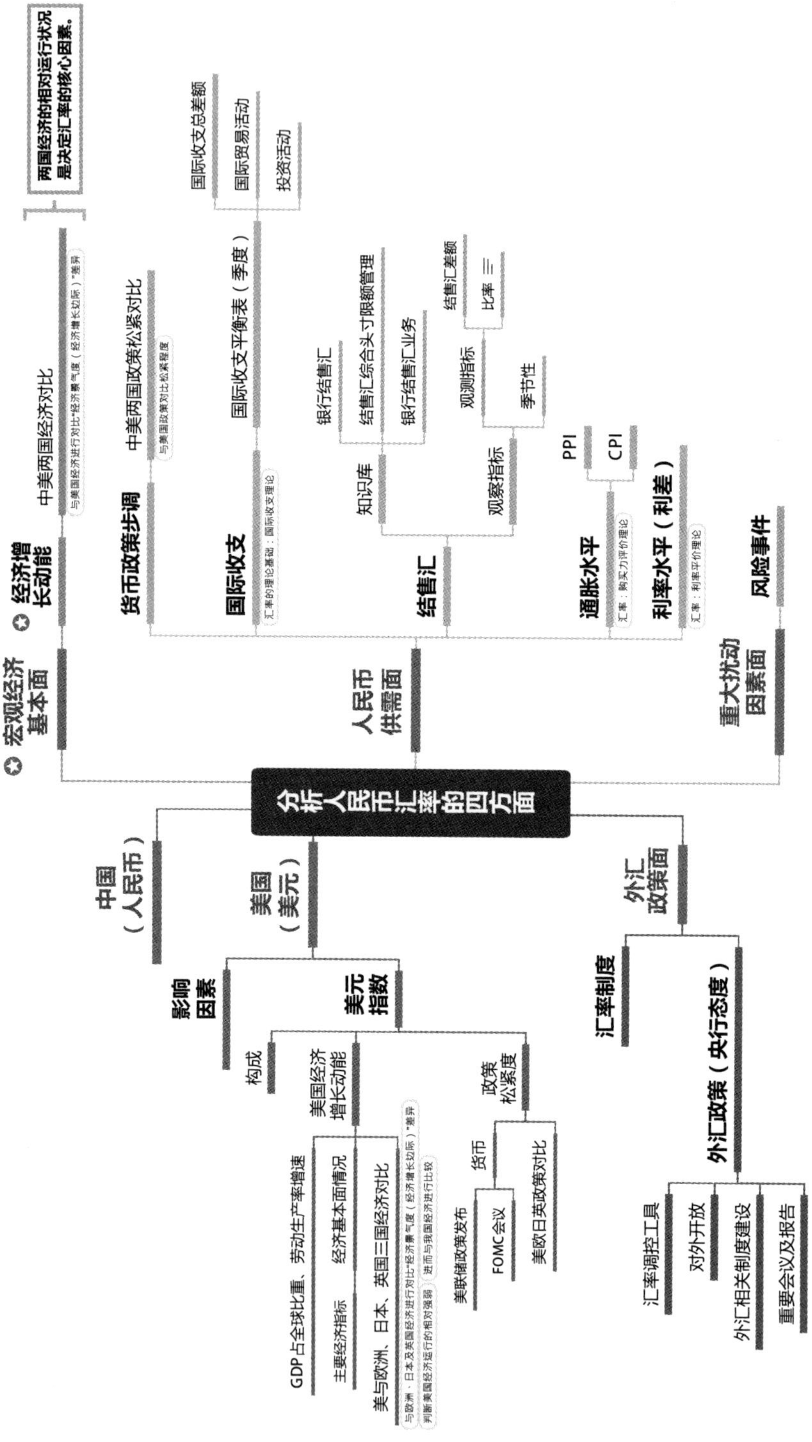

附录　国际货币代码

国家/地区	代码	国家/地区	代码	国家/地区	代码	国家/地区	代码
阿联酋	AED	埃及	EGP	老挝	LAK	所罗门群岛	SBD
阿富汗	AFN	厄立特里亚	ERN	黎巴嫩	LBP	塞舌尔	SCR
阿尔巴尼亚	ALL	埃塞俄比亚	ETB	斯里兰卡	LKR	苏丹	SDG
亚美尼亚	AMD	欧元区	EUR	利比里亚	LRD	瑞典	SEK
荷属安地列斯	ANG	斐济	FJD	莱索托	LSL	新加坡	SGD
安哥拉	AOA	福克兰群岛	FKP	利比亚	LYD	圣海伦娜	SHP
阿根廷	ARS	法罗群岛	FOK	摩洛哥	MAD	塞拉利昂	SLL
澳大利亚	AUD	英国	GBP	摩尔多瓦	MDL	索马里	SOS
阿鲁巴岛	AWG	佐治亚州	GEL	马达加斯加	MGA	苏里南	SRD
阿塞拜疆	AZN	根西岛	GGP	北马其顿	MKD	南苏丹	SSP
波斯尼亚和黑塞哥维那	BAM	加纳	GHS	缅甸	MMK	圣多美和普林西比	STN
巴巴多斯	BBD	直布罗陀	GIP	蒙古国	MNT	叙利亚	SYP
孟加拉国	BDT	冈比亚	GMD	中国澳门	MOP	埃斯瓦蒂尼	SZL
保加利亚	BGN	几内亚	GNF	毛里塔尼亚	MRU	泰国	THB
巴林	BHD	危地马拉	GTQ	毛里求斯	MUR	塔吉克斯坦	TJS
布隆迪	BIF	圭亚那	GYD	马尔代夫	MVR	土库曼斯坦	TMT
百慕大	BMD	中国香港	HKD	马拉维	MWK	突尼斯	TND
文莱	BND	洪都拉斯	HNL	墨西哥	MXN	汤加	TOP
玻利维亚	BOB	克罗地亚	HRK	马来西亚	MYR	土耳其	TRY
巴西	BRL	海地	HTG	莫桑比克	MZN	特立尼达和多巴哥	TTD
巴哈马	BSD	匈牙利	HUF	纳米比亚	NAD	图瓦卢	TVD
不丹	BTN	印度尼西亚	IDR	阿尔及利亚	NGN	中国台湾	TWD

续表

国家/地区	代码	国家/地区	代码	国家/地区	代码	国家/地区	代码
博茨瓦纳	BWP	以色列	ILS	尼加拉瓜	NIO	坦桑尼亚	TZS
白俄罗斯	BYN	马恩岛	IMP	挪威	NOK	乌克兰	UAH
伯利兹	BZD	印度	INR	尼泊尔	NPR	乌干达	UGX
加拿大	CAD	伊拉克	IQD	新西兰	NZD	美国	USD
刚果民主共和国	CDF	伊朗	IRR	阿曼	OMR	乌拉圭	UYU
瑞士	CHF	冰岛	ISK	巴拿马	PAB	乌兹别克斯坦	UZS
智利	CLP	牙买加	JMD	秘鲁	PEN	委内瑞拉	VES
中国	CNY	约旦	JOD	巴布亚新几内亚	PGK	越南	VND
哥伦比亚	COP	日本	JPY	菲律宾	PHP	瓦努阿图	VUV
哥斯达黎加	CRC	肯尼亚	KES	巴基斯坦	PKR	萨摩亚	WST
古巴可兑换比索	CUC	吉尔吉斯斯坦	KGS	波兰	PLN	中非经济共同体	XAF
古巴比索	CUP	柬埔寨	KHR	巴拉圭	PYG	东加勒比国家组织	XCD
佛得角	CVE	基里巴斯	KID	卡塔尔	QAR	国际货币基金组织	XDR
捷克	CZK	科摩罗	KMF	罗马尼亚	RON	西非非洲金融共同体法郎	XOF
吉布提	DJF	韩国	KRW	塞尔维亚	RSD	CFP 法郎	XPF
丹麦	DKK	科威特	KWD	俄罗斯	RUB	也门里亚尔	YER
多明尼加共和国	DOP	开曼群岛	KYD	卢旺达	RWF	南非	ZAR
阿尔及利亚	DZD	哈萨克斯坦	KZT	沙特阿拉伯	SAR	赞比亚	ZMW

参考文献

[1] 金融监管研究院外汇部. 外汇衍生品案例实操：远期、外汇掉期和货币掉期。

[2] 刘方. 我国商业银行远期外汇业务案例分析：华中科技大学，2007 年。

[3] 重庆市银行. 外汇衍生品业务指南，加强汇率风险管理，支持涉外经济发展。